WITHDRAWN
UTSA Libraries

D0173794

La Serrana de la Vera

RENEWALS 458-4574

Juan de la Cuesta
Hispanic Monographs

Series: *Ediciones críticas,* Nº 13

EDITOR

Tom Lathrop

ASSOCIATE EDITOR

Alexander R. Selimov
University of Delaware

EDITORIAL BOARD

Samuel G. Armistead
University of California, Davis

Annette Grant Cash
Georgia State University

Alan Deyermond
Queen Mary and Westfield College of the University of London

Daniel Eisenberg
Excelsior College

John E. Keller
University of Kentucky

Steven D. Kirby
Eastern Michigan University

José A. Madrigal
Auburn University

Joel Rini
University of Virginia

Donna M. Rogers
Middlebury College

Noël Valis
Yale University

Ángel Valbuena Briones
University of Delaware

Amy Williamsen
University of Arizona

LUIS VÉLEZ DE GUEVARA

LA SERRANA DE LA VERA

Edición crítica y anotada

de

WILLIAM R. MANSON y C. GEORGE PEALE

Estudio introductorio

de

JAMES A. PARR y LOURDES ALBUIXECH

Juan de la Cuesta
Newark, Delaware

Library
University of Texas
at San Antonio

```
COMMITTEE ON
SCHOLARLY EDITIONS
AN APPROVED EDITION
MODERN LANGUAGE
ASSOCIATION OF AMERICA
```

THE EMBLEM of the Committee on Scholarly Editions indicates that this volume is based on an examination of all available relevant textual sources, that it is edited according to principles articulated in the volume, that the source texts and any deviation of the edited texts from them are fully described, that the editorial principles, the text, and the apparatus have undergone a peer review, that a rigorous schedule of verification and proofreading was followed to insure a high degree of accuracy in the presentation of the edition, and that the text is accompanied by appropriate textual and historical contextual information.

No part of this book may be reproduced, stored in a retrieval system, or transmitted in any form or by any means, electronic, mechanical, photocopying, recording or otherwise, without the prior written permission of the Copyright owner.

Queda prohibida la reproducción total o parcial de este libro, su inclusión en un sistema informático, su transmisión en cualquier forma o por cualquier medio ya sea electrónico, mecánico, por fotocopia, registro u otros métodos, sin el permiso previo y por escrito del titular del Copyright.

© 2002 C. George Peale
All rights reserved.
Juan de la Cuesta—Hispanic Monographs
270 Indian Road
Newark, Delaware 19711
(302) 453-8695
Fax: (302) 453-8601

www.JuandelaCuesta.com

ISBN: 1-58871-020-3
Printed in the United States of America

Library
University of Texas
at San Antonio

ÍNDICE

NOTA PRELIMINAR

Nos es grato dejar constancia de nuestro agradecimiento a los siguientes organismos, cuyo generoso apoyo material, institucional y técnico ha facilitado la preparación de esta edición:

The National Endowment for the Humanities

The Ahmanson Foundation

El Comité Conjunto Hispano-Norteamericano para
Asuntos Educativos y Culturales

The L. J. Skaggs and Mary C. Skaggs Foundation

Program for Cultural Cooperation Between Spain's
Ministry of Culture and United States' Universities

The California State University, Fullerton Foundation

Prime Computer, Inc.

Apple Computer, Inc.

The State University of New York, College at Cortland

The University of Kansas

The University of California, Riverside

The Center for Medieval and Renaissance Studies,
University of California, Los Angeles

The California State University, Fullerton

Biblioteca Apostolica Vaticana

La Biblioteca Nacional, Madrid

La Biblioteca Palatina, Parma

The British Library, London

The Committee for Scholarly Editions of the
Modern Language Association of America

ABREVIATURAS

Ac.   *Obras de Lope de Vega*, publicadas por la Real Academia Española

Ac.N.   *Obras de Lope de Vega*, publicadas por la Real Academia Española
           (nueva edición)

Aut   *Diccionario de Autoridades*

BAE   Biblioteca de Autores Españoles

BCom   *Bulletin of the Comediantes*

BHi   *Bulletin Hispanique*

BRAE   *Boletín de la Real Academia Española*

BTPE   *Biblioteca de Tradiciones Populares Españoles*

Correas   Gonzalo Correas, *Vocabulario de refranes y frases proverbiales*

Cotarelo   Emilio Cotarelo y Mori, «Luis Vélez de Guevara y sus obras dramá-
           ticas», *BRAE* 3 (1916): 621–52; 4 (1917): 137–71, 269–308, 414–44

Cov   Sebastián de Covarrubias, *Tesoro de la lengua castellana o española*

C.S.I.C.   Consejo Superior de Investigaciones Científicas

DQ   Miguel de Cervantes, *Don Quijote de la Mancha,* ed. Instituto
           Cervantes, dirigida por Francisco Rico, 2.ª ed. corregida

EDC   *El Diablo Cojuelo,* ed. Ramón Valdés, estudio preliminar de Blanca
           Periñán

ExTL   *Explicación de Textos Literarios*

Hisp   *Hispania*

HR   *Hispanic Review*

Keniston

Hayward Keniston, *The Syntax of Castilian Prose: The Sixteenth Century*

La Barrera

Cayetano Alberto de la Barrera y Leirado, *Catálogo bibliográfico y biográfico del teatro antiguo español desde sus orígenes hasta mediados del siglo XVIII*

Maleantes

José Luis Alonso Hernández, *El lenguaje de los maleantes españoles de los siglos XVI y XVII: La Germanía (Introducción al léxico del marginalismo)*

Marginalismo   José Luis Alonso Hernández, *Léxico del marginalismo del Siglo de Oro*

Martínez Kleiser Luis Martínez Kleiser, *Refranero general ideológico español*

MLN   *Modern Language Notes*

MLR   *Modern Language Review*

MPh   *Modern Philology*

MSI   *Miscellanea di Studi Ispanici*

NBAE   Nueva Biblioteca de Autores Españoles

NRFH   *Nueva Revista de Filología Hispánica*

PMLA   *Publications of the Modern Language Association of America*

QLL   *Quaderni di Lingue e Letterature*

RABM   *Revista de Archivos, Bibliotecas y Museos*

RDTP   *Revista de Dialectología y Tradiciones Populares*

RCEH   *Revista Canadiense de Estudios Hispánicos*

RenD   *Renaissance Drama*

Requena Marco   Miguel Requena Marco, «Contribución al estudio de la paremiología en *La serrana de la Vera* de L. Vélez de Guevara», en *Teoría y realidad en el teatro español del siglo XVII. La influencia italiana.* Pp. 507–22.

RFE   *Revista de Filología Española*

RHi   *Revue Hispanique*

RL   *Revista de Literatura*

Rodríguez Marín Francisco Rodríguez Marín, *Más de 21.000 refranes castellanos, no contenidos en la copiosa colección del Maestro Gonzalo Correas*

Rossi   Teresa M. Rossi, «El lenguaje paremiológico de los campesinos en *La serrana de la Vera* de Luis Vélez de Guevara», en *Antigüedad y actualidad de Luis Vélez de Guevara*. Pp. 89–103

RPh   *Romance Philology*

RR   *Romanic Review*

SB   *Studies in Bibliography: Papers of the Bibliographical Society of the University of Virginia*

Sbarbi   José María Sbarbi, *Gran diccionario de refranes de la lengua española*

Segismundo   *Segismundo: Revista Hispánica del Teatro*

TAE   Teatro Antiguo Español

ACTO PRIMERO

La obra comienza en Garganta la Olla donde don Lucas de Carvajal, capitán de una compañía del ejército de los Reyes Católicos, de paso por la Vera de Plasencia hacia la campaña contra el moro de Granada, pretende alojarse en la casa de Giraldo porque es la más rica del lugar. El viejo le niega la entrada, lo que provoca el disgusto del Capitán, que amenaza con usar la fuerza para conseguir su propósito. Giraldo devuelve la amenaza con otra, advirtiéndole que su hija es la persona más fuerte y valerosa del lugar y que pronto va a regresar de una cacería. Don Lucas, picado por la curiosidad, decide esperar para conocerla.

Los villanos anuncian la llegada de Gila, apodada «la Serrana de la Vera», cantando una festiva copla en su honor. Mientras cantan, la protagonista sale a escena montada a caballo. Su primera aparición es verdaderamente espectacular:

> *Suenen relinchos de* LABRADORES, *y vaya entrando por el patio cantando*
> TODA LA COMPAÑÍA, *menos* LOS DOS *que están en el tablado, con coronas*
> *de flores, y* UNO *con un palo largo y en él metido un pellejo de un lobo*
> *con su cabeza, y* OTRO *con otro de oso de la misma suerte, y* OTRO *con otro*
> *de jabalí. Y luego, detrás, a caballo,* GILA, *la Serrana de la Vera, vestida a*
> *lo serrano, de mujer, con sayuelo y muchas patenas, el cabello tendido, y*
> *una montera con plumas, un cuchillo de monte al lado, botín argen-*
> *tado, y puesta una escopeta debajo del caparazón del caballo,*
> *y los que cantan esto hasta llegar al tablado, donde se apea:*
>
> (acot. C)

Con imágenes de corte ovidiano Giraldo saluda a su hija, y Gila responde con una relación en la que detalla la cacería en términos que acoplan imágenes de peligro y violencia con otras de un rico sensualismo. La relación confirma la curiosa imagen inicial trazada de Gila por su padre y fundamenta la verosimilitud de su naturaleza erótica, pero fuerte y violenta. La serrana repara en el Capitán, y cuando este insolentemente reitera su pretensión de alojarse en la casa de Giraldo y Gila, la Serrana lo echa del pueblo, humillándolo a punto de escopeta.

De Garganta la Olla la acción se traslada a Plasencia, donde hay grandes celebraciones en honor de los Reyes. Gila se gana la admiración de todos, nobles y villanos, por su destreza con las armas, su velocidad en el correr, y sobre todo por su fuerza, ya que humilla a un toro por los cuernos. La reina Isabel queda prendada de la Serrana y está a punto de hacerle mercedes en reconocimiento de sus valores cuando llega la triste e inesperada noticia de la funesta caída del caballo del Príncipe don Juan. Gila se lamenta de su mala suerte, porque debido a lo ocurrido, la fiesta se termina sin que ella haya recibido sus premios.

ACTO SEGUNDO

Han pasado unos meses. Mientras que Gila está arando en el campo y dialogando con Mingo, el gracioso de la obra, el Capitán y sus hombres regresan a Garganta la Olla amenazando con quemar el pueblo. La Serrana, alertada por su prima Madalena, regresa con la intención de defender a su padre. Su sorpresa es total al enterarse de que su padre la ha prometido en matrimonio al Capitán. Intenta resistirse porque piensa que no es mujer para casarse y mucho menos con un noble. Pero don Lucas, con palabras engañosas le brinda la oportunidad de conseguir fama y gloria luchando por la reina Isabel, a quien Gila admira sobremanera, y esta idea la convence para que ceda a las pretensiones del Capitán. En esto llega la noticia de la muerte del Príncipe.

Don Lucas seduce a Gila con la intención de abandonarla para vengarse de la afrenta que recibió la primera vez que estuvo en el pueblo, cuando Gila lo expulsó y lo ridiculizó delante de todos. Gila, creyendo las dulces palabras del Capitán, cae en sus brazos y después de una noche de ensoñación se despierta sola. Al darse cuenta del engaño de que ha sido objeto, jura vengarse del Capitán matándolo para limpiar así su honor mancillado. Abandona el pueblo y se esconde en la sierra prometiendo que matará a todo hombre que se cruce en su camino hasta que haya matado a don Lucas, su burlador.

ACTO TERCERO

Ha pasado más de un año. La fuerza y proezas que Gila ha demostrado en los primeros actos son ahora fechorías y asesinatos vengativos. Vive en la sierra en una choza que ella misma se ha construido y, fiel a su juramento, mata a todo hombre que encuentra. Solo perdona la vida al Rey por ser el Vicediós en la Tierra. Después de haber asesinado a más de dos mil hombres, le llega el turno a don Lucas. Este llega al escondite de la Serrana por casualidad, después de haber estado perdido. Le pide perdón a Gila y promete restablecer su honor casándose con ella, pero la Serrana, inflexible, lo despeña. La Santa Hermandad, avisada por Mingo del paradero de la Serrana, la prende y lleva a Garganta la Olla para ajusticiarla por sus crímenes.

Una vez en el pueblo, Gila acepta el castigo y se queja públicamente de la mala educación que su padre le dio. Cuando Giraldo se le acerca para despedirse de su hija, Gila se venga de él, arrancándole una oreja de un mordisco. La obra acaba con la muerte por garrote vil y asaetamiento de la Serrana en la plaza del pueblo para escarmiento de todos, nobles y villanos, que unánimemente se asombran de su fortaleza en el morir.

❧   ❧   ❧   ❧   ❧

*L*a Serrana de la Vera es, en varios sentidos, una obra muy problemática que no encaja fácilmente en los aceptados esquemas teóricos que suelen enmarcar los estudios del teatro clásico español. De hecho, sus propósitos estéticos y éticos, su concepción genérica, sus móviles temático-estructurales, si no son anómalos, al menos desafían algunos de los lugares comunes que la praxis crítica ha aceptado sin cuestionar como fundamentales. La obra es desconcertante, porque su tradicionalismo folclórico y su convencionalismo teatral crean expectativas que resultan ser falsas. La cercanía de *La Serrana* de Vélez y *Peribáñez* de Lope, por ejemplo, es innegable; comparten varios elementos en común, sobre todo en la primera jornada. Pero el concepto dramático y la sensibilidad de esta tragedia de Vélez son de raíz muy diferentes de las obras que constituyen el subgénero de las «comedias de comendadores». Además, algunos de los pocos comentarios que hasta la fecha se han dedicado a esta obra son muy conflictivos. A continuación ofrecemos una serie de planteamientos que resumen el estado de estas cuestiones, y nos permitimos proponer directrices para otras encuestas más profundas en el futuro.

Una obra de encargo para Jusepa Vaca

Cuando un dramaturgo del siglo XVII escribía una comedia, tenía que considerar una multiplicidad de intereses prácticos, tales como el del «autor de comedias» —hoy, director—, el del público, el del censor, el de los miembros de la comparsa y, de manera muy especial, el del actor o la actriz principal.[1] En el caso de *La Serrana de la Vera* de Vélez de Guevara se trata de una obra encargada específicamente para demostrar el talento de la famosa actriz Jusepa Vaca. El poeta no solo le dedicó la obra en la portada de su manuscrito, sino que diseñó la acción dramática para

---

[1] Sobre la influencia que los actores ejercieron en la manera de escribir una obra, véanse, entre otros, Thornton Wilder, «Lope, Pinedo, Some Child Actors and a Lion», *RPh* 7 (1953–54): 19–25; Sturgis E. Leavitt, «Spanish *Comedias* as Pot Boilers», *PMLA* 82 (1967): 178–84; Maria Grazia Profeti, «I bambini di Lope: tra committenza e commozione», *QLL* 15 (1990): 187–206, reimpreso en *La vil quimera de este monstruo cómico*, 83–92; José Ruano de la Haza, *Los teatros comerciales en el siglo XVII y la escenificación de la comedia*, 270–90. Y sobre dos casos específicos en Vélez de Guevara, véanse el estudio de Profeti y el comentario bibliométrico de C. George Peale que preceden la edición crítica de *El espejo del mundo*, 81–83 y 112–15 respectivamente; también, en otra línea, el estudio de Peale en *El Conde don Pero Vélez y don Sancho el Deseado*, 39–50.

que la actriz pudiera lucir sus dotes de representación.[2] Efectivamente, una de las acotaciones en la primera jornada suponía su estilo particular de actuar: *«Éntrase el* CAPITÁN, *retirando, y* GILA, *poniéndole la escopeta a la vista, que lo hará muy bien la Señora Jusepa»* (acot. F). El papel de Gila requería una extraordinaria gama de destrezas histriónicas, pues se trataba de un personaje polifacético. Además de la «Serrana» típica, exigía también que en un momento u otro actuara el papel de mujer varonil, de bella cazadora, de villana coqueta, de bandolera y asesina. En la protagonista están sumadas y fundidas masculinidad y femineidad, agresión y pasividad, fuerza y belleza, contradicción y consistencia.[3]

Fuentes

La cuestión de las fuentes de *La Serrana de la Vera* se complica por la precedencia de una comedia homónima de Lope de Vega, por la pervivencia de distintas versiones romanceriles dedicadas al mismo tema y, como Rodríguez Cepeda ha señalado, por una multitud de fuentes populares y literarias:

> Aparte del fuerte influjo pastoril que lleva diluido, [a *La Serrana* de Vélez] la forman un buen número de refranes […], el romancero (los romances populares de serrana como *leitmotiv* del asunto, juramentos épicos del romancero carolingio […], alusiones históricas de varios tipos (por una parte las *Amenidades* […] *de la Vera* […] de G. Azedo; por otra, menciones de personajes célebres como Semíramis, Evadnes, Wamba, César), alusiones mitológicas (Palas, Fénix, etc.) y literarias (Aldonza, Beatriz, Aquiles, Fray Guarín, Olimpia, Bireno). Está, además, la lírica de tipo tradicional (canciones populares de serrana de tipo zejelesco, clave de la estructura musical de la obra), y otros elementos folclóricos; el teatro de la época (la obra de Lope de Vega del mismo título, o una base común a ambas) y, sobre todo, la vida misma, la intención dramática del poeta y su motivación.[4]

---

[2]Ver la nota que ponen Manson y Peale a la acot. C, y también los comentarios al respecto de Noël Salomon en *Lo villano en el teatro del Siglo de Oro*, 422–3, y C. George Peale, «El acto I de *La Serrana de la Vera* de Vélez de Guevara: hacia una poética del bufón», *El Escritor y la Escena* 5 (1997): 149–51.

[3]Ruth Lundelius, «Paradox and Role Reversal in *La serrana de la Vera*», en *The Perception of Women in Spanish Theater of the Golden Age*, ed. Anita K. Stoll y Dawn L. Smith, 220–44; J. A. Drinkwater, «*La serrana de la Vera* and the Mystifying Charms of Fiction», *FMLS* 28,1 (1992): 75–85; Dámaris Otero-Torres, «Historia, ortodoxia y praxis teatral: el homoerotismo femenino en *La serrana de la Vera*», *El Escritor y la Escena* 5 (1997): 131–39; Matthew D. Stroud, «Homo/Hetero/Social/Sexual: Gila in Vélez de Guevara's *La Serrana de la Vera*», *Calíope* 6, 1–2 (2000): 53–69.

[4]«Fuentes y relaciones en *La serrana de la Vera*», *NRFH* 23 (1974): 100–01.

Con respecto a las posibles fuentes romanceriles, la procedencia e interrelación de las versiones del Romance de la Serrana han sido objeto de mucha especulación. Hay quienes consideran las distintas versiones del romance como variantes de un solo arquetipo, los Pidal, por ejemplo, que mencionan una veintena de versiones del romance;[5] otros, como Julio Caro Baroja, las tratan como versiones de un tema, ya que en el Romancero existen otros personajes que comparten los rasgos de la Serrana: «No es sólo Garganta la Olla donde se localiza la existencia de la Serrana terrorífica. Hay otras tierras montañosas a las que se aplican romances del mismo ciclo».[6] Si los romances tienen una «autonomía total» como cree Caro Baroja,[7] esto es, si no tienen raíz de tradición oral, es posible que el «tema» que emparenta los romances y cantares populares sobre mujeres «monstruosas» sea mítico. «La 'Serrana' es, en principio, un numen folklórico de las alturas, de las cuevas».[8] Pero si por el contrario solo son variantes de un único romance, podría ser que este se basara en un hecho real, ocurrido en una comarca en particular.[9]

Tomando como ejemplo el caso específico de la Serrana de la Vera, Jesús Antonio Cid ha intentado conocer la razón por la que unos romances sobrevivieron la transmisión oral y otros no. La respuesta es simple: «si los romances se repiten todavía hoy, es porque sus temas tienen mucho de contemporáneo». En otras palabras, aquellos romances adscritos a un momento y lugar históricos, o bien se modifican,

---

[5] *La serrana de la Vera*, 134.

[6] *Ritos y mitos equívocos*, 291. Caro Baroja convenientemente recoge cuatro versiones, documentadas anteriormente: la que parece ser la más antigua que se conoce hasta la fecha, transcrita primeramente por Gabriel Azedo de la Berrueza (*Amenidades, florestas y recreos de la Provincia de la Vera Alta y Baja*, 87–90); otra que figuraba en la *Flor nueva de romances viejos*, de Ramón Menéndez Pidal (pp. 218–20); una tercera recogida por Julio Ateneo (núm. 45, en Bonifacio Gil García, *Cancionero popular de Extremadura: contribución al folklore musical de la región*. 2.ª ed., 2: 33, y también núm. 569, en Antonio Rodríguez Moñino, *Diccionario geográfico popular de Extremadura*, 202–03); y por último, una versión poco conocida documentada por María Goyri (núm. 64, «Romances que deben buscarse en la tradición oral», *RABM* 10 [enero-junio 1907]: 33).

[7] *Ritos y mitos equívocos*, 284.

[8] Ibíd., 280.

[9] Aunque no descartamos esta segunda teoría, nos parece más factible la primera, por tres razones: en primer lugar, porque las identificaciones euhemeristas que llevaron a cabo, por separado, Vicente Barrantes y Vicente Paredes, fueron refutadas por los Pidal, por falta de pruebas; segundo, porque existen romances y canciones populares sobre mujeres montaraces del tipo de la Serrana en distintas regiones de España, prueba de que no se trata de un hecho aislado, localizado y particular; y tercero, porque, como ha subrayado Caro Baroja, muchos de los rasgos de la Serrana se inscriben dentro de coordenadas mítico-fabulosas.

o bien desaparecen, ya que «para la conciencia del cantor representa mucho más lo 'universal novelesco' que 'lo particular histórico'».[10] Parece, entonces, que la comunidad transmisora siente aún hoy el tema de la Serrana como «contemporáneo», puesto que todavía se siguen cantando distintas versiones sobre el personaje.[11] Si ese principio es válido en la actualidad, sería igualmente válido para el siglo XVII.

Entre las versiones del Romance de la Serrana de la Vera, las más primitivas conservan el final de la narración: el caminante-narrador consigue huir de la violencia de la serrana, llegar a poblado e indicar a las autoridades el lugar donde se encuentra la homicida coterránea, a la que apresan y matan. Con el andar del tiempo el romance fue recortándose y aparecieron variantes truncas, pero en el curso de ese proceso evolutivo «se ciñen todas a un episodio escueto, desprovisto de incidencias y antecedentes»[12] y retienen ciertos detalles, como la vestimenta y armas de la Serrana.

En relación a la comedia de Lope, se suele aceptar que Vélez se inspiró en los romances y cantares populares más que en aquella obra, aunque es seguro que la pieza del Fénix le dio la idea.[13] Tanto Lope como Vélez «se han esforzado en adaptar su tema a una verosimilitud 'realista' o, por lo menos, desvinculada de toda implicación fantástica».[14] De las dos versiones dramáticas, la del ecijano. es la más fiel al romance.[15]

Además de darse coincidencias entre las dos comedias y el romance, sobre

[10]«Romances en Garganta la Olla (Materias y notas de excursión)», *RDTP* 30 (1974): 470.

[11]Vale notar que el propio Cid recogió dos versiones tan solo en Garganta la Olla. Ibíd., 484–86.

[12]François Delpech, «La leyenda de la serrana de la Vera: Las adaptaciones teatrales», en *La mujer en el teatro y la novela del siglo XVII*, 25.

[13]Caro Baroja, «¿Es de origen mítico la 'leyenda' de la Serrana de la Vera?» *RDTP* 2 (1946): 570; ídem, *Ritos y mitos*, 282.

[14]Delpech 26.

[15]De este parecer son los Pidal (134–42, 151–60) y A. Bonilla y San Martín, en su reseña de dicha edición en *Revista Crítica Hispanoamericana* 3 (1917): 178, 180–1. Ver también la relación dada por Valerie F. Endres en «The Aesthetic Treatment of *Romancero* Materials in the *Comedias* of Luis Vélez de Guevara», 35–50. Los préstamos tomados de dicho romance se hallan también en el auto *La serrana de Plasencia* de Valdivielso, *Las dos bandoleras* de Lope y *La montañesa de Asturias* de Vélez, en la que se incorporan los principales elementos de la serranilla y de la *pastourelle*. Con respecto a esta última, ver Margherita Morreale, «Apuntaciones para el estudio del tema de la serrana en dos comedias de Vélez de Guevara», en *Antigüedad y actualidad de Luis Vélez de Guevara*, ed. C. George Peale et al., 105).

todo la de Vélez, existen analogías entre la *Serrana* de Lope y la de Vélez que no están enraizadas en el cantar popular. Por eso los Pidal propusieron la posibilidad de un origen común, una tercera obra teatral, hoy perdida.[16] Debido a la evidencia con que respaldaron esta noción, José Gómez Ocerín creyó que no era prudente desechar esa posibilidad.[17] Para Melveena McKendrick, en cambio, dichas analogías se deben únicamente a que Vélez imitó al Fénix.[18]

Las dos serranas, de Lope y de Vélez

Al adaptar el Romance de la Serrana al corral, Lope de Vega se hizo creador del subgénero bandolero. Esto no significa, sin embargo, que la protagonista de aquella comedia, Leonarda, sea el mejor ejemplo del tipo. De hecho, aunque McKendrick quisiera sostener que existe una motivación convincente para la conversión de Leonarda en salteadora,[19] más bien resulta lo contrario por varias razones. En primer lugar, Leonarda no es una campesina como Gila, sino una noble que, como otras mujeres de la literatura del Siglo de Oro, toma parte en un juego, por decirlo así, asumiendo otra identidad o introduciéndose en un nuevo entorno social, sólo para volver finalmente a su verdadero puesto en la sociedad. Segundo, como la «conversión» de Leonarda es provocada por la falsa acusación de un malhechor, la trama de la comedia está destinada desde el principio a rectificar la situación de la heroína. Y tercero, durante el tiempo que Leonarda se refugia en la sierra nunca se comporta como serrana; no es ninguna homicida ni comete estupros, como Gila y otras montarazas del folclor. En su papel de serrana Leonarda sigue siendo noble, de modo que en la concepción cómica de su personaje siempre existe la posibilidad de reintegrarse al orden de su mundo dramático, resolviendo así las problemáticas disyunciones sicológicas y sociales que la han motivado desde el principio.

Físicamente, Leonarda es «un poco robusta de persona» (1301a),[20] y se jacta de ser hombre:

> Cierra esa puerta, y ¡por Dios!
> que han de ver aquestas damas
> que soy hombre.   (1306a)

---

[16] *La serrana de la Vera*, 139–40.   [17] *RFE* 4 (1917): 412–13.

[18] *Woman and Society in the Spanish Drama of the Golden Age: A Study of the «Mujer Varonil»*, 278.

[19] Ibíd., 279.

[20] Citamos el texto de Lope por la edición de Federico Carlos Sainz de Robles, en las *Obras escogidas*, tomo 3.

Pero suena más a rabieta de mujer ofendida que a convencimiento real. Además, su actuación tampoco es la de un hombre a pesar de que Leonarda «de todas las mujeres / se diferencia en tener / gusto y fuerzas de hombre en todo» (1313a), que «es león» (1316b), que «es demonio» (1317a), que es «hermosa moza, si marimacho no fuera» (1320b) y de que es capaz de hacer trizas la mano de un hombre entre las suyas (1304a), razón por la cual hay que guardarse de ofenderla, lo que en el transcurso de la obra constituye uno de sus motivos cómicos. Pero aun con sus curiosos rasgos físicos, al principio de la obra Leonarda está «en vísperas de casar» (1296b), situación que en sí acusa la comicidad de la ofensa que efectuará su seudo-conversión y retiro a la sierra, pues subraya su femineidad. Aunque hable y actúe como hombre, del principio al fin, Leonarda es, en su esencia, mujer, y noble. Como ha señalado Delpech, «Leonarda es 'varonil' pero sigue siendo mujer. [Lope] se ha negado [...] a masculinizar completamente a su personaje: es mujer sensible al amor como lo atestiguan las contradicciones y vacilaciones irracionales que manifiesta en su conducta».[21]

Ahora bien, según E. C. Riley, «lo verdaderamente 'admirable' ha de poseer verosimilitud. Cuando no sucede así, lo que es a un mismo tiempo extraordinario e inverosímil llega a ser fuente de lo cómico, o al menos de cierto tipo de comicidad».[22] Si bien el personaje de Leonarda en parte causó admiración precisamente por su novedad, siendo la primera serrana que subiera a las tablas de la Comedia Nueva, sus ambigüedades claramente reflejan una concepción que es «admirable», pero cómica en el fondo. Sus acciones y sus palabras hacen reír, lo cual le resta seriedad y debilita los juramentos que dirige contra los hombres. Su único acto «he-roico» —forzar a Alejo a casarse con la deshonrada Lucía— queda cómicamente extenuado por la necesidad de huir; tiene que dejar a Lucía a la merced de las autoridades villanescas.

Por el contrario, como ha señalado Dámaris Otero-Torres, «los rasgos hombrunos de Gila problematizan una naturaleza habitada simultáneamente por dos géneros sexuales. [...] siente y actúa como hombre, pero vive encerrada en un cuerpo de mujer».[23] La Serrana no solo se describe repetidamente como hombre,[24] sino que son numerosas las ocasiones en que su fuerza física y su valor se hacen patentes.

---

[21]Delpech 30.   [22]*Teoría de la novela en Cervantes*, 154–55.

[23]Otero-Torres 4.

[24]

GILA.	No vi capitán jamás	
	tan resuelto, ¡vive Dios!	
CAPITÁN.	Ni yo mujer que tan bien	
	lo jure.	
GILA.	Si imagináis	
	que lo soy, os engañáis,	
	que soy muy hombre.	(vv. 347–52)

Cuando ante la realeza se jacta de lo que es capaz de hacer, no miente. Declara que es capaz de matar a un oso, a un lobo y a un jabalí (v. 840), hecho atestiguado ya desde su primera salida a escena (acot. C, vv. 268–326). Hace alusión a su velocidad: persiguiendo a un corzo, corre «al viento igual» (v. 274), y «aventaja el viento / cuando corre o cuando salta» (vv. 845–46). Se vanagloria de poder deshacer a un hombre en la lucha (vv. 847–48), y lo demuestra en la pelea con el Maestro y con Andrés. Presume de poder hacer «tres herraduras astillas» con solo sus manos (vv. 849–50), y «astillados» deja precisamente la mano de Mingo (v. 1289) y las muelas de Andrés (v. 1885). Alardea, además, de poder cortar una encina como si de tiernos mimbres se tratara (vv. 851–2), y construye su choza «de encinas y robles» (v. 2249). Asegura poder derribar un toro asiéndolo por las astas (vv. 853–54), y ante los Reyes Católicos prueba sus palabras. Por último, declara poder detener un carro de bueyes (vv. 855–56), y se ratifica entre los vv. 1055–89. De ahí que Gila resulte ser la mujer más varonil de la comedia española, según Matthew Stroud, a pesar de que en sus rasgos físicos no haya atisbo de masculinidad. Muy al contrario, como ha señalado Salomon,[25] Gila se presenta desde el principio como una curiosa figura erótica. Debido a su combinación de virilidad y erotismo, la teatralidad del personaje debió de ser asombrosa. Causó en su tiempo y continúa causando gran admiración. Paradójicamente, su carácter es perfectamente consistente: «To her unconventional self Gila remains true from first to last [...] Gila is, in fact, the only *serrana* in the Golden Age theater whose behavior seems thoroughly grounded psychologically and whose reaction to betrayal is unwaveringly consistent with her errant character».[26]

> Bien sé que dársele puedo,
>   mi señor, carro o carreta,
> más que por mujer, por hombre.   (vv. 754–56)

> Mujer soy solo en la saya.   (v. 773)

>   Hasta agora
> me imaginaba, padre, por las cosas
> que yo me he visto her hombre, y muy hombre,
> y agora echo de ver, pues que me tratas
> casamiento con este caballero,
> que soy mujer, que para tanto daño
> ha sido mi desdicha el desengaño.
> No me quiero casar, padre, que creo
> que mientras no me caso que soy hombre   (vv. 1577–85)

> Por inclinación soy hombre.   (v. 1833)

---

[25] *Lo villano*, 422–3.   [26]Lundelius 235.

La Serrana de la Vera *y la* admiratio *como imperativo estético-moral*

Para apreciar los móviles y sobre todo el desenlace de *La Serrana de la Vera* de Vélez, conviene reconocer la importancia de la *admiratio* como norma estética. Se refiere a la sensación de maravilla y embelesamiento, o de consternación y repugnancia, que se produce al llevar al escenario personajes y casos extravagantes y asombrosos. Su intención es fundamentalmente didáctica, respondiendo de esa manera a otro imperativo consagrado, el *Utile et dulce* horaciano. La eficacia de la *admiratio* depende, como hemos visto, de la verosimilitud. *Admiratio, Utile et dulce, Verosimilitudo:* precisamente en estos términos la crítica ha reconocido y valorado los grandes figurones de la Comedia Nueva: el Anticristo de Lope y de Alarcón, Semíramis de Calderón, los maridos uxorcidas de Lope y de Calderón, el Burlador de Tirso. La Serrana de Vélez sin duda ha de figurar en este elenco.

La *admiratio* puede ser una clave para comprender a Gila. Alexander Parker demuestra cómo la pasión e intensidad obsesivas podían provocar una transformación violenta cuyo objetivo era subrayar la importancia de la *admiratio* como imperativo estético-moral.[27] Cita como ejemplo a Paulo, protagonista de *El condenado por desconfiado* que se transforma súbitamente de ermitaño en bandolero y asesino. Sucede algo parecido con el fray Gil de *El esclavo del demonio,* que pasa de la noche a la mañana de cura venerado a bandolero sangriento. Frente a esos personajes, el cambio en el carácter de Gila no parece tan inusitado ni inverosímil. Además, hay ocasiones en la Comedia Nueva en que la mujer engañada y abandonada persigue a su seductor, como Tisbea y Aminta en *El burlador de Sevilla,* Rosaura en *La vida es sueño.* El motivo ocurre no solo en la Comedia, sino también en novelas, Marcela y Dorotea en el *Quijote,* por ejemplo, e incluso en el Romancero—la Condesita en una de las versiones del Romance de Geri-eldo y la Condesita, por ejemplo.[28] Otras veces la mujer burlada reacciona huyendo al campo, como hace Leonarda, la serrana de Lope. Ora busque a su engañador, ora busque parajes solitarios donde desahogarse, el tema se remonta a la Antigüedad, precisamente, al mito de Ariadna, que se entregó a Dionisos, el cual representaba la locura.[29] En el presente caso, Gila recurre a ambos remedios: enloquecida, se retira a la sierra extremeña y también toma venganza de su burlador. Pero su retiro no es nada contemplativo, ni es tan sencilla su vindicación; muy al contrario, son grotescamente hiperbólicos. Sirviéndose de las mismas

[27]Ver Alexander A. Parker, «Santos y bandoleros en el teatro español del Siglo de Oro», *Arbor* 13 (1949): 395–416.

[28]Ver Cid Martínez 477.

[29]Ver Elisabeth Frenzel, *Diccionario de argumentos de la literatura universal,* 37–39.

extravagancias que usara el marqués de Mantua, hace juramento al cielo:

> de no volver a poblado,
> de no peinarme el cabello,
> de no dormir desarmada
> de comer siempre en el suelo
> sin manteles, y de andar
> siempre al agua y al viento,
> sin que me acobarde el día
> y sin que me venza el sueño,
> y de no alzar, finalmente,
> los ojos a ver el cielo
> hasta morir o vengarme.   (vv. 2140–50)

Y lo que es más, no se contentará con la sangre de don Lucas, sino que está dispuesta a rematar a todo el género masculino:

> guárdense de mí todos
> cuantos hombres tiene el suelo
> si a mi enemigo no alcanzo,
> que hasta matarlo no pienso
> dejar hombre con la vida   (vv. 2134–8)

Las ambigüedades de Gila —mujer/hombre, bella/fuerte, tierna/cruel, valerosa/histérica— son esenciales a su carácter, y orientan por ende la vivencia trágica del drama, centrada en torno al imperativo de la *admiratio*. La eficacia de este principio está constatada por la unánime admiración que la protagonista inspira en los villanos, en los nobles y en la realeza del drama. Al verla por primera vez, el antagonista don Lucas exclama aparte:

> ¡De puro admirado callo!
> ¡No he visto en hombre jamás
> tan varonil bizarría!   (vv. 248–50)

Y más tarde reitera su asombro:

> Haciéndome cruces quedo,
> porque vence con valor   (vv. 451–52)

La reacción de los reyes a Gila es igualmente halagadora y admirativa:

> FERNANDO.   ¡Qué valerosa mujer!
> ISABEL.   ¡No he visto mayor valor!   (vv. 931–32)

En el Acto III, después de haber matado a cuatro monteros reales con su escopeta, Gila perdona la vida al rey Fernando, lo cual renueva la admiración de este:
«Con grande estremo me lleva, / Maestre, admirado agora / la Serrana de la Vera»
(vv. 2605–7). Pero luego el saludable valor de la bandolera se contamina con su
fiereza y crueldad, rasgos que asombrarán a los que oyen hablar de ella: «Hante
pintado tan fiera, / Gila, que no hay de tu nombre / solmente, quien no se
asombre» (vv. 2682–4). Al asombro se unen el espanto y la condena:[30]

GILA.   ¿Qué dicen en el lugar
             de mí?
PASCUALA.   Que eres Locifer,
             saltabardales, machorra,
             el coco de las consejas,
             el lobo de sus ovejas,
             de las gallinas, la zorra.
             Los niños callan contigo,
             los hombres huyen de ti,
             los viejos dicen que así
             hue la Cava de Rodrigo,
             las mozas, que otra pareja
             no tuvo el mundo, y el cura
             como ñublo te conjura
             a la puerta de la igreja.   (vv. 2696–2709)

Aunque la *admiratio* evocada ante la figura de Gila en el transcurso de la tragedia evoluciona de verdadera admiración en asombro, y tras la dramatización
de varias muertes a manos de la histérica montaraza, de espanto en condena, la
explicitud de su ajusticiamiento al final de la obra sorprenderá a la sensibilidad
moderna: «The modern reader must remember that this was not just literature
but living theater, and Vélez was always solicitous to extract the maximum dramatic effect from his stagecraft», por lo que «the gruesome display on the stage
of the dead serrana, tied to the stake and pierced by arrows —a sacrifice to the
social order— must have produced a profound moral impression as well as sen-
sational theater. In this way, Vélez mixed preachment with entertainment».[31]
Efectivamente, el propósito de la *admiratio* en el episodio final es explícitamente
didáctico. El Rey ordena que entreguen el cuerpo de la Serrana a Giraldo para que
este la entierre, «quedando allí una memoria / que de ejemplo sirva a España»
(vv. 3294–97). Las palabras de esta nota final no carecen de ironía, pues matizan
la calurosa bienvenida con que Giraldo saludó a Gila cuando esta salió a escena
por primera vez, deseándole larga vida «para ejemplo / de mujeres españolas» (vv.
256–57). Según J. A. Drinkwater, «Gila is set up quite deliberately as the para-

---

[30]Lundelius 229–30.   [31]Ibíd., 222, 237.

digm for all women —and all peasants— who challenge the authority of the dominant caste and seek to undermine the prevailing social or sexual hierarchy. [...] Gila's exemplarity (or notoriety) has the effect for the spectator of rendering her a universal figure from whom a universal lesson may be learned: that women who defy the established order face social marginalisation and death».[32] Gila es doblemente juzgada, por los «espectadores» que están presentes en la escena, y por los espectadores de las gradas y aposentos del corral.

Antes de Drinkwater varios ya habían iterado la idea de que la ejecución final de la obra —aun considerada como manifestación de la justicia poética— no solo resulta asombrosa, sino que refuerza los valores del sistema patriarcal y falocéntrico.[33] Para quienes piensen así, la obra proporciona una «negación de todo feminismo»[34] puesto que Gila no lucha por cambiar el estado social de las mujeres, sino que, individualmente, quiere superar al hombre. En otras palabras, la Serrana no está concebida en términos de ningún esquema revolucionario. Por tanto, «the play cannot be viewed as a defense of women».[35] Dichos estudiosos creen que la muerte de Gila es justa, no trágica, ya que la opción de la aberrante serrana era o bien la resocialización—la solución de Lope—, o bien el aniquilamiento— la de Vélez. Si se obstinaba en luchar a brazo partido contra el orden social establecido, se tomaba su destrucción como justa, una resolución a tono con el crimen cometido, una aplicación de la ley del Talión—es decir, como la propia Gila recuerda al Capitán, «quien tal hace, que tal pague» (v. 3074).[36] En fin, sea la «justicia» de La Serrana de la Vera socio-moral o sea poética, ambas finalidades dependen, en última instancia, del mismo principio, el de la admiratio.

La Serrana de la Vera y el problema de género

Sin lugar a dudas, para Vélez la obra era tragedia, ya que lo constató así encima de su rúbrica al final: «Fin de la tragedia de La Serrana de la Vera». Por cierto la

[32]«Mystifying Charms», 83.

[33]Véanse, por ejemplo, Delpech 29; Matthew D. Stroud, «The Resocialization of the Mujer Varonil in Three Plays by Vélez», en Antigüedad y actualidad de Luis Vélez de Guevara, 114, 121, 124; Drinkwater 75; Mariscal 148–54; Lundelius 237–39.

[34]Delpech 29.   [35]Lundelius 236.

[36]Cf. «In the comedia there were basically only four alternative courses of action for a dishonored woman: she might withdraw to a convent, she might marry; she might remain a 'fallen' woman; or she might be killed. Of these, only marriage offered the woman the possibility of remaining in society and maintaining her honor» (Stroud 123). Conviene notar que, aparte de Gila, al fin de La Serrana de Vélez todas las mujeres de Garganta la Olla quedan explícitamente «resocializadas». Ver, por ejemplo, vv. 2367–75.

obra exhibe los elementos estructurantes que configuraron los cánones de la tragedia clásica. Presenta una protagonista compungida no solamente por circunstancias externas sobre las que no tiene ningún control, sino por los contrarios motivos de su propia naturaleza, que no le permiten conformarse del todo ni a la regla impuesta por la sociedad ni a su instinto innato. Es defraudada por el orden social y reacciona instintivamente, situación esta que es clásicamente trágica, porque si la protagonista va a realizar la esencia de su carácter, va a ser a través de actos rebeldes y criminales, por los cuales habrá de ser destruida.

Luego están los elementos que en la tragedia clásica correspondían al coro. En este caso se manifiestan en los avisos a la Serrana:

MINGO.	Dios te libre, Gila, amén,	
	de que la Hermandad te prenda.	(vv. 2382–83)

FERNANDO.	Serrana bella,	
	guárdate de mi Hermandad.	(vv. 2573–74)

PASCUALA.	Armados	
	cien hombres, escuché ayer,	
	que con la Santa Hermandad	
	de Plasencia andan tras ti.	
	Guárdate, Gila.	(v. 2724–28)

Asimismo, los avisos se expresan en los romances, cantados primero por el caminante:

> *Allá en Garganta la Olla,*
> *en la Vera de Plasencia,*
> *salteóme una serrana*   (vv. 2202–04)

luego por los labradores:

> *Salteóme la Serrana*
> *juntico al pie de la cabaña.*   (vv. 2656–57)

En términos funcionales, estos cantables son prolépticos,[37] ya que anuncian algo que está por venir como un destino fijo e inexorable, en el futuro cercano, pero enunciado en el tiempo pretérito (*salteóme*), como experiencia ya suce-

---

[37] *Prolepsis* se refiere a «a toute manœuvre narrative consistante à reconter ou évoquer d'avance un événement ultérieur». Se contrasta con otro tipo de anacronía, la *analepsis*, que es «toute évocation après coup d'un événement antérieure au point de l'histoire où l'on trouve» (Gérard Genette, «Discours du récit. Essai de méthode», en *Figures III*, 82).

dida.[38] O sea, recalcan el inevitable destino trágico que próximamente ha de sobrevenir a Gila y sus víctimas.

Y finalmente está el *dénouement*, que, como hemos visto, mueve tanto al público como a los personajes a un hito moral. La catarsis trágica de la Antigüedad aquí se muestra contextualizada por el folclor y los valores sociales, y por las convenciones teatrales, de la España del siglo XVII.

Dicho en términos generales, *La Serrana de la Vera* sí es tragedia, pero como las soluciones dramáticas que Vélez propuso en el curso de la obra no siempre encajan fácilmente en los esquemas neo-aristotélicos con que la erudición acostumbra acercarse a la tragedia, los comentaristas han querido matizar el calificativo que Vélez puso como epígrafe. Enrique Rodríguez Cepeda quiere especificarlo dentro del contexto histórico-cultural, precisando que es una «tragedia rural».[39] Para William Whitby también, la obra es tragedia, aunque imperfecta. Gila, dice, solo califica de heroína trágica si vemos a todos los hombres como burladores y a todas las mujeres como víctimas inocentes de estos, vengadas simbólicamente por la Serrana de la Vera.[40] Pero aun así, concluye Whitby, cerca del final de la obra, cuando Gila acepta su ejecución como justa y culpa a su padre y a don Lucas por su vida y sus crímenes: «not only is the motivational chain of cause and effect somewhat tangled; we have some difficulty sympathizing with (that is, feeling pity and fear at the plight of) a heroine who acts with the strength and self-possession which Gila displays as an outlaw».[41] Sería una tragedia más perfecta si Vélez no hubiera intentado desmitificar el acto trágico demostrando que la muerte de dos mil hombres a manos de la Serrana no fue intencional, sino la consecuencia de la blandura de Giraldo por no «usar de rigor» con su hija al principio.

El didacticismo contrarreformista de la obra es tan obvio que ni siquiera se tiene que discutir aquí. Desgraciadamente, los estudiosos de la obra, basándose por una parte en principios neo-aristotélicos, y en la moral post-tridentina por otra, han destacado el concepto moral negativo de la *hamartia,* subrayando las faltas de Gila: su resistencia al matrimonio, su pérdida de virginidad y su ambición

---

[38]Vale notar que este mismo procedimiento utilizado por Vélez lo usaría Lope en *El caballero de Olmedo:* El caminante afirma que en la Vera y en Castilla «no cantan otra cosa» (vv. 2236–39); poco después aparecen los labradores cantando una versión distinta. Es un «cantar nuevecito, recién creado, pero con un latido popular de cosa ya vivida»; apenas se completa un cantar, «ya el correveidile lo está repitiendo, acaso con variantes» (Enrique Anderson Imbert, «Lope de Vega dramatiza un cantar», 73). Cf. Harald Weinrich, *Estructura y función de los tiempos en el lenguaje,* 28–33, 76 ss.

[39]*La serrana de la Vera,* 2.ª ed., 24.

[40]«Some Thoughts on Vélez as a Tragedian», en *Antigüedad y actualidad de Luis Vélez de Guevara,* 129.

[41]Ibíd., 129.

y sed de poder. Delpech, por ejemplo, la tacha de «megalómana» al afirmar que «En cuanto al amor, Gila no es más que 'fiereza y rigor', y apenas se podría explicar el desliz que provoca el drama si una fantasmagoría casi megalómana no la hubiese inducido a esperar igualarse a Semíramis o a Isabel de Castilla [...] al casarse con un hidalgo de la ciudad».[42] Pero viéndola en términos hegelianos, y siempre recordando el hecho de que Gila con su *virtus* o *areté* se presenta como «larger-than-life character throughout»,[43] la autenticidad del drama como tragedia es patente, porque se entiende que el conflicto no es entre el bien y el mal, sino entre dos bienes. Las metas de Gila, de ser mujer-hombre y vengarse del sexo masculino, chocan con la finalidad de la sociedad, que es mantener el orden, y el poder, exclusivamente en manos de los hombres. Si disculpamos a Gila, no es solamente porque sus acusaciones contra Giraldo y don Lucas sean justas, sino porque la belleza y el valor la redimen.

Temas

La guerra—

Como se ha visto, *La Serrana de la Vera* está conformada por dos tramas paralelas. La primera desarrolla el enfrentamiento entre los sexos y los choques estamentales entre nobles y villanos. Ambos conflictos culminan en el caótico furor de la serrana Gila. La segunda trama está vinculada con la guerra de Granada, de la cual Ignacio Arellano propone que «La acción secundaria, que solamente se sugiere y aparece en pequeños momentos, de la conquista de Granada, postula un marco de violencia justa y ordenada, en contraste a la violencia desordenada que protagoniza Gila».[44] Por el contrario, Drinkwater destaca la guerra y la discordia como uno de los temas centrales donde se trenzan las políticas estatal y sexual. Don Lucas percibe la conquista amorosa como una victoria militar, ya que utiliza las arrogantes, aunque deformadas, palabras del César, «Yo llegué, engañé y vencí» (v. 2049), para describir su relación con la también orgullosa labradora, que para Drinkwater es, «Más que mujer guerrera», «the victim of the war».[45]

---

[42]Delpech 29. Análoga es la postura de Stroud, que subraya el hecho de que «Gila, even after killing two thousand men on her way to kill the captain, is still offered the socializing alternative of marriage» (122), pero al negarse al matrimonio, ella misma se sentencia a la muerte.

[43]James A. Parr, «Some Remarks on Tragedy and on Vélez as a Tragedian—A Reply to Professor Whitby», en *Antigüedad y actualidad de Luis Vélez de Guevara*, 140; reimpreso en ídem, *After Its Kind: Approaches to the «Comedia»*, 73.

[44]*Historia del teatro español del siglo XVII*, 316.   [45]«Mystifying Charms», 77.

La virtù—

El tema de la *virtù* se relaciona con el de la guerra. Como queda dicho, a Gila se le admira por su «valor»,[46] o *virtù*, que suele asociarse a la imagen masculina y no a la femenina. Esta se caracteriza, como señala Ellen Anderson, por su pasividad y obediencia: «The feminine [...] bows [...], fills a smaller space, speaks softly and with dissimulation, and is guarded [...] by the vigilant gaze of the larger society».[47] Este no es el caso de Gila. Es asombrosamente bella, pero su atractivo principal no son sus cualidades físicas, sino su *virtù*, que actúa como dardo amoroso atrayendo a todos, incluso a la reina Isabel. Se presenta a Gila como mujer de cualidades excepcionales, sin embargo, y dichas cualidades están enunciadas en términos de su valor, su libertad y su fortaleza:

CAPITÁN.	¡No ha tenido Aquiles mayor valor, [...]	(vv. 466–67)
JUAN.	¡No he visto jamás en hombre tanto valor!	(vv. 3114–15)

Esto es, valor masculino que siente como suyo y que afirma al defender su libertad en contra del matrimonio (vv. 1577–1601).

De igual manera, al darse cuenta del engaño de don Lucas se comporta como un hombre cuando se esconde en la escarpada sierra con el propósito de vengarse. Después de una noche de ensueño, el abandono de su amado la devuelve a la realidad y le restituye su fortaleza de carácter masculino. La *virtù* de Gila es extraordinaria cuando se compara con la de los otros personajes, sean hombres o mujeres. Don Rodrigo Girón es el único hombre de valor destacado en la obra;[48] todos los demás son igual de «monstruosos» que Gila: Giraldo es un viejo un tanto «mujer en arrepentirse» (v. 1307) ya que dejó a don Lucas alojarse en su casa. El capitán Carvajal es un cobarde donjuán, un *miles gloriosus* que no solo utiliza el engaño para convencer tanto a Giraldo, a quien promete hidalguía, como a Gila, sino que además se jacta de su conquista. La cobardía de Mingo es motivo de risa en muchos casos. Por ejemplo, cuando el toro lo desbraga, o cuando, haciéndose

[46]Ver la nota de Manson y Peale al v. 28, donde aclaran que «valor» es «una de las voces predilectas de Vélez»; ocurre veintinueve veces en la obra, y con diversos sentidos.

[47]«Refashioning the Maze: The Interplay of Gender and Rank in Cervantes's *El laberinto de amor*», *BCom* 46, 2 (1994): 172.

[48]A este respecto ver las notas de Manson y Peale a los vv. 556–8, 949–50.

pasar por bestia, aparece ensillado, razón por la cual se gana el apelativo de «gallina» (v. 672). Asimismo, cuando Andrés, Gerónimo y el Maestro se asombran de su destreza en esgrima:

> ¡Nunca vi
> tal mujer! [...]
> [...] ¡Merece
> corónica este valor!   (vv. 780-3)
>
> ¡Estraña mujer!   (v. 796)
>
> ¡En toda mi vida vi
> una mujer tan valiente!   (vv. 801-2)

Gila, rabiosa, se lanza a ellos con una furia espantosa:

> ¡Mienten como unas gallinas!   (v. 806)

Y los ahuyenta motejándoles con el mismo apodo:

> ¡Ah, gallinas!   (v. 823)

La imagen de los hombres gallinas vuelve a aflorar en la escena del juego de dados (vv. 1834-1904). El epíteto «gallinas», además de referirse a la cobardía, era una forma de referirse a las mujeres percibidas por el hombre como ruidosas, débiles y cobardes. Según Rita Hernández-Chiroldes, al llamar a los hombres «gallinas», «es decir, hembras y además cobardes, [Gila] [...] trata de aminorar e incluso superar el abismo de privilegios que separa en esta sociedad a los hombres de las mujeres».[49] Louise Mirrer observa cómo la afeminización de los grupos étnicos inferiores en los romances fronterizos y en las composiciones épicas servía de maniobra discriminatoria de los mismos y legitimadora de la identidad masculina cristiana.[50] Gila utiliza esta misma técnica para afeminar a los hombres al motejarlos de «gallinas».[51] La ironía de ello es que Gila se considere como un

---

[49]«Nueva interpretación de los problemas políticos y sociales en el teatro de Luis Vélez de Guevara», tesis inédita, Univ. de Texas, 1981, 77.

[50]«Representing 'Other' Men: Muslims Jews, and Masculine Ideals in Medieval Castilian Epic and Ballad», en *Medieval Masculinities,* ed. Clare A. Lees, 169–86.

[51]Vv. 672, 806, 812, 823, 834, 1288, 1887, 1900. Notaremos también que a lo largo de la obra los personajes se representan, bien en forma de símil o de metáfora, en términos de animales. Gila, por ejemplo, se compara con el toro (v. 829); la fiera que siguen los monteros

hombre justamente por razón de su valor cuando tal valor no lo heredó de su padre sino de su madre:

> Con reverencia y perdón,
> soy de Garganta la Olla,
> que de tan bizarra polla
> fue otra igual el cascarón
> que no hue menos gentil.   (vv. 939–43)

Como Gila, las mujeres de *La Serrana de la Vera* muestran valor en su comportamiento y en sus palabras. Por el contrario, todos los hombres son pusilánimes, por lo que en esta obra la *virtù* deja de ser una cualidad masculina.

El engaño—

El tema del engaño aparece de la mano con el tema de la *virtù*. Engaña la apariencia física de la plasenciana, aunque su comportamiento desengaña:

> los que de las quejas suyas
> ven que no tienes cuidado,
> han dicho que los has dejado
> por faltas secretas tuyas   (vv. 1167–70)

E incluso ella misma confunde valor con hombría. Para Rodríguez Cepeda, el engaño y don Lucas son imágenes de la sociedad: Gila al principio confía en la sociedad y en las costumbres, pero tras el engaño se enfrenta a la moral figurativa de la costumbre común y termina muriendo.[52] Whitby aclara que muchas obras de Vélez se refieren a pinturas, retratos e imágenes reflejadas, y las interpreta como alusiones al concepto de la imitación.[53] Un retrato es engañoso porque, aunque se parezca al original, no es más que una copia. En *La Serrana de la Vera* no hay espejos, retratos o pinturas, pero sí personajes,

---

del rey anticipa la búsqueda de otra fiera, la propia Serrana (v. 2585); las mulas que se le escapan a don García son comparadas a las mujeres (v. 2655).

[52]«Temática y pueblo», 172–73.

[53]«Pinturas, retratos y espejos en la obra dramática de Luis Vélez de Guevara», en *Estudios sobre el Siglo de Oro en homenaje a Raymond R. MacCurdy,* ed. Ángel González et al., 241. En la obra que estudiamos en términos muy parecidos Vélez matiza esta noción. Momentos antes de ser muerto a manos de Gila, don Lucas reconoce a la heroína y el peligro que corre, y exclama aparte: «¡Sueño parece que es esto, / pintura, imaginación!» (vv. 3016–17).

situaciones y palabras que engañan. Así, pues, llamamos «engaño dulce» al engaño enraizado en situaciones y momentos cuya apariencia bondadosa distrae de su verdadero significado.

El doctor De la Parra avisa al moribundo Príncipe don Juan que: «Quien os engaña no os quiere, / y a quien hoy os desengaña / debéis más, que las lisonjas / aquí no sirven de nada» (vv. 1665–8). De igual manera, el Maestre de Calatrava, don Rodrigo Girón, opina que no se debe engañar a quien se sirve (vv. 1946–9). Las palabras dulces o lisonjeras quizás suenen bien, pero la mayoría de las veces su dulzura engaña, porque esconden un significado negativo. Con deliciosa ironía engaña Gila al Capitán haciéndole creer que le dejará alojarse en su casa, solo para desengañarlo fatalmente:

GILA.	Que os alojéis
	muy en buen hora, que llanos
	estamos ya.
CAPITÁN.	Al fin, villanos,
	que nada por bien hacéis,
	temiendo que la jineta
	no hiciera el alojamiento,
	¿cuál ha de ser mi aposento?
GILA.	¡El cañón de esta escopeta! (vv. 385–92)

En otro momento promete favores a Mingo respondiendo a sus requiebros amorosos con melodiosas palabras (vv. 1186–93) que confunden al labriego gracioso, aunque muy pronto este se desengaña y, si se descuida, se queda sin mano. También don Lucas usa falsas palabras que fascinan primero a Giraldo (vv. 1492–1513) y luego a su hija (vv. 1602–12), que sintiéndose traicionada reflexiona: «¡Mi desdicha y vuestra culpa, / mi engaño y vuestros consejos!» (vv. 2078–79), y confiesa «que no hay mujer que resista / en mirando y en oyendo!» (vv. 2094–95), condenando a «quien fía / [...] / de palabras de los hombres, / de regalos y requiebros» (vv. 2100–03) ya «que estas galas enemigas / dicen, tremolando al viento: / 'Aquí se alojan agravios / a costa del propio dueño'» (vv. 2104–07).

El engaño dulce en las palabras coexiste con el de las apariencias. La apariencia bondadosa de Gila provoca burlas irónicas cuando se apareja para la lucha: «que a mujeres tengo miedo, / ¡sí, por ell agua de Dios!, / y más si son como vos» (vv. 751–53) dice Andrés en tono jocoso, si bien su burla se convierte en realidad, tiene miedo de Gila. En definitiva, el mensaje sigue siendo el del médico real: No fiarse de palabras ni de apariencias hinchadas de dulzura. Gila aprende la lección y la pone en práctica para atraer con palabras dulces primero al caminante, y luego a Mingo, a don Lucas y, finalmente, a su propio padre, a quien le arranca la oreja de un mordisco.[54]

[54]El mordisco en la oreja es, como señalaron los Pidal, un elemento folclórico. Resulta ser, además, un hecho anticipado burlescamente en los requiebros de Mingo (vv. 1253–62).

A lo largo de la obra engañan las apariencias de bondad en las palabras, personas u objetos. Por el contrario, no se consigue engañar a nadie cuando se intenta usar tretas burlescas, prosaicas o vulgares. Por ejemplo, cuando el gracioso sale ridículamente disfrazado de acémila, no logra decepcionar a la montaraza:

[MINGO.]	¡Pardiobre, yo di con Gila!
	¿Qué he de her? ¡Mas linda treta
	me ofrece el freno y la silla,
	que me matará esta fiera
	en sabiendo que soy hombre!
	Hoy me ha de valer ser bestia.
	Yo me pongo en cuatro pies
	y tiro coces soberbias,
	y doy saltos y relincho,
	y piso y hago corvetas.
GILA.	Este villano procura
	engañarme, y por la mesma
	treta cogerle imagino. (vv. 2284–96)

El orden político—

Según George Mariscal, desde el último cuarto del siglo XVI era importante para España erigir una identidad nacional, proyecto en el cual entraba «the symbolic integration of those groups formerly excluded (mujeres, moros, campesinos) not in a gesture of democratic openness [...] but rather as a way to reinvigorate the monarchical apparatus and the aristocratic culture that sustained it».[55] Seguramente se utilizó el corral para presentar dicho plan ideológico, y los dramaturgos incluyeron en sus obras personajes marcados por su otredad, que funcionaban como «capital simbólico» en la realización del proyecto. Al matar a Gila, que representa un desafío al orden falocéntrico establecido, se otorga un triunfo a la sociedad. Sin embargo, no solo sirve de toque de alerta a la conciencia colectiva, sino que previene al orden social de que siempre existirán anormalidades como Gila, aunque parezcan ser asimiladas por el sistema.[56] Gila es como la piedra que Sísifo tiene que rodar perennemente cuesta arriba. La obra da la impresión de que en aquel mundo dramático no era difícil vivir fuera de la ley. Si a la sociedad cada rebelde cuesta dos mil vidas, la supervivencia al otro lado de la frontera social no parece ser tan difícil para una mujer que está costando tanta sangre, ya que Gila no se acobarda ante su inminente captura por la Santa Her-

---

[55]«Symbolic Capital in the Spanish *Comedia*», *RenD* 21 (1990): 147.

[56]Cf. Otero-Torres 137–39.

mandad. Parece que el organismo policial se está durmiendo en los laureles. La cazadora es cazada, pero para ello antes tuvo que haberse escapado.

Dicha postura contradice la tesis de José Antonio Maravall, que interpreta el teatro del Siglo de Oro como plataforma de propaganda política en favor de la oligarquía dominante.[57] En cambio, justifica la conclusión de Rita Hernández-Chiroldes, para quien Vélez de Guevara no respalda, sino que critica lo que supuestamente representaba el sistema monárquico, esto es, la nobleza y la justicia. La nobleza representada en la obra por el Capitán es «villana» en el sentido moral de la palabra; la justicia está encarnada en la figura de Fernando, un rey que no «defiende al desvalido (mujer o villano), sino que, por el contrario, apoya al poderoso (al hombre de la nobleza)».[58] En este sentido, Hernández-Chiroldes ve como irónicas las palabras de Giraldo: «que reyes, a Dios gracias, y justicia / tenemos para agravios semejantes» (vv. 1454–55), ya que, en realidad, acentúan la injusticia de la monarquía.

Gila y el problema de la sexualidad

La sexualidad de Gila ha sido un tema problemático que la crítica todavía no ha podido resolver satisfactoriamente. Las declaraciones de la Serrana no podrían ser más explícitas:

GILA.	Juego de armas hay aquí.
	Lleguemos, padre, a mirar,
	que no faltará lugar.
GIRALDO.	¡Tal inclinación no vi!
MADALENA.	Erró la naturaleza,
	Gila, en no herte varón.
GILA.	¡Ay, prima, tienes razón! (vv. 655–61)

Por inclinación soy hombre.   (v. 1833)

Padre, [...]
[...] Si tú usaras
rigor conmigo al principio,
de mi inclinación gallarda
yo no llegara a este estremo.   (vv. 3250–56)

La aberración social encarnada en el personaje de Gila puede interpretarse de dos maneras opuestas. Por una parte, se podría ver como una forma de liber-

---

[57] *Teatro y literatura en la sociedad barroca,* passim.

[58] «Nueva interpretación», 69–70.

tad y éxito social.[59] Por otra, la irregularidad de Gila podría interpretarse como un factor cuya mera existencia sirve para deslindar, preservar y reforzar el orden establecido.[60] Según McKendrick, no hay cuestión de lesbianismo en Gila, ya que las autoridades eclesiásticas, e incluso el público, lo hubieran rechazado. Es común en la Comedia Nueva —dice— encontrar a mujeres que se enamoran de otras que están vestidas de hombre, pero en cuanto el disfraz desaparece y se reconoce que es otra mujer, el enamoramiento se esfuma. Añade, además, que cuando una mujer dice prendarse de otra sabiendo quién es, como ocurre en *La Serrana de la Vera*, no se trata de enamoramiento, sino de admiración. La investigadora supone que lo mismo sucedía a las espectadoras: «the *mujer varonil* provided the pleasure of vicarious freedom and adventure», ya que «through her, for an hour or two, they became brave, daring, resourceful».[61] Lundelius matiza esta noción, fijándose particularmente en los enunciados explícitos en *La Serrana* del *topos* barroco del mundo al revés. O sea, considera la sexualidad de Gila como una manera de válvula de escape con la que el público se podía divertir olvidándose de las convenciones sociales por un par de horas.

Hay en Gila una aparente predilección por las mujeres. Declara su afecto hacia la reina Isabel usando palabras que usaría normalmente un galán para referirse a su dama y piropea a la niña Pascuala. Además, la actitud desdeñosa de la Serrana hacia sus pretendientes ha inspirado rumores de que su comportamiento se deberá a ciertas «faltas secretas» (v. 1170).[62] Partiendo de estos datos textuales, Otero-Torres desarrolla un análisis del homoerotismo femenino que se presenta en la obra, y Lundelius habla por su parte de la existencia de una «ambiguous bisexual aura» en Gila, y efectivamente en toda mujer varonil, que pudiera explicar el atractivo que aquel tipo tenía para el público de la época: «The passage from Gila's contrary qualities to ambivalent behavior to the suspicion of deviant sexuality was one ploy Vélez counted on to attract and hold his audience».[63] Mas para Stroud la orientación sexual de los personajes es irrelevante. Según él, el imperativo de la Comedia Nueva era la reconciliación a la sociedad de las mujeres

---

[59]A este respecto serían oportunos los planteamientos de Bruce Jackson, «Deviance as Success: The Double Inversion of Stigmatized Roles», en *The Reversible World*, ed. Barbara Babcock, 258.

[60]Este argumento, y otros que Max Gluckman ha desarrollado en *Custom and Conflict in Africa*, ofrecen numerosas analogías que aprovecharían un estudio sociológico de obras problemáticas como *La Serrana de la Vera*. Ver p. 109.

[61]McKendrick 320.

[62]Ver la nota de Manson y Peale a los vv. 1169–70.

[63]«Paradox and Role Reversal», 230, 231. Cf. Stroud, «Homo/Hetero/Social/Sexual» passim.

varoniles. Si Gila no se reintegraba a su comunidad, se convertía en «a freak of nature, and as such she represented the *mundo al revés*, a denial of the divine order of things».[64] La Serrana de Vélez indudablemente presenta un caso de inversión simbólica, un símbolo negativo que expresa y cuestiona lo que aquel sistema social no debía cuestionar.

Gail Bradbury se expresa contrariamente. El público no ignoraba la existencia de comportamientos sexuales irregulares (que se daban en la realidad); además, no era la primera vez que se trataba sobre estos temas en literatura: en géneros como las *novelle* y las *commedie erudite* durante el siglo XVI en Italia se encuentran numerosos ejemplos de los mismos. Estos géneros sirvieron como fuentes literarias al fenómeno de la mujer varonil. Pero es que además tampoco faltaron en España incursiones (*serio ludere*) en los campos de la homosexualidad, el transvestismo y, en general, la irregularidad y perversión sexuales: «The available evidence suggests that, for some Spaniards, certain aspects of abnormal sexuality were a source of delight and intrigue, rather than of horror or repulsion».[65] Y no solo eso, sino que junto a la noción de pecado asociada por la moral cristiana al intento de alterar lo establecido por Dios, existía, lógicamente en un tiempo en que junto a la doctrina cristiana se reverenciaba la mitología pagana, la idea de que la Naturaleza guardaba sus propios prodigios dignos de admiración. Si McKendrick fundaba su negación de homosexualidad en la comedia de los siglos XVI y XVII españoles en el simple hecho de que, de haber habido el más mínimo asomo de la misma, las autoridades se habrían abalanzado cual fieras sobre la heterodoxa obra, Bradbury considera que la razón por la cual no se cifró atención en comportamientos sexuales anormales, que sí los hay, fue porque bastante ocupados andaban ya con ciertos estimulantes visuales a la pasión heterosexual, como bailes lascivos, mujeres vestidas de hombre, etc., para divertir, a modo de representación carnavalesca, a los que acudían a los corrales.

Es evidente que la crítica no ha llegado a ningún consenso en torno al tema de la homosexualidad en *La Serrana de la Vera*. Efectivamente, los planteamientos hasta la fecha son muy especulativos, basados mayormente en teorías modernas cuya eficacia todavía queda por determinarse con la lectura de un número mayor de textos, y no solamente los de Vélez, aunque este muy bien sería un

---

[64]«Resocialization», 122–23. Sobre el tema de la inversión de los papeles masculino y femenino como ejemplo del mundo al revés, consúltense Helen F. Grant, «The World Upside-Down», en *Studies in Spanish Literature of the Golden Age Presented to Edward M. Wilson*, 103–35; y David Kunzle, «World Upside Down: The Iconography of a European Broadsheet Type», en *The Reversible World*, ed. Barbara Babcock, 39–94.

[65]Gail Bradbury, «Irregular Sexuality in the Spanish *Comedia*», *MLR* 76 (1981): 569.

[66]A este propósito, considérese la siguiente nota de C. George Peale: «Hace falta emprender ya una nueva revisión de la mujer varonil en el teatro clásico, una que extienda los geniales planteamientos de McKendrick, que realice los términos establecidos por las

buen punto de partida para tal proyecto.[66] Entretanto, a nuestro modo de ver, la interpretación más prudente es la de Lundelius, quien resuelve el conflictivo problema concentrándose en la yuxtaposición de «nature and convention, appearance and reality».[67]

JAMES A. PARR
LOURDES ALBUIXECH

---

aproximaciones más recientes de la crítica feminista, sociológica e histórica y que debidamente tenga en cuenta el teatro de Vélez. Buen punto de partida sería "Concerning 'La mujer en hábito de hombre' in the *Comedia*", *HR* 28 (1960): 43–60, de Benajmin B. Ashcom, que observa, creo que con razón, que Vélez fue el mayor exponente de ese tipo en la comedia aurisecular. Además de *La Serrana de la Vera* y *La montañesa de Asturias*, dedica breves comentarios a *El Caballero del Sol, La romera de Santiago* y *El amor en vizcaíno*, y en una larga nota enumera otras quince obras en las que Vélez introduce el tipo: *El Águila del Agua, El cerco del Peñón de Vélez, La corte del demonio, Los disparates del Rey don Alfonso, El Hércules de Ocaña, Los hijos de la Barbuda, La Luna de la Sierra, El Marqués del Vasto, La niña de Gómez Arias, El niño diablo, La nueva ira de Dios, El rey en su imaginación, El rey naciendo mujer, Los sucesos en Orán* y *El Verdugo de Málaga*. Podrían sumarse a estos títulos *Amor es naturaleza, El Conde don Sancho Niño, Más pesa el Rey que la sangre,* y *Gloria de los Guzmanes, El mejor rey en rehenes, Las palabras a los reyes,* y *Gloria de los Pizarros* y *La rosa alejandrina*» («Estudio introductorio», *Don Pedro Miago*, 47–48, n. 33).

[67]«Paradox and Role Reversal», 233.

Los textos y la fecha de La Serrana de la Vera

La presente edición de *La Serrana de la Vera* se basa en el autógrafo del autor, que denominamos *A:*

A   La Serrana de la Vera.
    Manuscrito autógrafo, firmado y rubricado, 60 hojas, 4.°
    Biblioteca Nacional-Madrid, Res. 101.[1]

Debido a las señas que Vélez puso en la hoja final del manuscrito (Fig. 1), ha habido alguna confusión acerca de la fecha de la obra, 1613. Los manuales anteriores a la edición de Menéndez Pidal y Goyri sin excepción citan el año 1603. La equivocación es perfectamente comprensible, pues en la fecha del colofón escrito por el poeta cifras 1 y 3 están enlazadas.[2] Dicho apunte, «Laus Deo—fin de la Tragedia de la Serrana de la Vera—en valladolid a 7 de 1613—Luys Velez de guebara—[Rúbrica]—Para la señora Jusepa Vaca—[Rúbrica]», no es tan impreciso como se ha pensado. Al contrario, aclara tres cuestiones fundamentales: su concepción genérica —Vélez la ideó explícitamente como una «Tragedia»—; la fecha y lugar de composición —julio de 1613 en Valladolid[3]—; y el motivo —un encargo para la actriz Jusepa Vaca, esposa del notorio autor de comedias, Juan de Morales.

[1] La Barrera 466a; Cotarelo 4: 420–21; A. Paz y Meliá, *Catálogo de las piezas de teatro que se conservan en el Departamento de Manuscritos de la Biblioteca Nacional,* núm. 3370, 1: 511b; Forrest Eugene Spencer y Rudolph Schevill, *The Dramatic Works of Luis Vélez de Guevara: Their Plots, Sources, and Bibliography,* 115, 117.

[2] Un caso semejante se halla en el manuscrito Res. 249 de la *Santa Juana,* de Tirso, conservado en la Biblioteca Nacional-Madrid. Lleva en su última hoja las fechas de nueve censuras: las tres primeras son de Madrid, firmadas el «14 de diciembre de 1613» —y no 1603—, el «15 de diciembre de 1614», y el «3 de febrero 1615»; las seis restantes autorizan representaciones en Córdoba (I–1616), Granada (IV–1616), Málaga (VII–1616), Jaén (IX–1616) y Cádiz (VI–1617).

[3] Los Pidal (127) y Cotarelo (4: 421) leyeron la cifra 1603 como un error de pluma; para Pérez y González, citado a continuación, era una confusión que no pudo aclarar. Es evidente, a juzgar por la letra de los textos hológrafos, que Vélez solía escribir «de prisa», pero nunca «distraído», como dijo Cotarelo. Por esto nos inclinamos a entender el número 7 como el mes en que finalizó su redacción, y no el día, sin indicación del mes. Reconoce-

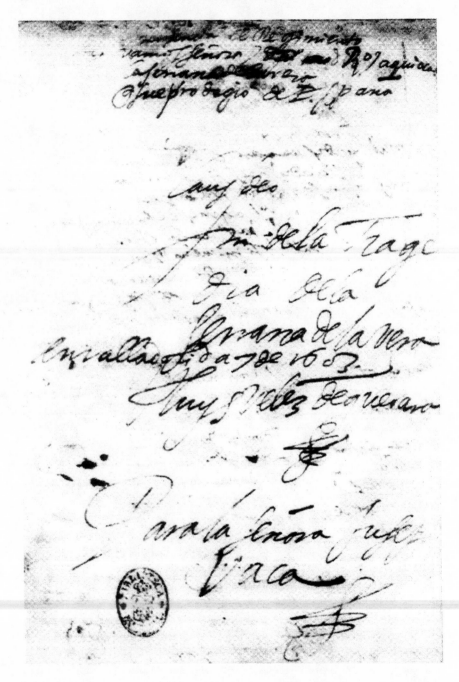

Fig. 1

La redacción en 1613 está comprobada por una particularidad curiosa de Vélez de Guevara, señalada primero por Felipe Pérez y González.[4] Como acostumbraban los escritores de la época, comenzaba cada jornada de sus autógrafos invocando a la Sagrada Familia, «Jh[esú]s M[aría]a Jh[o]s[e]f». Luego agregaba otros, que en este caso son: «luys vrsola fr[ancis]co Ju.° [Juan] Ant[oni]o». *Luis* es el nombre de nuestro autor; *Úrsula* el de su segunda mujer, Úrsula Ramisi Bravo, con la cual se casó en septiembre de 1608; no se sabe a quién se refiere el nombre de *Francisco* —acaso fue el primer hijo que nació de este matrimonio—; su hijo *Juan* nació en 1611; y el nombre *Antonio* corresponde a otro hijo, bautizado el 1 de enero de 1613. Sirviéndose de la carbonometría onomástica perfeccionada por Pérez y González, los Pidal constataron que la fecha de *La Serrana de la Vera* no podía ser anterior a 1613. El dato, como dijeron ellos, es de capital importancia para el estudio de las imitaciones y fuentes inmediatas de la obra, y no solamente de estas, sino también de otras proyecciones del tema de serranas en el teatro antiguo español.[5]

Por ejemplo, se ha cuestionado la aceptación y el éxito de *La Serrana de la Vera*, supuestamente porque traspasaba el aceptado sentido de la justicia poética.[6] Pero no cabe duda de que la obra fue, como dicen, un exitazo. Por una parte, está el hecho de que fue protagonizada por una de las actrices más celebradas de su generación, Jusepa Vaca. Por otra, la obra acoplaba el popularísimo tema de la serrana bandolera, el colorido folclor regional de Extremadura y motivos del refranero y de baladas y cantares.[7] Vélez se aprovechó igualmente de este tradiciona-

---

mos, sin embargo, la posibilidad propuesta por Bruerton y otros, de que Vélez comenzara *La Serrana* a principios de enero de ese año. Véanse Courtney Bruerton, «La Ninfa del Cielo, La serrana de la Vera and Related Plays», en *Estudios hispánicos: homenaje dedicado a Archer M. Huntington,* 77, 94–97; ídem., «The Date of Schaeffer's *Tomo Antiguo*», 350, n. 18; Maria Grazia Profeti, «Note critiche sull' opera di Vélez de Guevara», *QLL* 5 (1965): 157–59; Enrique Rodríguez Cepeda, «Para la fecha de *La serrana de la Vera*», *BCom* 27, 1 (1975): 19–26.

[4]«*El Diablo Cojuelo*»: notas y comentarios, 191–95.

[5]Dicen al principio de sus «Observaciones», «[*La Serrana de la Vera*] es […] importante para la historia del teatro español por las relaciones que presenta esta obra con otras de Lope y de Tirso, viniendo a formar parte de un abundante ciclo de comedias» (125). Enrique Rodríguez Cepeda explora algunas de las correlaciones temáticas sugeridas por los Pidal en «Fuentes y relaciones en *La serrana de la Vera*», *NRFH* 23 (1974): 100–11; y en su edición de 1982 problematiza el tema de la Serrana en términos sociológicos y sicológicos (14–16).

[6]Enrique Rodríguez Cepeda, *La serrana de la Vera* (1967), 17–18; ídem, «Temática y pueblo en *La serrana de la Vera*», *ExTL* 4, 2 (1975–76): 169–72; ídem, *La serrana de la Vera* (1982), 15–16.

[7]Véanse Rodríguez Cepeda, «Fuentes y relaciones»; Jesús Antonio Cid Martínez, «Romances en Garganta la Olla (Materiales y notas de excursión)», *RDTP* 30 (1974): 484–87;

lismo y del talento de aquella estrella para confeccionar una pieza que había de agradar a su público en muchos sentidos. Justifica esta conclusión el hecho de que en el repertorio de una compañía rival, la de Pedro de Valdés, figuraban *Don Pedro Miago* y *La montañesa de Asturias,* compuestas también en 1613.[8] Entre las tres obras, *La Serrana, Don Pedro* y *La montañesa,* existen notables similitudes que claramente sugieren una intertextualidad genética y confirman la redacción de *La Serrana de la Vera* en aquel año y su aplaudida recepción en los corrales. Se ha creído que la compañía de Morales no presentó *La Serrana* después del otoño de 1614, pero la evidencia documental prueba que la tragedia continuó siendo una de las piezas principales en el repertorio de aquella compañía por unos diez años al menos: el 14 de junio de 1623 hubo una representación palatina de *La Serrana de la Vera,* con Jusepa Vaca en el papel titular, ante los Reyes y, es de suponer, el príncipe de Gales. Así como el rol del emperador Carlos V siempre se identificó con el gran autor y actor Antonio de Prado, para el público en el primer tercio del Seiscientos la Serrana de la Vera se identificó con aquella comedianta: Gila era Jusepa Vaca, y viceversa.[9]

Teresa M. Rossi, «El lenguaje paremiológico en *La serrana de la Vera* de L. Vélez de Guevara», y Miguel Requena Marco, «Contribución al estudio de la paremiología en *La serrana de la Vera* de L. Vélez de Guevara», en *Teoría y realidad en el teatro español del siglo XVII,* 107–15 y 507–22 respectivamente; Margherita Morreale, «Apuntaciones para el estudio del tema de la serrana en dos comedias de Vélez de Guevara», en *Antigüedad y actualidad de Luis Vélez de Guevara,* ed. C. George Peale et al., 106–08; S. Griswold Morley, reseña a *MPG,* en *Hisp* 1 (1918): 186. Sobre los lugares comunes de la visión estereotipada que en el siglo XVII se tenía de la Vera de Plasencia, véase *Amenidades, florestas y recreos de la Provincia de la Vera Alta y Baja, en la Extremadura* de Gabriel Azedo de la Berrueza (Madrid, 1667), quien a su vez plagió descaradamente la *Historia de Nuestra Señora de Guadalupe* de Fr. Gabriel de Talavera (Madrid, 1597). Ver también Vicente Barrantes, *Narraciones extremeñas,* 1–29; y Miguel Herrero García, *Ideas de los españoles del siglo XVII,* 198–201, 226–48, quien documenta la imagen literaria de los extremeños. Sobre las tradiciones poéticas que convergen en estas tres obras y el tema de la serrana bandolera, véanse los comentarios de los profesores Parr y Albuixech en el estudio introductorio del presente volumen, y también las particularidades citadas por Azedo, *Amenidades,* 86–90; Barrantes, *Narraciones,* 19–29; Morreale, «Apuntaciones», 104, 106–07; Rodríguez Cepeda, *La serrana de la Vera* (1982), 16–20, y François Delpech, «La leyenda de la Serrana de la Vera: las adaptaciones teatrales», en *La mujer en el teatro y la novela del siglo XVII,* 23–36.

[8]Profeti fue la primera en observar el parangón entre *La Serrana de la Vera* y *La montañesa de Asturias,* en sus «Note critiche», 157–60. Ver también *La montañesa de Asturias,* xvi–xviii. He estudiado la relación genética entre las tres obras en nuestra edición de *Don Pedro Miago,* 44 ss. Entre otras cosas, concluyo allí que Vélez compuso dicha comedia entre mediados de mayo y julio. Este dato coincide con otras circunstancias: 1) la acción de *Don Pedro Miago* tiene lugar en Valladolid; 2) pasando de Lerma a Segovia, el conde de Saldaña, al que Vélez servía como gentilhombre de cámara, se encuentra en Valladolid en julio; 3) es seguida por las compañías de Morales y Valdés; 4) Vélez firma la hoja final de *La Serrana* «en Valladolid a 7 —es decir, julio— de 1613».

❦ ❦ ❦ ❦ ❦

Documentamos también la edición paleográfica, mencionada arriba, de Ramón Menéndez Pidal y María Goyri de Menéndez Pidal, *MPG*, y las dos ediciones realizadas por Enrique Rodríguez Cepeda, *RC1* y *RC2*:

MPG   *La Serrana de la Vera*, ed. Ramón Menéndez Pidal y María Goyri de Menéndez Pidal, Teatro Antiguo Español, Textos y Estudios, 1 (Madrid: Imprenta de los Sucesores de Hernando, 1916). 176 pp.[10]

RC1   *La serrana de la Vera*, estudio y edición de Enrique Rodríguez Cepeda (Madrid: Alcalá, 1967). 165 pp.[11]

RC2   *La serrana de la Vera*, ed. Enrique Rodríguez Cepeda, 2.ª ed., enteramente rehecha (Madrid: Cátedra, 1982). 205 pp.

Como se trata de una edición paleográfica, *MPG* reproduce fielmente la grafía original de *A*, salvo en los casos de la *u* y la *v*, escritas indistintamente por Vélez de Guevara; *MPG* siempre usa la primera cuando sea vocal, y la segunda cuando sea consonante. La acentuación, la puntuación y las mayúsculas están puestas según el uso moderno.

[9]El martes 7–X–1614, en Alba de Tormes, la compañía de Juan de Morales presentó *La Serrana de la Vera*, que Joaquín de Entrambasaguas equivocadamente creyó ser la de Lope, y no de Vélez (*Estudios sobre Lope de Vega*, 2: 604–05). Rodríguez Cepeda aclara la atribución en su primera edición de *La Serrana*, 11, 18. En cambio, es erróneo su aserto de que esa fue la última representación de la obra. Ver N. D. Shergold y John E. Varey, «Some Palace Performances of Seventeenth-Century Plays», *BHS* 40 (1963): 238. Para noticias sobre la famosa actriz, véase el documentado estudio de Mercedes de los Reyes Peña, «En torno a la actriz Jusepa Vaca», en *Las mujeres en la sociedad española del Siglo de Oro: ficción teatral y realidad histórica*, 81–114,

[10]Reseñas: Adolphe Coster, en *Revue Critique d'Histoire et de Littérature* 82 (1916): 162–63; Ernest Merimée, en *BHi* 18 (1916): 290–92; Adolfo Bonilla y San Martín, en *Revista Crítica Hispanoamericana* 3 (1917): 176–82; Milton A. Buchanan, en *MLN* 32 (1917): 423–26; J. Gómez Ocerín, en *RFE* 4 (1917): 411–14; George T. Northrop, en *MPh* 15 (1917): 447–48; S. Griswold Morley, en *Hisp* 1 (1918): 185–88; Hugo A. Rennert, en *RR* 9 (1918): 238–39.

[11]Reseñada por Enrique Rull, en *Segismundo* 2 (1966): 390–92

La publicación de *MPG* por el Centro de Estudios Históricos en 1916 marcó un hito importante en el curso de la filología española, pues con ella se inauguró la famosa serie de textos y estudios publicados bajo el rótulo de Teatro Antiguo Español, o TAE. Se aprecia el valor de la serie al compararla con la «Nueva Edición» de las *Obras de Lope de Vega publicadas por la Real Academia Española*, iniciada también en ese mismo año. En seguida surgen las paradojas. La «Nueva Edición», o Ac.N., se proponía vulgarizar el conocimiento de las obras del Fénix de los Ingenios, cualquiera que fuese su orden, dando preferencia a las más raras o desconocidas. Pero los medios y los procedimientos contrariaban las metas. Publicada en trece tomos entre 1916 y 1930 bajo la dirección de Emilio Cotarelo (vols. 1–8, 12 y 13), Ángel González Palencia (vol. 9), Federico Ruiz Morcuende (vol. 10) y Justo García Soriano (vol. 11), la edición en folio, costosa y de no fácil manejo, como escribió el mismo Cotarelo en su prólogo del primer volumen, impedía «la divulgación y lectura de los escritos del más genial y fecundo de nuestros autores dramáticos».[12] Pero era más.[13] En Ac.N. se siguieron los mismos métodos que había implantado la Biblioteca de Autores Españoles, dando prioridad a la numerosidad de las obras sacadas a luz, y descuidándose por completo la exactitud del texto. Hasta se encomendaron los trabajos de copia y de impresión a auxiliares, quienes, a destajo, corrigieron y alteraron, consciente o inconscientemente, la letra y el sentido del original. No se escatimaron recursos al monumentalizar a Lope en la «Nueva Edición» publicada por la Academia Española y con la sanción de Su Majestad. Aspiraba a poner en letra de molde todo el inmenso caudal dramático legado por el Monstruo de la Naturaleza, pero, efectivamente, Ac.N. resultó ser poco útil para cualquier trabajo científico. Sus propios principios la delataban: «Como de estas comedias no existe más que un ejemplar, no ha habido dudas en la elección de textos. De la ortografía insegura y caprichosa de los originales hase respetado sólo aquello que puede afectar al sonido de las palabras, sin hacer empeño en enmendarlas cuando aun en eso mismo variaban». Y Cotarelo agregó en una nota: «Si algún día la Academia pudiese tener a mano las otras copias de las comedias *Amar por burla* y *Antonio Roca*, ya aprovecharía cualquier ocasión para consignar las variantes que ofrezcan, que no serán pocas, especialmente en el tercer acto de esta última obra. Las variantes útiles de la edición impresa del *Príncipe prodigioso* son tan insignificantes, que unas van entre corchetes en el texto y otras al final del tomo, como erratas».[14] O sea, la «Nueva Edición» expedía convenientemente algunos textos antiguos, pero sin atenerse a principios que, de acuerdo con los usos conocidos de Lope, pudiesen aproximarlos más al original, de suerte

---

[12] Ac.N., 1, v.

[13] En las líneas que siguen me permito parafrasear la «Advertencia» prologal de TAE, 1, v. No está firmada, pero es de suponer que dicha advertencia, escrita con tono de manifiesto, era de don Ramón Menéndez Pidal.

[14] Cotarelo, Ac.N., 1, xiv.

que el *corpus* enterrado en las páginas de ese grandioso monumento para el disfrute del público general no era, seguramente, el mismo que legara el Fénix de los Ingenios. De hecho, varias comedias recopiladas en Ac.N. ni siquiera pertenecen a Lope. Sirva de ejemplo el citado *Prodigioso príncipe transilvano:* un estudio más circunstanciado habría demostrado que la obra no salió de la pluma del Fénix en 1595, como aserta Cotarelo,[15] sino que fue compuesta por Vélez de Guvara alrededor del año 1621.

Los propósitos y los criterios del TAE eran muy distintos. Sus procedimientos eran explícitamente científicos y su «público» iba a ser un reducido círculo de filólogos: «lo oportuno será no aspirar ilusoriamente a difundir las obras inéditas de nuestra escena entre el público más general, a quien estorba cualquier ortografía extraña, sino publicarlas con destino al círculo más reducido, que está preparado para recibirlas y que es en definitiva el que las ha de buscar y leer» (vi–vii). Con respecto a la transcripción de *A* y la documentación de sus pormenores paleográficos, la precisión y la claridad de *MPG* eran modélicas. Sus Observaciones y Notas eran relativamente breves; aquellas consistían en ocho capitulillos, estas solamente en unas cincuenta fichas, pero su análisis y su documentación, aunque sucintos, establecieron en España un criterio de edición, comentario y anotación filológicos cuyos únicos precedentes, en el teatro al menos, provenían, irónicamente, del extranjero.[16] En contraste con el lujoso carácter monumental de la edición académica, los recursos que promovía el TAE eran mucho más austeros. Las emisiones eran esporádicas;[17] el

---

[15]Ibíd., viii–ix.

[16]De momento se me ocurren las magníficas ediciones de *El alcalde de Zalamea* y de *Los Guzmanes de Toral,* por Max Krenkel y Antonio Restori respectivamente, pero había otras, como las de Michaelis, von Wurzbach, Merimée. Caso anticipatorio y obvia excepción era la edición que Víctor Said Armesto preparó de *Las mocedades del Cid,* de Guillén de Castro, publicada como el núm. 15 de los Clásicos Castellanos, en 1913. Conviene añadir que las consecuencias prácticas de los criterios científicos del TAE se realizaron muy pronto en los popularísimos Clásicos Castellanos, publicados por Espasa-Calpe bajo el sobrenombre de «La Lectura». La serie logró conciliar los principios editoriales de la TAE y las necesidades prácticas del lector aficionado, pero poco instruido. Generalmente, el resultado era una presentación clara y accesible de los textos, con un complemento de notas filológicas, siempre expuestas con economía, que documentaban la tradición textual y aclaraban las dificultades léxicas y sintácticas que pudieran ofrecerse al lector moderno. Seguidamente salieron a la luz en Clásicos Castellanos ediciones de Tirso (núm. 2, en 1919 [*sic*], por Américo Castro), Moreto (núm. 32, en 1916, por Narciso Alonso Cortés), Rojas Zorrilla (núm. 35, en 1917, por F. Ruiz Morcuende), Ruiz de Alarcón (núm. 37, en 1918, por Alfonso Reyes) y Lope (núm. 39, también en 1918, por J. Gómez Ocerín y R. M. Tenreiro). En contra de lo que cabía esperar, la anotación era variable, pero los textos publicados en aquella serie, sin excepción, aventajaron a la bien intencionada pero mal concebida «Nueva Edición» sancionada por la Real Academia.

[17]Francisco de Rojas Zorrilla, *Cada qual lo que le toca. La viña de Nabot,* ed. Américo Castro, TAE, 2 (1917); Luis Vélez de Guevara, *El rey en su imaginación,* ed. J. Gómez Ocerín, TAE, 3 (1920); Lope de Vega, *El cuerdo loco,* ed. José F. Montesinos, TAE, 4

formato, eficiente, pero demasiado modesto; las tiradas, cortas. Como consecuencia, resulta más o menos difícil acceder a *MPG*.
Por eso fue tan oportuna la publicación de *RC1* y *RC2*. A pesar de ser ediciones escolares, están prologadas por estudios de alto valor y utilidad pedagógicos, aunque su autor advierte que la primera «queda totalmente anulada» por la segunda.[18] Ambos textos se basan en *MPG* y tienen presentes las particularidades de *A*. Sus criterios son eclécticos, conservando algunas grafías y formas arcaizantes y modernizando otras «en favor de la claridad y alcance del [texto]» (*RC2* 52). El resultado de esos criterios, que nos parecen arbitrarios, son textos que, si bien son asequibles para el lector moderno, resultan ser problemáticos a la hora de comunicar el sabor de la «voz» del autor y también sus intenciones teatrales. Por una parte, regularizan el uso de *b, u, v*, de *c, q, ch,* y de *s* y *x*, pero respetan los usos de *i, y, g, j, x, s, ss, c, ç* y *z*. Mantienen las perífrasis de obligación (*a de ser* vv. 1075, 3087, *a de estar* v. 1785, *a de quedar* vv. 1618, 1858, *a de valer* v. 2289), pero también transcriben *ha de ser* (v. 2419), «acaso por tónico» (*RC2* 53). Conservan el vocalismo y el rotacismo del lenguaje rústico (*roydo* v. 289, *veluntad* v. 2720, *craro* v. 3218), pero entre corchetes resuelven las formas aspiradas del verbo *her* con las letras *az*, y las voces aspiradas, escritas por Vélez con *h* en *A*, están modernizadas con *f, g* o *j* (*he > fe* vv. 1115, 2384, 3012; *hue > fue* vv. 707, 765, 803, 893, 943, 1053, 2737, 3003, 3271, y también las voces *huego* vv. 686, 1269, 2075, 2085, 2113, 2157, *huera* vv. 400, 533, 1446, 2164, 2277, 2685, 3204, *hueran* vv. 399, 1392, *huere* v. 2686, *huerte* vv. 1324, 2093, 2163, *huerza* vv. 2279, 2379, *Huese* v. 2352, *hui* v. 781; *ahito > agito* v. 693; *huego > juego* vv. 768, 769, 1834, 1843, y también *hugaremos* v. 586, *huguemos* v. 602).

(1922); ídem, *La corona merecida*, ed. José F. Montesinos, TAE, 5 (1923); ídem, *El marqués de las Navas*, ed. José F. Montesinos, TAE, 6 (1925); ídem, *El cordobés valeroso, Pedro Carbonero*, ed. José F. Montesinos, TAE, 7 (1929); ídem, *Barlaan y Josafat*, ed. José F. Montesinos, TAE, 8 (1935); ídem, *Santiago el Verde*, Ruth Annelise Oppenheimer, TAE, 9 (1940). El lapso de seis años entre los números ocho y nueve desde luego corresponde al tiempo en que en España las armas impusieron su primacía violentamente sobre las letras. En el año 1936 estaba a punto de salir a la luz, como el número diez de la serie, la edición de otro autógrafo de Vélez de Guevara, *El Conde don Pero Vélez y don Sancho el Deseado*, preparada por el norteamericano, Richard Hubbell Olmsted, pero la impresión fue interrumpida por la Guerra Civil. Durante el bombardeo de Madrid la Casa de los Sucesores de Hernando fue aniquilada, perdiéndose todos los materiales de la edición. Por eso el número nueve de la ilustre serie salió de las prensas de C. Bermejo. Felizmente, años más tarde, en 1944, la edición de Olmsted fue publicada por la Universidad de Minnesota.

[18] *RC2* 14, n. 5. Continúa explicando en otra parte: «Ahora rehacemos completamente la edición que publicamos en 1967 [*RC1*] e incorporamos lo dicho por nosotros en varios artículos aparecidos en los últimos años; además se añaden notas nuevas y se corrigen errores cometidos entonces. Lo dedicado a la estructura es nuevo en su totalidad» (52).

Ambas ediciones, *RC1* y *RC2,* aportan concisas notas —son más extensas en el segundo caso— que aclaran los puntos oscuros. En el apéndice con que finaliza su primera edición, Rodríguez Cepeda recoge varios textos relevantes para la biografía del autor y para la tragedia editada. Durante los primeros años del siglo XX fueron publicados en diversas fuentes que hoy resultan muy difíciles de consultar, los siguientes textos: la carta de Juan Vélez de Guevara a José Pellicer, fechada el 20–X–1645, en que cuenta la vida de su padre y las circunstancias de su muerte; dos poemas autobiográficos de nuestro autor; y cuatro versiones del Romance de la Serrana de la Vera.

Versificación

A continuación facilitamos el examen métrico de la tragedia. En la obra predominan los versos octosílabos, ordenados en redondillas (46,7%), romances (30,6%), décimas (8,3%) y otros metros populares (1,7%), lo cual complementa los fuertes tintes folclóricos y tradicionales que, junto a dichos, refranes, canciones y numerosos efectos teatrales, colorean el drama en todo momento y en muchos planos:

ACTO I

Redondillas	1–204	204
Octosílabos	205–244	40
Redondillas	245–420	176
Pareados	421–422	2
Redondillas	423–958	536
Octavas	959–1054	96
		1054

Proporción de metros:

Redondillas	916	86,9%
Octavas	96	9,1%
Octosílabos y pareados	42	4,0%

ACTO II

Redondillas	1055–1350	296
Romance (*e-a*)	1351–1450	100
Endecasílabos sueltos y pareados	1451–1632	182
Romance (*a-a*)	1633–1904	272
Endecasílabos sueltos y pareados	1905–1945	41
Redondillas	1946–2049	104

Romance (*e-o*), con estribillo
endecasílabo   2050–2157   108
                                                         ——
                                                         1103

Proporción de metros:
Romance   480   43,5%
Redondillas   400   36,2%
Endecasílabos sueltos y pareados 223   20,2%

ACTO III

Redondillas	2158–2201	44
Romance (*e-a*)	2202–2607	406
Endecasílabos sueltos y pareados	2608–2655	48
Zéjel (*aa bbba ccca*)	2656–2669	14
Redondillas	2670–2853	184
Décimas[19]	2854–3127	274
Tercetos	3128–3179	52
Romance (*e-a*)	3180–3305	126
		1148

Proporción de metros:
Redondillas	228	19,8%
Romance	532	46,3%
Endecasílabos sueltos y pareados	48	4,1%
Zéjel	14	1,2%
Décimas	274	23,8%
Tercetos	52	4,5%

RESUMEN TOTAL[20]

Redondillas	1544	46,7%
Romance	1012	30,6%
Décimas	274	8,3%

[19]El número irregular de versos se debe a que en esta secuencia hay décimas aumentadas (vv. 3024–35, 3086–97), forma estrófica que es muy común en Lope, pero infrecuente en Vélez. Ver S. Griswold Morley y Courtney Bruerton, *Cronología de las comedias de Lope de Vega*, 38.

[20]Nuestras cifras discrepan de las citadas por Courtney Bruerton en «Eight Plays by Vélez de Guevara», *RPh* 6 (1953): 251. Hacemos una distinción entre las redondillas y los octosílabos populares del primer acto, mientras Bruerton, aplicando el método seguido en su *Cronología* (27), no cuenta estos por ser cantados. Sus cálculos son: redondillas 47,6%, romance 31,1%, octavas 2,9%, tercetos 1,6%, endecasílabos 8,3%, décimas 8,4. Calcula, además, un total de dieciséis vueltas métricas (2, 7, 7), donde nosotros damos veintiuna (6, 7, 8)

Endecasílabos sueltos y pareados	271	8,2%
Octavas	96	2,9%
Otros octosílabos	56	1,7%
Tercetos	52	1,6%
	3305	

No conviene particularizar la función estructural de cada forma estrófica de la obra, pero sí llama la atención el uso de los endecasílabos. En primer lugar, salta a la vista la simetría con que están dispuestos a lo largo de las tres jornadas, con 9,1%, 20,2% y 8,6% respectivamente. Además, se notará que las estrofas formulaicas, o «estables» —las octavas y los tercetos en los Actos I y III—, se reservan únicamente para los coloquios de los Reyes Católicos y el Maestre de Calatrava. En cambio, los sueltos están repartidos entre varios personajes, y en cada caso anticipan los hitos del drama. En los vv. 1451–1632, el Capitán don Lucas pone en marcha su vengativa seducción de Gila. Su fraude es doblemente cruel. Primero «seduce» a Giraldo apelando a su orgullo social:

CAPITÁN.   Alzad, Giraldo,
            que no vengo a ofenderos sino a daros
            ocasión de que honréis la sangre vuestra.
GIRALDO.   De la nobleza que tenéis dais muestra.
            [...]
CAPITÁN.   [...] ya estaréis de mi sangre satisfecho
            primeramente.
GIRALDO.   Vuestra noble sangre
            es la más noble de Plasencia, y creo
            que a vuestro padre conocí, y aun fuera
            de vuestro padre, a vuestro agüelo y todo,
            que fueron valerosos caballeros.
CAPITÁN.   Pues yo pretendo honraros con haceros,
            Giraldo, padre mío.   (vv. 1462–65, 1471–78)

Luego, prenda a Gila apelando al orgullo de la imagen que la serrana tiene de sí, es decir, a la esencia misma de su carácter:

CAPITÁN.   [...] habéis de ser al lado de don Lucas,
            si merezco esa mano, otra Semíramis,
            otra Evadnes y Palas española.
GILA.   Esa razón me puede obligar sola,
            por imitar a vuestro lado luego
            a la gran Isabel, que al de Fernando
            emprende heroicos hechos que si vivo,

y ocasiones me ofrece la Fortuna,
ha de quedar contra la edad ligera
fama de la Serrana de la Vera.   (vv. 1610–19)

Más adelante, en el mismo acto (vv. 1905–45), los endecasílabos subrayan rítmicamente la gravedad del enlutado ambiente de la Corte y también de los asuntos relevantes para la sucesión real. El rey Fernando se asegura del apoyo de los Grandes andaluces —Aguilar, Guzmán, Ribera, Girón— antes de jurar a la Princesa como heredera real y de ausentarse a Plasencia para apaciguar una rencilla que hay entre los Carvajales y los Estúñigas. Como es un momento crítico de profunda incertidumbre, la rima libre viene muy a propósito. Entretanto, el Capitán realiza su venganza y Gila, desesperada, se resuelve a dirigir su furia contra todo hombre que encuentre hasta vengarse de su burlador.

Y finalmente, en el Acto III (vv. 2608–55), se utiliza el endecasílabo suelto una vez más en una escena que relaja la tensión dramática —en la escena anterior Gila encara la escopeta al Rey y al Maestre de Calatrava— con un remanso paródicamente burlesco. Aquí la rima suelta subraya el desenfado del momento: el Capitán y su compañía desenfrenan las mulas, se tienden sobre la hierba y en términos irónicos el bravucón Andrés contempla el ambiente y su situación. A continuación sale la comparsa bailando al son del cantar tradicional, «*Salteóme la Serrana / juntico al pie de la cabaña*»; muy pronto Andrés y el Capitán experimentarán el cantable en vivo, pero con otro fin, para ellos, fatal.

En cada una de las escenas citadas se trata de un momento crítico en el desarrollo del drama, de una situación anticipatoria cuyas consecuencias determinarán el subsiguiente curso del enredo, o de un interludio —por cierto irónico— que precede la arrebatada gradación que culminará en la captura y ajusticiamiento final de Gila. En cada caso, con su ritmo más pausado y su falta de rima fija, el verso suelto refuerza el sentido de incertidumbre o de contingencia.

Como añadidura final a este apartado, interesa comparar, brevemente, los patrones métricos usados por Vélez de Guevara en su tragedia con los usados en la comedia homónima de Lope. Según Morley y Bruerton,[21] la tabla métrica de *La Serrana* lopesca se resume así:

Redondillas	1848	62,0%
Quintillas	670	22,4%
Romance	138	4,6%
Octavas	240	8,0%
Sueltos	59	2,0%
Sonetos	28	1,0%
	2983	

[21] *Cronología*, 44–45.

Se notará inmediatamente que la distribución por cien entre octosílabos y metros italianos es casi igual: Lope 89:11; Vélez 87,3:12,7. Además, ambas obras tienen veintiuna vueltas métricas: Lope 3, 8, 10; Vélez 6, 7, 8,[22] y la redondilla es el principal vehículo métrico de ambos poetas: Lope 62%; Vélez 46,7%. Con respecto a su uso del endecasílabo, Lope es mucho más convencional. Los dos sonetos, en boca de Carlos, dirigidos a la heroína Leonarda, son monólogos líricos que en el Arte Nuevo definen a «los que esperan», y las octavas y sueltos se utilizan para asuntos graves. Aparte de esto, no parecen aportar ninguna función estructural como la que hemos visto en Vélez.

Los textos, la crítica y los atajos de La Serrana de la Vera

La Serrana de la Vera, como fue concebida por Vélez de Guevara, es una tragedia de extraordinario impacto, cuyos conceptos ideológicos, detrás de la máscara de su tradicionalismo, son profundamente problemáticos. Sus personajes sin excepción están trazados con sutileza y complejidad. La figura titular se presenta como un virago de singulares fuerzas físicas y eróticas, dotada además de inquietudes y matices sicológicos y morales que en varios momentos de íntima introspección expresa con un notable poder retórico y finura lírica. Especialmente dificultosa es su atracción por la reina Isabel. El Capitán don Lucas se caracteriza ante todo por su soberbia y alevosía, pero lo que más choca de sus insidias es la mañosa manipulación sicológica de los personajes con los que trata: en cuanto reconoce el incitativo de sus víctimas, sabe ajustar su discurso; es un habilísimo malabarista verbal. El padre Giraldo no es ningún tipo plano; de un momento a otro demuestra honor villano, orgullo paterno, sentimiento añoso, ambición social y justicia firme, y al final del drama se ve forzado a reconocer, desilusionado, que la tragedia de su hija es «justa paga a [su] descuido» (vv. 3259–60). El bufón Mingo y el bravucón Andrés expresan una visión y una actitud ante el mundo agudas, irónicas y en todo momento burlescamente risibles; si por una parte hacen y sufren groseras bufonadas, también son capaces, por otra, de trastrocar los lugares comunes con acertados efectos humorísticos, el primero con un espíritu de desenfado carnavalesco, el otro con un leve toque de cinismo. Incluso los Reyes Católicos: son vistos por sus súbditos en términos de los trillados clichés con que la Comedia Nueva solía representar a aquellas figuras, pero ellos mismos revelan un sorprendente lado íntimo que contrapuntea y da relieve humano a su papel tradicional de soberanos y diligentes estadistas.

El «mundo» dramático de *La Serrana de la Vera,* gráficamente enmarcado por el folclor, por las costumbres regionales y por la historia, está articulado con un riquísimo repertorio de recursos escénicos. De todas las obras citadas por Noël Salomon en su monumental estudio del tema villano en el teatro del Siglo de Oro, esta se destaca singularmente por su teatralidad. Vélez da énfasis particular a la

---

[22]Ibíd., 222. Ver nuestra n. 20

indumentaria y la utilería, y a la música y la danza. Para evocar el ambiente de la villa de Garganta la Olla utiliza no solo los balcones,[23] sino también el espacio total del corral, involucrando al público al espectáculo dramático como participantes activos en el drama. Son villanos de Garganta la Olla cuando Gila primero entra por el patio del teatro; más tarde, son feriantes en las fiestas de Plasencia. Es de suponer que los espectadores se incorporarán también a la muchedumbre de villanos y plasencianos en la escena del suplicio final.

Pero no debe pensarse que se trate de meros efectismos con que Vélez esperaba congraciarse con el público. Este no es el caso de *La Serrana de la Vera,* porque su escenografía está estrechamente ensamblada con las dimensiones y los ritmos internos del enredo. Al principio Gila es universalmente aclamada —«¡*Quién como ella, / la Serrana de la Vera!*» (vv. 205–06)— y termina siendo destruida por ser:

> Locifer,
> saltabardales, machorra,
> el coco de las consejas,
> el lobo de sus ovejas,
> de las gallinas, la zorra.   (vv. 2697–2701)

Con el desarrollo del enredo, podría decirse que Vélez traza la relación entre la Serrana y su entorno social en términos espaciales. Es decir, el grado de proximidad sentida entre Gila y la sociedad corresponde a la posición que la Serrana ocupa en la *mise en scène* en relación al resto de la comparsa y al público. El poeta señala expresamente esta dimensión espacio-social en las didascalias. En su primera salida Gila está rodeada de toda la compañía y la audiencia. Al final de la primera jornada, «[*S*]*alen arriba a una ventana* DON FERNANDO *y* DOÑA ISABEL» (acot. h), y Gila, ahora cercada en el tablado de la población de Plasencia, recibe la congratulación de los Reyes. En cambio, en la tercera jornada Gila vive sola en la sierra, fuera de todo orden moral y social, habiendo matado a 2.000 hombres; como corresponde, la acción transcurre en espacios que no se ocuparon en los actos anteriores, en los corredores del corral:

> [...] *vaya bajando por la sierra abajo, abriendo una cabaña*
> *que estará hecha arriba la* SERRANA [...]   (acot. VV)

GILA.   Esa sierra arriba sube,
que en la cumbre de esa sierra
tengo una choza en que vivo,
de encinas y robles hecha,
[...]
CAMINANTE.   ¡Qué altas están estas peñas!

[23]Véase a este respecto Julio Caro Baroja, *Ritos y mitos equívocos,* 295–338.

GILA.   Pues desde aquí has de ir al río.
CAMINANTE.   ¡Engañásteme, sirena!

                   (Arrójale.)   (vv. 2246–49, 2259–acot. XX)

GILA.   Comenzá a subir.
ANDRÉS.   ¿Por dónde?
GILA.   Por esas peñas, que allí
                       tengo yo mi choza.
ANDRÉS.   Así,
                       pues tu amor me corresponde,
                       estuviera sobre el sol,
                       y aun sobre el sol fa mi ré,
                       que allí entrara, por la fe
                       de soldado y español.
GILA.   Sube.
ANDRÉS.   Ya voy agarrando.
GILA.   Pues te cansas, dueño mío,
                       desde este peñasco al río
                       quiero que bajes volando.
ANDRÉS.   ¡No me despeñes, espera!
                       ¿Quién eres, mujer ingrata?
GILA.   ¡Gila, fanfarrón! ¡Te mata
                       la Serrana de la Vera!

                   (Arrójale [...]   (v. 2826–acot. xx)

GILA.   Ya es tarde, ingrato. De aquí
                       has de volar, pues por ti
                       al Cielo he sido traidora
                       con tantas culpas.
CAPITÁN.   ¡Señora!
GILA.   ¡No hay ruego que mi honor estrague!
                       ¡Quien tal hace, que tal pague,
                       y cáigase el Cielo agora!

        Arrójale y luego dicen de adentro, por arriba
             y por abajo, cogiéndola en medio:

CUADRILLERO I.º   ¡Esta es su choza!
DON JUAN.   ¡Abrasalda!
GILA.   Ya no hay temor que altere.

Don Juan.   ¡Cuando darse no quisiere,
                 muera! ¡Abrasalda, quemalda!
Gila.   Por la cumbre y por la falda
                 vienen a cogerme en medio.
                 Ya no hay de escapar remedio.

Por arriba Cuadrilleros, *con arcabuces, y por abajo también* [...]
                                                    (v. 3069–acot. Ee)

Entre Don Fernando, *y* Doña Isabel, *y el* Maestre, *y los que*
pudieren de acompañamiento. Corren el tafetán, y parezca
Gila *en el palo arriba, llena de saetas, y el cabello sobre*
el rostro, y salgan abajo Giraldo *y* Don Juan.   (acot. Ss)

Claramente, el dramaturgo utilizaba sus recursos escénicos para explicitar las latentes estructuras socio-morales del «mundo» de *La Serrana de la Vera*.[24] La eficacia del horror y la catarsis de su trágica historia se deben en buena medida a esta lograda fusión de drama y espectáculo.

La erudición que se ha dirigido a *La Serrana de la Vera* está basada, como es lógico, en el texto dramático de Vélez que transcriben *MPG, RC1* y *RC2*. Paradójicamente, es probable que esa versión, la dramática, nunca llegó a las tablas; es una *Serrana* que el público del siglo XVII nunca conoció. El hecho es fácilmente constatable, puesto que dentro del manuscrito original se halla en forma perfectamente legible el texto teatral de *La Serrana de la Vera* representado por la compañía de Juan de Morales. Me estoy refiriendo a los veintiún atajos indicados por corchetes o rayas. Estos suman 408 versos —un 12,3% de las 3.305 que constituyen la obra— distribuidos así: Acto I—seis atajos, 62 versos; Acto II—cuatro atajos, 133 versos; Acto III—once atajos, 213 versos. Es imposible decir con absoluta certeza quién los efectuó—probablemente los hizo el «autor», Morales. Sin embargo, cinco atajos (vv. 615–20, 627–46, 1131–38, 1139–74, 2884–93) probablemente del propio Vélez, pues se asemejan a las indicaciones del poeta en la tercera jornada de *El catalán Serralonga* y en el tercer acto de *El Conde don Pero Vélez*.

Algunos atajos se hicieron por razones prácticas: la eliminación de los vv. 615–20, por ejemplo, abrevió la escena de la feria de Plasencia, en parte para simplificar el montaje, y en parte para ahorrar personal. Se suprimieron cuatro excursos reflexivos (vv. 703–14, 2534–37, 2628–39, 2761–81) y otras tantas relaciones narrativas y descriptivas (vv. 847–56, 1364–94, 2272–83, 2348–75), pro-

---

[24]Véanse, en esta misma línea, los estudios de John E. Varey, «*Reinar después de morir:* Imagery, Themes, and their Relation to Staging», en *Antigüedad y actualidad de Luis Vélez de Guevara*, ed. C. George Peale et al., 165–81, reimpreso en su colección de ensayos, *Cosmovisión y escenografía*, 303–17; ídem, «The Use of Levels in *El condenado por desconfiado*», *RCEH* 10 (1986): 299–310.

bablemente porque retardaban demasiado la acción. Otros trozos se sesgaron por razones del decoro: por ejemplo, el primer atajo de *A*. Corresponde a los vv. 307–12, donde Gila relata cómo mató un jabalí montada a caballo. Si se recuerda que fueron declamados por Jusepa Vaca, no cuesta mucho entender por qué se omitieron, ya que la escandalosa reputación de la actriz habría tintado las siguientes palabras:

> Vuelvo las ancas, aflojo
> el freno, doyle al ijar
> la espuela, y vuélveme a dar
> asalto, en su sangre, rojo.

Otros trozos del acto primero (vv. 627–46, 871–90) se silenciaron porque evocaban motivos homoeróticos y, aun más, porque estaban relacionados explícitamente con la reina Isabel.

Dichos recortes son como los que hace todo director de escena, y sus razones son fáciles de comprender. Si bien suprimen algún aspecto de personajes secundarios —la sentimentalidad de Giraldo y el carácter avispado de Andrés, por ejemplo—, sostienen la viveza del espectáculo y evitan transgresiones de la aceptada norma moral sin afectar ni a la estructura ni a los motivos esenciales del drama. No es así con otros atajos, más extensos, que se hicieron en la segunda y tercera jornada.

Se suprimieron del Acto II tres segmentos —102 versos en total— de los requiebros burlescos que Mingo dirige a Gila (vv. 1131–74, 1227–46, 1297–1334). Estos cambios son más radicales, porque, por una parte, diluyen algunos rasgos definitorios del bufón, su agudeza verbal, su parodia burlesca, su espíritu carnavalesco, reduciendo su papel al de un payaso desbragado y asnificado cuyo humor queda cercenado mayormente a lo físico y a lo escatológico.[25] Por otra parte, las escisiones alteran la estructura, y por lo tanto la experiencia emocional del drama, porque los requiebros de Mingo inversa y paródicamente anticipan las floridas galanterías y cruel burla del Capitán más adelante (cf., por ejemplo, los lugares comunes ensartados burlescamente por Mingo en los vv. 1227–46, y los tópicos, igualmente comunes, pero sobrios, con los que don Lucas requiere a la Serrana). Además, es de recordar que Gila atentamente sigue el jocoso humor de Mingo e incluso, al estrujarle la mano, llega a participar en la chocarrería que es la esencia de la comedia bufa. Después, Gila será la burlada, y la apasionada diatriba que pronuncia al final de la jornada complementará los motivos atajados de los requiebros de Mingo (cf. vv. 1227–46, 2080–95; vv. 1297–1334, 2092–2107).

Al componer *La Serrana de la Vera* para Jusepa Vaca y la compañía de Morales, el concepto que Vélez tenía presente era, como él mismo escribe en el colofón

---

[25]Remito al interesado a mi artículo, «El acto I de *La Serrana de la Vera* de Vélez de Guevara: hacia una poética del bufón», *El Escritor y la Escena* 5 (1997): 141–58.

de *A,* trágico, pero el concepto del citado «autor de comedias» fue muy distinto. Si las enmiendas que hizo en el Acto II radicalmente cambiaron la afectividad de la jornada, sus atajos en el Acto III fueron aun mayores, porque alteraron la esencia genérica del drama.

Atajó la última secuencia de endecasílabos, cincuenta y dos renglones de tercetos (vv. 3128–53), que funciona, por una parte, como *réprise* de la captura de Gila por la Santa Hermandad en la escena anterior y, por otra parte, como interludio que brevemente remansa la acción antes de desencadenarse la gradación que consumará la tragedia. La secuencia está dividida en dos partes exactamente iguales (vv. 3128–53, 3153–79). La primera es un momento de privacidad en que los Reyes reflexionan sobre la fascinación de la serrana Gila —fundamento del patetismo y el horror finales de la tragedia— y la necesidad de prenderla. El coloquio es verdaderamente curioso, pues Fernando e Isabel hablan con un aire de desenfado y flirteo íntimos que no podrían distar más de la imagen convencional que se tenía de los Reyes Católicos. La segunda parte de la secuencia de tercetos manifiesta explícitamente el motivo que impulsa a la destrucción de la Serrana —la justicia de la Corona— y reitera la razón que subyace tras el horror de su ejecución—es mujer. Fundamenta además el retorno de los Reyes a Plasencia, lo que dará mayor trascendencia al ajusticiamiento de Gila y al restablecimiento del orden al final:

> FERNANDO.   La común querella,
> los atroces delitos no permi[ten]
> que se tenga piedad, Girón, con ella,
>   y no es razón que a la Hermandad le quiten,
> pues que tan nueva está, las exenciones
> que vuestros privilegios les admiten.
>   *Castiguen como es justo* a los ladrones,
> sin que haya apelación, que de esta suerte
> se evitarán muy grandes ocasiones
>   fuera de que esta ha dado a muchos muerte
> y *la merece por razón de estado.*
> DON RODRIGO.   *Con intención justísima lo advierte*
>   *Vuestra Alteza, señor.*
> ISABEL.   *Pena me ha dado,*
> *sabiendo que es mujer.*
>   [...]
> FERNANDO.   Partamos a Plasencia.
>
>   (vv. 3161–76. El énfasis es mío)

Luego se atajaron los vv. 3265–3300. La enmienda es breve, pero de capital importancia, porque suprimió los enunciados con los que Vélez 'controlaba', por así decir, la reacción del público al espectáculo trágico. Con este último atajo se borraron las expresiones explícitas de *admiratio* y también las descripciones prolongadas del espectáculo puestas en boca de las figuras 'ingenuas' del drama, Madalena y Pascuala, cuyas palabras realzan el patetismo y el horror de la escena final:

MADALENA.	Pascuala,
	¿has visto tal cosa?
PASCUALA.	El viejo
	sangre y lágrimas derrama.
MADALENA.	Al palo llegan con ella.
PASCUALA.	Ya la arriman y la atan.
MADALENA.	Pascuala, los cuadrilleros
	se aperciben a tiralla,
	que ya el verdugo le pone
	el garrote a la garganta.
PASCUALA.	¡Perdónete Dios, amén!
MADALENA.	Esta hue su estrella amarga.
	¡Nunca nacieras al mundo!
PASCUALA.	Mejor hue nacer, pues pasa
	desde aquel palo a una vida
	que eternamente se acaba.
MADALENA.	Ya disparan las saetas
	los cuadrilleros, Pascuala.
PASCUALA.	¡A San Sebastián parece! (vv. 3261–78)

Más adelante, la admiración de la villana es compartida por la Reina:

MADALENA.	¡Bizarra
	quedó en el palo también!
ISABEL.	A mí me enternece el alma. (vv. 3285–87)

Seguramente Morales y compañía retenían el descubrimiento final de la Serrana:

> *Entre* DON FERNANDO, *y* DOÑA ISABEL, *y el* MAESTRE, *y los que*
> *pudieren de acompañamiento. Corren el tafetán, y parezca*
> GILA *en el palo arriba, llena de saetas, y el cabello sobre*
> *el rostro, y salgan abajo* GIRALDO *y* DON JUAN.   (acot. Ss)

Pero el atajo eliminó los elementos que contextualizaban esta dirección escénica, la admiración sentida explícitamente por las villanas y también el juicio final del Rey:

MADALENA.	¡Pascuala, estos son los Reyes!
PASCUALA.	¡Oh, si primero llegaran!

MADALENA.   Adrede llegan agora,
                      porque quieren que su Santa
                      Hermandad castigue.
                      [...]
FERNANDO.   Ha sido
                      justo castigo.   (vv. 3280–85)

Además, al suprimir la presencia de los padres de don Lucas y de Gila, se borró
el sentido de reconciliación social que caracteriza el final de innumerables piezas
del teatro clásico. El Rey reconoce al primero por su servicio de aprehender y ajusti-
ciar a la Serrana —y subrayaré entre paréntesis, de vengar la muerte de su hijo—
nombrándole alcalde perpetuo de la Santa Hermandad en la Vera de Plasencia:

DON JUAN.   Este es su padre, señor.
FERNANDO.   No sé qué merced os haga,
                      don Juan, por este servicio,
                      sino es que tengáis la vara
                      perpetua en Plasencia.   (vv. 3288–92)

Semejantemente, Fernando concede la alcaldía perpetua de Garganta la Olla a
Giraldo. Al hacerlo, declara el mensaje que ha de memorializarse, no solo en aquella
comarca, sino en toda España. Le recompensa además por su pérdida con el privilegio de hidalgo:

FERNANDO.   Y a vos, que luego os entrieguen
                      el cuerpo para enterralla,
                      quedando allí una memoria
                      que de ejemplo sirva a España,
                      haciéndose franco también.   (vv. 3295–98)

Los versos atajados de *A* son precisamente aquellos en los que los eruditos
han fundado sus planteamientos acerca del género de la obra, del sentido de sus
personajes, de la justicia social y poética y de la sexualidad de su protagonista. Sus
conclusiones en cada caso tienen amplio fundamento en el texto dramático tal
como fue compuesto por Vélez, pero no están ni mínimamente justificadas por el
texto espectacular que la compañía de Morales presentó en la segunda y tercera
década del Seiscientos. Desde luego, no se puede decir cuántos, si no todos los
versos citados fueron suprimidos en las representaciones. Es posible que se hacían
ad hoc. Quiero decir, que como dichos pasajes estaban solamente atajados y no
tachados, Morales y compañía podían variar el sentido decoroso de la obra según
el público y las circunstancias específicas en el local de la representación.
    Los versos finales de la obra, que no fueron atajados, subrayan las nociones
de orden restablecido y de admiración:

RODRIGO.	Ya puesto en orden aguarda
	de Plasencia el regimiento.
FERNANDO.	Vamos, señora.
RODRIGO.	Aquí acaba
	la Serrana de la Vera,
	que fue prodigio en España. (vv. 3301–05)

Pero, ¿en qué consistía el «prodigio» de la versión teatral?

La escena que inmediatamente precede a los citados versos en la versión de Morales y compañía se inicia con el ceremonioso boato que afamaba a Vélez de Guevara como escenógrafo:

> *Éntrese* DON GARCÍA, *y suenan agora campanillas, y salgan* CUA-
> DRILLEROS, *con ballestas, y flechas en ellas, capotes verdes de dos
> faldas. Luego* GILA, *con esposas en las manos, como la prendie-
> ron, y* DON JUAN, *con vara, detrás, de negro, vestido con
> ferreruelo, y* GIRALDO, *con una vara también.*   (acot. Oo)

Es el momento de la agnición trágica. Desde el cadalso Gila pronuncia una declamación de notable gravedad y elocuencia:

GILA.	Nadie de mí se lastime,
	los que me ven tan amarga
	muerte morir, porque yo
	no la tengo por desgracia.
	Contenta muero, por ver
	que el Cielo, con esta traza
	de mi predestinación,
	el bien que mi muerte aguarda,
	que de otra suerte parece
	que fuera imposible, a causa
	de los delitos que he hecho
	solo por tomar venganza,
	que sin robos y salteos
	por estas manos ingratas,
	tengo a cargo dos mil vidas
	de que pido perdón. (vv. 3226–41)

Otra vez, Vélez manipula verbalmente la reacción de su público con exclamaciones admirativas en boca de Madalena y Pascuala:

PASCUALA.	¡Rasgan,
	Madalena, el corazón

	sus razones!	
MADALENA.	Sí, Pascuala.	(vv. 3241–43)

Pero en seguida se esfuma cualquier simpatía que se pudiera sentir hacia Gila cuando ella arranca la oreja de su padre con los dientes, explicando luego:

[GILA.]	[...] esto merece quien pasa	
	por las libertades todas	
	de los hijos. Si tú usaras	
	rigor conmigo al principio,	
	de mi inclinación gallarda	
	yo no llegara a este estremo.	
	Escarmienten en tus canas,	
	y en mí, los que tienen hijos.	
GIRALDO.	Confieso que es justa paga	
	a mi descuido.	(vv. 3251–60)

Con esto se termina la producción de Morales. La trascendencia del problema moral ideado por el poeta se ha aminorado, y se ha cercenado la prolongación de la acción graduada cuyo propósito era evocar simpatía, horror y admiración. El sentido de catarsis y de ejemplaridad moral queda trivializado por la noción, bastante insípida aun en el contexto de la versión abreviada, de que «Escarmienten [...] los que tienen hijos». Efectivamente, los atajos desnaturalizaron el concepto original de la obra. Lo que era una tragedia que, según el rey Fernando, «de ejemplo sirva a España», se redujo a un melodrama cuyo «prodigio», cuyo ejemplo moral, está compendiado en las palabras finales de Gila. La *amartía* de la Serrana de la Vera era mucho más profunda que la de una hija mal educada que mata a dos mil hombres porque su padre no la crió con más rigor. Pero esto viene a ser la razón que propulsó la versión teatral de la obra. Esto, y la imponente figura de Jusepa Vaca.

C. GEORGE PEALE

CRITERIOS DE EDICIÓN

La presente edición transcribe el manuscrito autógrafo de *La Serrana de la Vera*, siguiendo los principios y los procedimientos detallados en el «Prefacio al teatro de Luis Vélez de Guevara», en nuestra edición de *El espejo del mundo*, pp. 21–46. En resumen, dichos principios y procedimientos son los siguientes:

—Regularizamos el uso de *b, u, v*, de *c, ç, s, ʃ, ss, z*, de *ch* /k/, de *g, i, j, x* /h/ y de *i, j, y*. Asimismo, para distinguir entre las formas homófonas, regularizamos el uso de *h*, sobre todo en las formas del verbo *haber* y en las exclamaciones *ah* y *oh*.

—Regularizamos el uso de las mayúsculas, resolvemos las abreviaturas, separamos las palabras mal ligadas y conectamos las palabras mal separadas.

—Seguimos las normas de la Real Academia acerca de la acentuación y suplimos la diéresis cuando sea indicado por razones de la métrica. La puntuación es interpretativa.

—Respecta a la presentación formal de los textos, sangramos el primer verso de las formas estróficas. Los apartes quedan indicados entre paréntesis,[1] así como las acotaciones que no delineen «cuadros» o «escenas» con la salida o la entrada de un personaje, es decir, las que apostillan la presencia de los actores en las tablas.

Durante más de cincuenta años se ha apreciado el grado en que la ortografía de Vélez de Guevara transcribe el habla popular de su tiempo.[2] El hecho se hace patente en ciertos rasgos morfofonológicos que son comunes a todos sus autógrafos. En nuestra transcripción del texto hológrafo de *La Serrana de la Vera*, hemos tomado particular cuidado en conservar aquellos rasgos, que son:

—el uso consistente del trisílabo *agora*;[3]

—metátesis (*seldo, escusaldo*, etc.) y asimilaciones (*serville*, etc.) según indique el autógrafo, puesto que Vélez empleó esas formas y las modernas sin distinción;

—una marcada tendencia hacia la simplificación consonántica, en la que *-bs-* > *-s-* (*escura* v. 2891), *-cc-* > *-c-* (*perfeción* v. 1156, *contradición* v. 1228, *afición* v. 1305, *satisfación* v. 3138), *-ct-* > *-t-* (*efeto* vv. 42, 833, 894, 1576, 1628, 1891, 3116, 3127,

---

[1]Los seis versos que acotamos como apartes (vv. 248, 525, 2226, 2417, 2979, 3014) no constan así en *A*. Véase nuestro «Prefacio», 36–42.

[2]Ver Richard Hubbell Olmsted, ed., *El Conde don Pero Vélez*, 28–38; Maria Grazia Profeti, «Note critiche sull' opera de Luis Vélez de Guevara», *MSI* 10 (1965): 83–84, n. 2; y en plano general, Noël Salomon, *Lo villano en el teatro del Siglo de Oro*, 130–45.

[3]Véase Gerald E. Wade, «The Orthoëpy of the Holographic *Comedias* of Vélez de Guevara», *HR* 9 (1941): 467, n. 19.

perfeto v. 1145), *-gm->* *-m-* (*enima* v. 2032), *-pt->* *-t-* (*acetara* v. 2815), *-xc->* *-sc-* (*escusar* vv. 96, 100, 202, 1363, 2403, 3121), *-xt->* *-st-* (*estraño*, etc. vv. 548, 637, 796, 955, 1150, 1195, 1784, 2598, 3124, 3260, *estremeña* v. 968, *estremo* vv. 2605, 3256). Pocas son las excepciones: la voz *acto*, que encabeza cada jornada del texto, y *actos* (v. 1771); —uso de los demostrativos y pronombres *aqueste, aquesta,* etc., formas consideradas como anticuadas, pero todavía muy comunes en la primera mitad del siglo XVII. Como en sus otras obras autógrafas, en *La Serrana* constituyen un ripio conveniente, puesto que Vélez las usó exclusivamente cuando la escansión métrica requería el trisílabo; cuando no, usaba las formas modernas.

Vélez de Guevara era «andaluz de cuatro costados».[4] Su andalucismo impregna la ortografía del manuscrito *A* en la forma de los grupos consonánticos *nb* y *np.* El fenómeno, que refleja fielmente la nasalización vocálica que aún hoy caracteriza el habla popular de Sevilla y, más particularmente, de Écija y Osuna,[5] es constante y absoluto en los autógrafos del poeta. En *La Serrana* ocurre un total de 232 veces en el curso de los 3.305 versos que conforman el texto *A.* No obstante, regularizamos dichos grupos con *m,* por no querer dificultar la lectura de la obra con la interferencia de una particularidad gráfica, o bien, idiográfica, que es, en última instancia, la representación de un alófono que en ningún momento afecta al sentido del texto, ni a su rima, ni a su ortología. Pero se ha de recordar que sin excepción Vélez escribió esas grafías con *n.*

Como se trata de un drama de villanos, es natural que el lenguaje de *La Serrana de la Vera* exhiba los convencionalismos del lenguaje rústico. Dos rasgos morfofonológicos del habla villana que impregnan el texto de *A* son el vacilante vocalismo protónico y el uso de la *f* inicial transformada en *h* aspirada (*huente, huere, huego, huerza, hue,* etc.). El primero es un rasgo que caracteriza la ortografía de Vélez en general, pero se limita en *La Serrana,* con solamente dos excepciones, a los personajes rústicos.[6] Menos frecuentes, pero igualmente limitados a los tipos villanescos, son los usos arcaizantes, *so* 'señor' (vv. 601, 698, 797, 1870), *sora* 'señora' (v. 1874), las formas apocopadas (*man* v. 2158, *tien* v. 2199), el artículo palatizado *ell* (vv. 752, 2189, 2802), el rotacismo (*soprique* v. 370, *pratero* v. 1246, *igreja* vv. 2355, 2709, 3045, *cremencia* v. 2495, *crara* v. 3217)[7] y el dativo *mos* 'nos' (v. 558). La voz *dempués* ocurre únicamente en boca de los villanos Gila, Mingo y Andrés (vv. 665, 864, 881, 1099, 1105, 1178); en cambio, *después* está repartido igualmente entre nobles y villanos (vv. 180, 325, 573, 633, 970, 1419, 1633, 1951, 2025).

[4] *El Águila del Agua,* vv. 359–60.

[5] Véase nuestro «Prefacio», 23–26, donde documentamos los pormenores de esta cuestión.

[6] Ver nuestra nota al v. 50. Dichas excepciones son *impresa* (vv. 50, 1944, 1994) y *musaica* (v. 1722), enunciadas a su vez por nobles.

[7] Cf., en cambio, *claro, plato* (vv. 343, 1265).

Hay algunos puntos en el manuscrito *A* donde la ortografía da testimonio del esmero que el poeta aplicó a su texto para acentuar la verosimilitud de su decoro lingüístico. Por ejemplo, en el v. 588 Vélez primero escribió «gente»; luego sobre la *g* encimó la letra *h*. Más abajo, tachó el v. 660, «Gila en no hazerte varón», para volver a escribirlo, tachando las letras *az* de «hazerte». Hizo similares enmiendas al verbo *hazer* en los vv. 1579 y 2412, y en el v. 2495 escribió la letra *r* sobre la *l*, produciendo así el rotacismo *cremencia*, cambio que acentúa verbalmente la simpleza del gracioso Mingo ante el Rey Católico.

Historiadores y críticos siempre han apreciado las cualidades escenográficas de la obra de Vélez de Guevara, pero también han solido estimarlo como un poeta algo descuidado. Su destreza escénica en *La Serrana de la Vera* desde luego es innegable; los apuntes didascálicos de *A* revelan a un consumado escenógrafo que sabía combinar los elementos poéticos, musicales, arquitectónicos y actorales —recuérdese que la pieza fue encargada para la actriz Jusepa Vaca— para crear una pieza de extraordinaria eficacia teatral. El texto *A* también lo revela como un detallista poético cuyos retoques ortográficos, junto con las otras enmiendas que documentamos en el aparato crítico, desmienten la noción de que era descuidado. Al contrario, ilustran la gran atención que puso en los pormenores verbales de su texto para reforzar el carácter teatral de sus personajes. Por eso, con la excepción de los fonemas regularizados y las grafías *nb* y *np,* hemos procurado respetar las particularidades ortográficas del poeta.

Queda dicho en nuestro «Prefacio» que un propósito de esta edición es el de iluminar la obra no sólo como producto textual del acto creativo, sino también como consecuencia del proceso temporal de la creación artística. Por eso, hemos documentado en el aparato todas las omisiones y adiciones, atajos y enmiendas del autógrafo. Algunas de esas alteraciones, como las que acabamos de citar, a modo de radiografía revelan el proceso creativo del poeta mientras ingeniaba su obra. Anotamos las materias tildadas como tachadas cuando sean legibles, y como borradas cuando resulten indescifrables. Otras —los atajos, por ejemplo— dan una idea más o menos clara de cómo el texto literario fue adaptado a las necesidades prácticas del montaje teatral.

En las notas intentamos resolver las dificultades de comprensión que pudieran ofrecerse al lector moderno—vocablos, expresiones idiomáticas, refranes, alusiones históricas, folclóricas y mitológicas, y particularidades gramaticales, sintácticas, métricas e incluso ortoépicas. Para facilitar las referencias entre el texto y las notas, indicamos las materias explicadas con (º). Como esta edición quiere dar a conocer la obra al mayor público posible, la anotación incluye materias bastante elementales. Por otra parte, se propone establecer sólidas bases filológicas para futuros trabajos analíticos, así que se traen a colación extensos cotejos con obras de Vélez de Guevara y otros autores.

WILLIAM R. MANSON
C. GEORGE PEALE

67

BIBLIOGRAFÍA

ALBORG, J. L. *Historia de la literatura española.* 2.ª ed. Vol. 1. Madrid: Gredos, 1970.

ALLEN, JOHN J. Ver J. M. RUANO DE LA HAZA.

ALONSO, DÁMASO. *Poesía española: ensayo de métodos y límites estilísticos.* 5.ª ed. Madrid: Gredos, 1966.

ALONSO HERNÁNDEZ, JOSÉ LUIS. *Léxico del marginalismo del Siglo de Oro. Acta Salmanticensia,* Filosofía y Letras, 99. Salamanca: Univ. de Salamanca, 1976.

AMEZÚA Y MAYO, AGUSTÍN G. DE. *Lope de Vega en sus cartas: introducción al epistolario de Lope de Vega Carpio.* Madrid: Tipografía de Archivos, 1935.

ANDERSON, ELLEN M. «Refashioning the Maze: The Interplay of Gender and Rank in Cervantes's *El laberinto de amor», BCom* 46, 2 (1994): 165–84.

ANDERSON, RUTH MATILDA. «El chapín y otros zapatos afines», *Cuadernos de la Alhambra* 5 (1969): 17–32.

ANDERSON IMBERT, ENRIQUE. «Lope de Vega dramatiza un cantar». En *Los grandes libros de Occidente.* México: Andrea, 1957. Pp. 63–74.

ARELLANO, IGNACIO. *Historia del teatro español del siglo XVII.* Madrid: Cátedra, 1995.

ASHCOM, BENAJMIN B. «Concerning 'La mujer en hábito de hombre' in the *Comedia», HR* 28 (1960): 43–60.

AZEDO DE LA BERRUEZA Y PORRAS, GABRIEL. *Amenidades, florestas y recreos de la Provincia de la Vera Alta y Baja, en la Extremadura.* Cáceres: Publicaciones del Departamento Provincial de Seminarios de F.E.T. y de las J.O.N.S., 1951.

BABCOCK, BARBARA, ed. *The Reversible World: Symbolic Inversion in Art and Society.* Ithaca: Cornell Univ. Press, 1978.

BARRANTES, VICENTE. *Narraciones extremeñas.* Madrid: Impr. de J. Peña, 1872.

BELLO, ANDRÉS. *Gramática de la lengua castella, con las Notas de Rufino José Cuervo.* Ed. Ramón Trujillo. 2 vols. Madrid: Arco/Libros, 1988.

BERNIS, CARMEN. «La moda en la España de Felipe II a través del retrato de la corte». En *Alonso Sánchez Coello y el retrato en la corte de Felipe II.* Ed. Santiago Saavedra. Madrid: Museo del Prado, 1990. Pp. 65–111.

BLUE, WILLIAM R. Ver C. GEORGE PEALE et al.

BONILLA Y SAN MARTÍN, ADOLFO. «Algunas poesías inéditas de Luis Vélez de Guevara, sacadas de varios manuscritos», *Revista de Aragón* 3 (1902): 573–83.

————. Reseña: *La serrana de la Vera,* ed. Ramón Menéndez Pidal y María Goyri de Menéndez Pidal. En *Revista Crítica Hispanoamericana* 3 (1917): 176–82.

BRADBURY, GAIL. «Irregular Sexuality in the Spanish *Comedia», MLR* 76 (1981): 566–80.

BRUERTON, COURTNEY. «The Date of Schaeffer's *Tomo Antiguo», HR* 15 (1947): 346–64.

————. «Eight Plays by Vélez de Guevara», *RPh* 6 (1953): 248–53.

BRUERTON, COURTNEY. «*La ninfa del cielo, La serrana de la Vera* and Related Plays». En *Estudios hispánicos: homenaje a Archer M. Huntington*. Wellesley: Wellesley College, 1952. Pp. 61–97.

————. Ver S. GRISWOLD MORLEY.

BUCHANAN, MILTON A. Reseña: *La serrana de la Vera*, ed. Ramón Menéndez Pidal y María Goyri de Menéndez Pidal. En *MLN* 32 (1917): 423–26.

CALDERÓN DE LA BARCA, PEDRO. *El reloj y genios de la venta*. En *Teatro cómico breve*, ed. María-Luisa Lobato. Kassel: Reichenberger, 1989.

CARO BAROJA, JULIO. *Ritos y mitos equívocos*. Madrid: Istmo, 1974.

————. «¿Es de origen mítico la 'leyenda' de la Serrana de la Vera?» *RDTP* 2 (1946): 568–72.

CARRANZA, JERÓNIMO. *Libro de Hieronimo de Caranca, natvral de Sevilla, que trata de la philosophia de las armas y de su destreza y de la aggression y defension christiana*. Sanlúcar de Barrameda: G. de Carança [*sic*], 1569.

CASTRO, AMÉRICO. *De la edad conflictiva*. 2.ª ed. Madrid: Taurus, 1961.

———— y S. GILI GAYA. «. . . y todo», *RFE* 4 (1917): 285–89.

———— y A. STEIGER, «Frazada, frezada», *RFE* 7 (1920): 371–72.

CATALÁN, DIEGO, J. ANTONIO CID et al., eds. *Catálogo general del romancero*. 3 vols. Madrid: Seminario Menéndez Pidal-Gredos, 1982–84.

CEJADOR Y FRAUCA, JULIO. *Vocabulario medieval castellano*. Madrid: Hernando, 1929.

CID MARTÍNEZ, JESÚS ANTONIO. «Romances en Garganta la Olla (Materias y notas de excursión)», *RDTP* 30 (1974): 467–527.

————. Ver DIEGO CATALÁN.

————. Ver SUZANNE H. PETERSEN et al.

CORREA, GUSTAVO. «El doble aspecto de la honra en el teatro del siglo XVII», *HR* 26 (1958): 99–107.

CORREAS, GONZALO. *Vocabulario de refranes y frases proverbiales de . . . (1627)*. Ed. Louis Combet. Bibliothéque de l'Ecole des Hautes Études Hispaniques, Fascicule 34. Bordeaux: Institut d'Etudes Ibériques et Ibéro-Américaines de l'Univ. de Bordeaux, 1967.

COSTER, ADOLPHE. Reseña: Luis Vélez de Guevara, *La Serrana de la Vera*, ed. Ramón Menéndez Pidal y María Goyri de Menéndez Pidal. En *Revue Critique d'Histoire et de Littérature* 82 (1916): 162–63.

COTARELO, EMILIO. «Las armas de los Girones», *RABM* 7, 1 (1903): 13-21.

————. «Luis Vélez de Guevara y sus obras dramáticas», *BRAE* 3 (1916): 621–52; 4 (1917): 137–71, 269–308, 414–44.

COVARRUBIAS, SEBASTIÁN DE. *Tesoro de la lengua castellana o española*. Ed. Martín de Riquer. Barcelona: S. A. Horta, 1943.

DELPECH, FRANÇOIS. «La leyenda de la serrana de la Vera: las adaptaciones teatrales». En *La mujer en el teatro y la novela del siglo XVII: actas del II Coloquio del Grupo de Estudios sobre Teatro Español (G.E.S.T.E.), Toulouse, 16–17 noviembre 1978*. Ed. Yves-René Fonquerne. Toulouse: Institut d'Études Hispaniques et Hispano-Américaines, 1978. Pp. 23–38.

Díez Borque, José María. «Aproximación semiológica a la 'escena' del teatro del Siglo de Oro español». En *Semiología del teatro*. Ed. José M.ª Díez Borque y Luciano García Lorenzo. Barcelona: Planeta, 1975. Pp. 49–92.

Drinkwater, J. A. «*La serrana de la Vera* and the Mystifying Charms of Fiction», *FMLS* 28, 1 (1992): 75–85.

Egido, Aurora. «Variaciones sobre la vid y el olmo en la poesía de Quevedo: *Amor constante más allá de la muerte*». En *Homenaje a Quevedo*. Ed. Víctor García de la Concha. 2 vols. Salamanca: Caja de Ahorros y Monte de Piedad de Salamanca, 1982. 2: 213–32.

Endres, Valerie F. «The Aesthetic Treatment of *Romancero* Materials in the *Comedias* of Luis Vélez de Guevara». Tesis inédita, Univ. de Arizona, 1966.

Entrambasaguas, Joaquín de. *Estudios sobre Lope de Vega*. 2.ª ed. corregida y aumentada. 3 vols. Madrid: C.S.I.C., 1967.

Espinel, Vicente. *Vida de Marcos de Obregón*. Ed. Samuel Gili Gaya. 2 vols. Clásicos Castellanos, 43 y 51. Madrid: Espasa-Calpe,1959–1960.

Fernández Gómez, Carlos. *Vocabulario completo de Lope de Vega*. 3 tomos. Madrid: Real Academia Española, 1971.

Frenk Alatorre, Margit. «El cancionero sevillano en la Hispanic Society (*ca.* 1568)», *NRFH* 16 (1962): 355–94.

―――. *Corpus de la antigua lírica popular hispánica (siglos XV a XVII)*. Madrid: Castalia, 1987.

Frenzel, Elisabeth. *Diccionario de argumentos de la literatura universal*. Versión española de Carmen Schad de Caneda. Madrid: Gredos, 1976.

García Salinero, Fernando. *Léxico de alarifes de los Siglos de Oro*. Madrid: Real Academia Española, 1968.

Genette, Gérard. «Discours du récit. Essai de méthode». En *Figures III*. Paris: Seuil, 1972. Pp. 67–267.

Gil García, Bonifacio. *Cancionero popular de Extremadura: contribución al folklore musical de la región*. 2.ª ed. 2 vols. Badajoz: Excma. Diputación Provincial de Badajoz, 1956–61.

Gluckmann, Max. *Custom and Conflict in Africa*. Glencoe, Illinois: Free Press, 1956.

G[ómez] O[cerín], J[osé]. Reseña: Luis Vélez de Guevara, *La Serrana de la Vera*, ed. Ramón Menéndez Pidal y María Goyri de.Menéndez Pidal. En *RFE* 4 (1917): 411–14.

Góngora y Argote, Luis de. *Obras completas*. Ed. Juan Millé y Giménez e Isabel Millé y Giménez. Madrid: Aguilar, 1967.

Goyri de Menéndez Pidal, María. «La muerte del príncipe don Juan», *BHi* 6 (1904): 29–37.

―――. «Romances que deben buscarse en la tradición oral», *RABM* 10 (julio-diciembre 1906): 374–85; 10 (enero-junio 1907): 24–36.

Grant, Helen F. «The World Upside-Down». En *Studies in Spanish Literature of the Golden Age Presented to Edward M. Wilson*. Ed. R. O. Jones. London: Tamesis, 1973. Pp. 103–35.

HALPERN, CYNTHIA LEONE. *The Political Theater of Early Seventeenth-Century Spain, with Special Reference to Juan Ruiz de Alarcón*. New York: Peter Lang, 1993.

HERNÁNDEZ-CHIROLDES, RITA. «Nueva interpretación de los problemas políticos y sociales en el teatro de Luis Vélez de Guevara». Tesis inédita, Univ. de Texas, 1981.

HERRERO GARCÍA, MIGUEL *Ideas de los españoles del siglo XVII*. Madrid: Gredos, 1966.

————. *Oficios populares en la sociedad de Lope de Vega*. Madrid: Castalia, 1977.

IRIBARREN, J. M. *Vocabulario navarro*. Prólogo de Francisco Ynduráin. Pamplona: Diputación Foral de Navarra, 1952.

JACKSON, BRUCE. «Deviance as Success: The Double Inversion of Stigmatized Roles». En *The Reversible World*, ed. Barbara Babcock. Pp. 258–75.

JONES, HAROLD G. «El Cancionero Español (*Cod. Reg. Lat.* 1635) de la Biblioteca Vaticana», *NRFH* 21 (1972): 370–92.

JONES, JOSEPH R. Ver C. GEORGE PEALE et al.

KENISTON, HAYWARD. *The Syntax of Castilian Prose: The Sixteenth Century*. Chicago: Univ. of Chicago, 1937.

KRENKEL, MAX. *Klassische Bëhnendichtungen der Spanier. III. Calderón. Der Richter von Zalamea, nebst dem gleichnamigen Stücke des Lope de Vegas*. Leipzig: Johann Ambrosium Barth, 1887.

KUNZLE, DAVID. «World Upside Down: The Iconography of a European Broadsheet Type». En *The Reversible World*, ed. Barbara Babcock. Pp. 39–94.

LA BARRERA Y LEIRADO, CAYETANO ALBERTO DE. *Catálogo bibliográfico y biográfico del teatro antiguo español, desde sus orígenes hasta mediados del siglo XVIII*. Madrid: M. Rivadeneyra, 1860; London: Tamesis, 1968.

LÁZARO MORA, FERNANDO A. «*RL-LL* en la lengua literaria», *RFE* 60 (1978–1980): 267–83.

LIHANI, JOHN. *El lenguaje de Lucas Fernández: estudio del dialecto sayagués*. Bogotá: Instituto Caro y Cuervo, 1973.

LEAVITT, STURGIS E. «Spanish *Comedias* as Pot Boilers», *PMLA* 82 (1967): 178–84.

LUNDELIUS, RUTH. «Paradox and Role Reversal in *La serrana de la Vera*». En *The Perception of Women in Spanish Theater of the Golden Age*. Ed. Anita K. Stoll y Dawn L. Smith. Lewisburg, Pennsylvania: Bucknell Univ. Press, 1991. Pp. 220–44.

MACCURDY, RAYMOND R. Ver C. GEORGE PEALE et al.

MACLENNAN, L. JENARO. «Sobre los orígenes folklóricos de la Serrana Gadea de Riofrío (*Libro de buen amor*)», *Vox Romanica* 47 (1988): 180–83.

MADOZ, PASCUAL. *Diccionario geográfico-estadístico-histórico de España y sus posesiones de ultramar*. 16 tomos. Madrid: P. Madoz y L. Sagasti, 1845–1850.

MANCING, HOWARD. «The Comic Function of Chivalric Names in *Don Quijote*», *Names* 21, 4 (1973): 220–35.

MANSON, WILLIAM R. y C. GEORGE PEALE. «Prefacio al teatro de Luis Vélez de Guevara». En Luis Vélez de Guevara, *El espejo del mundo*. Edición crítica y anotada de… Estudio introductorio de Maria Grazia Profeti. 2.ª ed. corregida. Newark, Delaware: Juan de la Cuesta, 2002. Pp. 17–44.

MARAVALL, JOSÉ ANTONIO. *Teatro y literatura en la sociedad barroca*. Madrid: Seminarios y Ediciones, 1972.

MARISCAL, GEORGE. «Symbolic Capital in the Spanish *Comedia*», *RenD* 21 (1990): 143–69.

MARTÍNEZ KLEISER, LUIS. *Refranero general ideológico español*. Madrid: Real Academia Española, 1953.

MAS, AMADÉE. *La caricature de la femme, du mariage et de l'amour dans l'œuvre de Quevedo*. Paris: Ediciones Hispano-Americanas, 1957.

McKENDRICK, MELVEENA. *Woman and Society in the Spanish Drama of the Gold-en Age: A Study of the «Mujer Varonil»*. London: Cambridge Univ. Press, 1974.

MENÉNDEZ PELAYO, MARCELINO. *Orígenes de la novela*. Ed. Enrique Sánchez. 4 vols. Madrid: C.S.I.C., 1961.

MENÉNDEZ PIDAL, RAMÓN. *Flor nueva de romances viejos*. 16.ª ed. Buenos Aires: Espasa-Calpe Argentina, 1967.

―――. *Manual de gramática histórica*. 12.ª ed. Madrid: Espasa-Calpe, 1966.

―――. «Serranilla de la Zarzuela». En *Poesía árabe y poesía europea*. 5.ª ed. Madrid: Espasa–Calpe, 1963. Pp. 119–35.

MERIMÉE, ERNEST. Reseña: *La serrana de la Vera*, ed. Ramón Menéndez Pidal y María Goyri de Menéndez Pidal. En *BHi* 18 (1917): 290–92.

MIRRER, LOUISE. «Representing 'Other' Men: Muslims, Jews, and Masculine Ideals in Medieval Castilian Epic and Ballad». En *Medieval Masculinities: Regarding Men in the Middle Ages*. Ed. Clare A Lees. Minneapolis: Univ. of Minnesota Press, 1994. Pp. 169–86.

MOLINA, TIRSO DE. *El burlador de Sevilla y convidado de piedra*. Ed. James A. Parr. Binghamton: Medieval & Renaissance Texts & Studies, 1994.

―――. *Comedias I. El vergonzonso en palacio. El burlador de Sevilla*. Ed. Américo Castro. Clásicos Castellanos, 2. Madrid: «La Lectura», 1919.

―――. *Santa Juana*. Manuscrito Res. 249. Biblioteca Nacional-Madrid.

MORETO, AGUSTÍN. *Teatro. El lindo don Diego. El desdén con el desdén*. Ed. Narciso Alonso Cortés. Clásicos Castellanos, 32. Madrid: «La Lectura», 1916.

MORLEY, S. GRISWOLD. Reseña: *La serrana de la Vera*, ed. Ramón Menéndez Pidal y María Goyri de Menéndez Pidal. En *Hisp* 1 (1918): 185–88.

――― y COURTNEY BRUERTON. *Cronología de las comedias de Lope de Vega*. Versión española de María Rosa Cartes. Madrid: Gredos, 1968.

――― y RICHARD W. TYLER. *Los nombres de personajes en las comedias de Lope de Vega*. Univ. of California Publications in Modern Philology, 55, 1–2. Berkeley: Univ. of California Press, 1961.

MORREALE, MARGHERITA. «Apuntaciones para el estudio del tema de la serrana en dos comedias de Vélez de Guevara». En *Antigüedad y actualidad de Luis Vélez de Guevara*, ed. C. George Peale et al. Pp. 104–10.

NORTHROP, GEORGE T. Reseña: *La serrana de la Vera*, ed. Ramón Menéndez Pidal y María Goyri de Menéndez Pidal. En *MPh* 15 (1917): 447–48.

OTERO-TORRES, DÁMARIS M. «Historia, ortodoxia y praxis teatral: el homoerotismo femenino en *La serrana de la Vera*», *El Escritor y la Escena* 5 (1997): 131–39.

PARKER, ALEXANDER «Santos y bandoleros en el teatro español del Siglo de Oro», *Arbor* 13 (1949): 395–416.

PARR, JAMES A. *After Its Kind: Approaches to the «Comedia»*. Ed. Matthew D. Stroud, Anne Pasero y Amy Williamsen. Kassel: Edition Reichenberger, 1991.

PARR, JAMES A. «La tragicomedia y otras tendencias genéricas del XVII». En *Confrontaciones calladas: el crítico frente al clásico*. Madrid: Orígenes, 1990. Pp. 159–71.

———. «An Essay on Critical Method, Applied to the *Comedia*», *Hisp* 57 (1974): 434–44.

———. «Partial Perspectives on Kinds, Canons, and the Culture Question». En *The Golden Age Comedia: Text, Theory, and Performance*. Ed. Charles Ganelin y Howard Mancing. West Lafayette, Indiana: Purdue Univ. Press, 1994. Pp. 236–48.

———. «Some Remarks on Tragedy and on Vélez as a Tragedian: A Reply to Professor Whitby». En *Antigüedad y actualidad de Luis Vélez de Guevara*, ed. C. George Peale et al. Pp. 137–43.

PAZ Y MELIÁ, A[NTONIO]. *Catálogo de las piezas de teatro que se conservan en el Departamento de Manuscritos de la Biblioteca Nacional.* 2.ª ed. 2 vols. Madrid: Blass, 1934–35.

PEALE, C. GEORGE. «El acto I de *La Serrana de la Vera* de Vélez de Guevara: hacia una poetica del bufón», *El Escritor y la Escena* 5 (1997): 141–58.

———. Ver WILLIAM R. MANSON.

——— et al., eds. *Antigüedad y actualidad de Luis Vélez de Guevara: estudios críticos.* Ed. C. George Peale, en colaboración con William R. Blue, Joseph R. Jones, Raymond R. MacCurdy, Enrique Rodríguez Cepeda y William M. Whitby. Purdue University Monographs in Romance Languages 10. Amsterdam-Philadelphia: John Benjamins, 1983.

PENSADO, CARMEN. «El artículo *ell* y otras formas con *-ell* final en castellano medieval», *BRAE* 178 (1999): 377–406.

PÉREZ DE HITA, GINÉS. *Guerras civiles de Granada.* Ed. Paula Blanchard-Demouge. Madrid: E. Bailly-Baillière, 1913–15.

PÉREZ Y GONZÁLEZ, FELIPE. El Diablo Cojuelo: *notas y comentarios a un* Comentario *y a unas* Notas: *nuevos datos para la biografía de Luis Vélez de Guevara.* Madrid: Sucesores de Rivadeneyra, 1903.

PETERSEN, SUZANNE H., J. ANTONIO CID, FLOR SALAZAR y ANA VALENCIANO, eds. *Voces nuevas del romancero castellano-leonés.* 2 vols. Madrid: Gredos, 1982.

PLA CÁRCELES, JOSÉ. «La evolución del tratamiento de 'Vuestra Merced'», *RFE* 10 (1923): 245–80.

PONZ, ANTONIO. *Viaje de España.* 18 vols. Madrid: Atlas, 1972.

Primera Crónica General. Ed. Ramón Menéndez Pidal, con la colaboración de Antonio G. Solalinde, Manuel Muñoz Cortés y José Gómez Pérez. 3 vols. Madrid: Gredos, 1955.

PROFETI, MARIA GRAZIA. «Emisor y receptor: Luis Vélez de Guevara y el enfoque crítico». En *Antigüedad y actualidad de Luis Vélez de Guevara*, ed. C. George Peale et al. Pp. 1–19.

PROFETI, MARIA GRAZIA. «I bambini di Lope: tra committenza e commozione», *QLL*, 15 (1990): 187–206, reimpreso en *La vil quimera*, 173–195; versión española en *En torno al teatro del Siglo de Oro. Jornadas I–VI de Almería*. Ed. Heraclia Castellón Alcaba, Agustín de la Granja López y Antonio Serrano Agulló. Almería: Instituto de Estudios Almerienses, 1991. Pp. 65–85.

―――――. «Note critiche sull' opera di Vélez de Guevara», *MSI* 10 (1965): 47–174.

PULGAR, HERNANDO DEL. *Crónica de los Reyes Católicos*. En *Crónicas de los reyes de Castilla*. Ed. Cayetano Rosell. BAE, 70. Madrid: Atlas, 1953. Pp. 223–512.

REAL ACADEMIA ESPAÑOLA. *Diccionario de Autoridades*. Ed. facsímil. 6 tomos en 3. Madrid: Gredos, 1963.

RENNERT, HUGO A. Reseña: *La serrana de la Vera*, ed. Ramón Menéndez Pidal y María Goyri de Menéndez Pidal. En *RR* 9 (1918): 238–39.

REQUENA MARCO, MIGUEL. «Contribución al estudio de la paremiología en *La serrana de la Vera* de L. Vélez de Guevara». En *Teoría y realidad en el teatro español del siglo XVII. La influencia italiana*. Roma: Instituto Español de Cultura, 1981. Pp. 507–22.

REYES PEÑA, MERCEDES DE LOS. «En torno a la actriz Jusepa Vaca». En *Las mujeres en la sociedad española del Siglo de Oro: ficción teatral y realidad histórica*. Ed. Juan Antonio Martínez Berbel y Roberto Castilla Pérez. Granada: Universidad de Granada, 1998. Pp. 81–114.

RILEY, E. C. *Teoría de la novela en Cervantes*. Trad. Carlos Sahagún. Madrid: Taurus, 1966.

RODRÍGUEZ CEPEDA, ENRIQUE. «Fuentes y relaciones en *La serrana de la Vera*», *NRFH* 23 (1974): 100–11.

―――――. «Para la fecha de *La serrana de la Vera*», *BCom* 27, 1 (1975): 19–26.

―――――. «Sentido de los personajes en *La serrana de la Vera*», *Segismundo* 9, 1–2 (1965): 165–96.

―――――. «Temática y pueblo en *La serrana de la Vera*», *ExTL* 4, 2 (1975–1976): 169–75.

―――――. Ver C. GEORGE PEALE et al.

RODRÍGUEZ MARÍN, FRANCISCO. *Más de 21.000 refranes castellanos, no contenidos en la copiosa colección del Maestro Gonzalo Correas*. Madrid: Tip. de la «Revista de Archivos, Bibliotecas y Museos», 1926.

―――――. «Cervantes y la Universidad de Osuna». En *Homenaje a Menéndez y Pelayo en el vigésimo año de su profesorado*. Pról. de Juan Valera. Madrid: V. Suárez, 1899. Pp. 757–819.

―――――. «Cinco poesías autobiográficas de Luis Vélez de Guevara», *RABM* 19 (1908): 62–78.

RODRÍGUEZ MARÍN, FRANCISCO. *El Loaysa de* El celoso extremeño: *estudio histórico-literario.* Sevilla: F. de P. Díaz, 1901.

RODRÍGUEZ MOÑINO, ANTONIO. *Diccionario geográfico popular de Extremadura: contribución al folklore musical de la región.* Madrid: s. i., 1965.

ROJAS, FERNANDO DE. *La Celestina.* Ed. Bruno Mario Damiani. Madrid: Cátedra, 1974.

ROJAS ZORRILLA, FRANCISCO DE. *Cada qual lo que le toca. La viña de Nabot.* Ed. Américo Castro. TAE, 2. Madrid: Sucesores de Hernando, 1917.

ROJAS ZORRILLA, FRANCISCO DE. *Teatro. Del rey abajo, ninguno. Entre bobos anda el juego.* Ed. F. Ruiz Morcuende. Clásicos Castellanos, 35. Madrid: «La Lectura», 1917.

Romancero. Ed. Paloma Díaz-Mas. Estudio preliminar de Samuel G. Armistead. Barcelona: Crítica, 1994.

Romancero general, o colección de romances castellanos anteriores al siglo XVIII. Ed. Agustín Durán. BAE, 10 y 16. Madrid: M. Rivadeneyra, 1851; Atlas, 1945.

ROMERA NAVARRO, M. «'Quillotro' y sus variantes», *HR* 2 (1934): 117–25.

ROSSI, TERESA M. «El lenguaje paremiológico de los campesinos en *La serrana de la Vera* de Luis Vélez de Guevara». En *Antigüedad y actualidad de Luis Vélez de Guevara,* ed. C. George Peale et al. Pp. 89–103.

———. «El lenguaje paremiológico en *La serrana de la Vera* de L. Vélez de Guevara». En *Teoría y realidad en el teatro español del siglo XVII. La influencia italiana.* Roma: Instituto Español de Cultura, 1981. Pp. 107–15.

RUANO DE LA HAZA, J. M. y JOHN J. ALLEN. *Los teatros comerciales del siglo XVII y la escenificación de la comedia.* Madrid: Castalia, 1994.

RUIZ DE ALARCÓN, JUAN. *Teatro. La verdad sospechosa. Las paredes oyen.* Ed. Alfonso Reyes. Clásicos Castellanos, 37. Madrid: «La Lectura», 1918.

RULL, ENRIQUE. Reseña: *La serrana de la Vera,* ed. Enrique Rodríguez Cepeda Madrid: Ediciones Alcalá, 1967. En *Segismundo* 2 (1966): 390–92.

SALAZAR, FLOR. Ver SUZANNE H. PETERSEN et al.

SALOMON, NOËL. *Lo villano en el teatro del Siglo de Oro.* Trad. Beatriz Chenot. Madrid: Castalia, 1985.

SBARBI, JOSÉ MARÍA. *Gran diccionario de refranes de la lengua española.* Ed. Manuel J. García. Buenos Aires: Joaquín Gil, 1943.

SCHEVILL, RUDOLPH. *The Dramatic Art of Lope de Vega, together with «La dama boba».* Univ. of California Publications in Modern Philology, 6. Berkeley: Univ. of California, 1918.

SEIFERT, EVA. «"Haber" y "tener" como expresiones de la posesión en español», *RFE* 17 (1930): 233–76, 345–89.

SPENCER, FORREST EUGENE y RUDOLPH SCHEVILL. *The Dramatic Works of Luis Vélez de Guevara: Their Plots, Sources, and Bibliography.* Univ. of California Publications in Modern Philology, 19. Berkeley: Univ. of California Press, 1937.

STEIGER, A. Ver AMÉRICO CASTRO.

STROUD, MATTHEW D. «Homo/Hetero/Social/Sexual: Gila in Vélez de Guevara's *La Serrana de la Vera*», *Calíope* 6, 1–2 (2000): 53–69.

STROUD, MATTHEW D. «The Resocialization of the *Mujer Varonil* in Three Plays by Vélez». En *Antigüedad y actualidad de Luis Vélez de Guevara*, ed. C. George Peale et al. Pp. 111–26.

TERRACINI, LORE. «Uno motivo stilistico: l' uso dell' iperbole galante in Alarcón». En *Il teatro de Juan Ruiz de Alarcón*. Ed. Guido Mancini. Studi di Letteratua Spagnola, Facoltà di Magistero dell' Univ. di Roma, 1. Roma: Tip. Agostiniana, 1953. Pp. 94–105.

TORQUEMADA, ANTONIO DE. *Coloquios satíricos*. En Marcelino Menéndez y Pelayo, *Orígenes de la novela*. NBAE, 7. Madrid: Bailly-Baillière e Hijos, 1907. Pp. 485–581.

TYLER, R. W. «False Accusation of Women in Luis Vélez de Guevara's *Comedias*», *Crítica Hispánica* 6, 1 (1984): 77–88.

TYLER, R. W. Ver S. GRISWOLD MORLEY.

VALDÉS, ALFONSO DE. *Diálogo de las cosas ocurridas en Roma*. Ed. José F. Montesinos. Clásicos Castellanos, 89. Madrid: Espasa-Calpe, 1956.

VALDÉS, JUAN DE. *Diálogo de la lengua*. Ed. José F. Montesinos. Clásicos Castellanos, 86. Madrid: Espasa-Calpe, 1964.

VALENCIANO, ANA. Ver SUZANNE H. PETERSEN et al.

VAREY, JOHN E. «*Reinar después de morir:* Imagery, Themes, and their Relation to Staging». En *Antigüedad y actualidad de Luis Vélez de Guevara*, ed. C. George Peale et al. Pp. 165–81; reimpreso en *Cosmovisión y escenografía: el teatro español en el Siglo de Oro*. Madrid: Castalia, 1987. Pp. 303–17.

―――. «The Use of Levels in *El condenado por desconfiado*», *RCEH* 10 (1986): 299–310.

VEGA CARPIO, LOPE FÉLIX DE. *Barlaan y Josafat*. Ed. José F. Montesinos. TAE, 8. Madrid: Sucesores de Hernando, 1935.

―――. *Comedias, I. El remedio en la desdicha. El mejor alcalde, el rey*. Ed. J. Gómez Ocerín y R. M. Tenreiro. Clásicos Castellanos, 39. Madrid: «La Lectura», 1918.

―――. *El cordobés valeroso, Pedro Carbonero*. Ed. José F. Montesinos. TAE, 7. Madrid: Sucesores de Hernando, 1929.

―――. *La corona merecida*. Ed. José F. Montesinos. TAE, 5. Madrid: Sucesores de Hernando, 1923.

―――. *El cuerdo loco*. Ed. José F. Montesinos. TAE, 4. Madrid: Sucesores de Hernando, 1922)

―――. «*Los Guzmanes de Toral, o cómo ha de usarse del bien y ha de prevenirse del mal*», *Commedie spagnuole del secolo XVII sconociute, inedite o rare*. Ed. Antonio Restori. Romanische Bibliothek, 16. Halle: M. Niemeyer, 1899.

―――. *El marqués de las Navas*. Ed. José F. Montesinos. TAE, 6. Madrid: Sucesores de Hernando, 1925

―――. *Los nobles como han de ser*. En *Obras de . . .* Ed. Emilio Cotarelo y Mori. Ac.N., 8. Madrid: Tip. de la «Revista de Archivos, Bibliotecas y Museos», 1930. Pp. 101–32.

VEGA CARPIO, LOPE FÉLIX DE. *Peribáñez y el comendador de Ocaña. La dama boba.* Ed. Alonso Zamora Vicente. Clásicos Castellanos, 159. Madrid: Espasa-Calpe, 1963.

————. *El perro del hortelano. El castigo sin venganza.* Ed. A. David Kossoff. Madrid: Castalia, 1970.

————. *Santiago el Verde.* Ed. Ruth Annelise Oppenheimer. TAE, 9. Madrid: C. Bermejo, 1940.

————. *La serrana de la Vera.* En *Obras escogidas.* Ed. Federico Carlos Sainz de Robles. 4 vols. Madrid: Aguilar, 1962. 3: 1295–1328.

————. *La tragedia de don Sebastián y bautismo del príncipe de Marruecos.* En *Obras de . . .* Ed. Marcelino Menéndez y Pelayo. BAE, 225. Madrid: Atlas, 1969. Pp. 121–82.

VÉLEZ DE GUEVARA, LUIS. *El Conde don Pero Vélez y don Sancho el Deseado.* Ed. Richard Hubbell Olmsted. Minneapolis: Univ. of Minnesota Press, 1944.

————. *El Conde don Pero Vélez y don Sancho el Deseado.* Ed. William R. Manson y C. George Peale. Estudio introductorio de Thomas E. Case. 2.ª ed. corregida. Newark, Delaware: Juan de la Cuesta, 2002.

————. *El Diablo Cojuelo.* Ed. Enrique Rodríguez Cepeda. Madrid: Cátedra, 1984.

————. Ed. Ramón Valdés. Estudio preliminar de Blanca Periñán. Barcelona: Crítica, 1999.

————. *Don Pedro Miago.* Ed. William R. Manson y C. George Peale. Estudio introductorio de C. George Peale. Fullerton: Cal State Fullerton Press, 1997; 2.ª ed. (*En preparación*)

————. *El espejo del mundo.* Ed. William R. Manson y C. George Peale. Estudio introductorio de Maria Grazia Profeti. 2.ª ed. corregida. Newark, Delaware: Juan de la Cuesta, 2002.

————. *La montañesa de Asturias.* Ed. M. G. Profeti. Verona: CLUED, 1975–76.

————. *El rey en su imaginación.* Ed. J. Gómez Ocerín. TAE, 3 Madrid: Sucesores de Hernando, 1920.

————. *Reinar después de morir. El diablo está en Cantillana.* Ed. Manuel Muñoz Cortés. Clásicos Castellanos, 134. Madrid: Espasa-Calpe, 1948.

————. *La serrana de la Vera.* Ed. Ramón Menéndez Pidal y María Goyri de Menéndez Pidal. TAE, 1. Madrid: Sucesores de Hernando, 1916.

————. Ed. Enrique Rodríguez Cepeda. Madrid: Aula Magna, 1967.

————. Ed. Enrique Rodríguez Cepeda. 2.ª ed. Madrid: Cátedra, 1982.

WADE, GERALD E. «The Orthoëpy of the Holographic *Comedias* of Vélez de Guevara», *HR* 9 (1941): 459–81.

WEINRICH, HARALD. *Estructura y función de los tiempos en el lenguaje.* Versión española de Federico Latorre. Madrid: Gredos, 1968.

WHITBY, WILLIAM M. «Pinturas, retratos y espejos en la obra dramática de Luis Vélez de Guevara». En *Estudios sobre el Siglo de Oro en homenaje a Raymond R. MacCurdy.* Ed. Ángel González, Tamara Holzapfel y Alfredo Rodríguez. Albuquerque-Madrid: Univ. of New Mexico Dept. of Modern and Classical Languages-Cátedra, 1983. Pp. 241–51.

WHITBY, WILLIAM M. «Some Thoughts on Vélez as a Tragedian». En *Antigüedad y actualidad de Luis Vélez de Guevara*, ed. C. George Peale et al. Pp. 127–36.

————. Ver C. GEORGE PEALE et al.

WILDER, THORNTON. «Lope, Pinedo, Some Child Actors and a Lion», *RPh* 7 (1953–1954): 19–25.

WILSON, EDWARD M. «Imágenes y estructura en *Peribáñez*». En *El teatro de Lope de Vega: artículos y estudios*. Ed. José Francisco Gatti. 2.ª ed. Buenos Aires: Editorial Universitaria de Buenos Aires, 1967. Pp. 50–90.

ZAMORA VICENTE, ALONSO. «*De camino,* función escénica». En *Homenagem a Joseph M. Piel, por ocasiõ do seu 85º aniversário*. Ed. D. Kremer. Tubingen: Max Niemeyer Verlag, 1988. Pp. 639–53.

LA SERRANA DE LA VERA

Para la señora Jusepa Vacaº

*Personas**

GIRALDO, labrador viejo.	DON FERNANDO, rey de Aragón.
DON LUCAS, capitán.	DOÑA ISABEL, reina de Castilla y León.
GILA, la serrana.	DON RODRIGO GIRÓN, el maestre de Calatrava.
MINGO, gracioso.	MADALENA.
PASCUAL	PASCUALA, niña.
VICENTE.	CABO DE ESCUADRA.**
LLORENTE.	SARGENTO.
BRAS.	CAMINANTE.
DON GARCIA, alférez.	AGUADOR.
DOS DE PLASENCIA.	VENDEDORES.
ANDRÉS, bravo.	MÚSICOS.
GERÓNIMO, bravo.	DON JUAN DE CARVAJAL, alcalde de la Hermandad.°
DON NUÑO, criado del rey.	CUADRILLEROS.

** *A,* fols. 2, 20, 39:

Los que hablan en este Acto 1.°
Giraldo labrador viejo
+ Don Lucas capitán
Mingo gracioso
+ Pascual
Vicente
Llorente
Bras
- Gila la serrana
+ Madalena otra
+ Don García alférez
Dos de Palencia [*sic*]
Andrés
+ Gerónimo bravos
Aguador
Don Fernando Rey
+ Doña Isabel Reina
Don Nuño criado
+ Don Rodrigo Girón maestre de Calatrava

Los que hablan en este Acto 2.°
Gila
Mingo
Madalena
Giraldo
Don Lucas capitán
Don García
Cabo de Escuadra
Andrés
Gerónimo
Reina doña Isabel
Don Fernando Rey
Don Rodrigo Girón maestre de Calatrava
Sargento

Los que hablan en este Acto 3.°
Mingo
Caminante
Gila
Don Fernando
Doña Isabel
Don Rodrigo Girón maestre
Don Lucas
Don García
Andrés
Madalena
Pascuala niña
Músicos
Giraldo
Don Juan de Carvajal alcalde de la hermandad
Cuadrilleros

** UN CABO DE GUARDIA. *RC1, RC2.*

Jesús María Josef

Luis Úrsola Francisco Juan Antonio°

ACTO PRIMERO

GIRALDO, labrador viejo, rico, y DON LUCAS DE CARVAJAL, capitán,   A
con su jineta, y en cuerpo,° muy galán, y dice GIRALDO:

GIRALDO.	Si sois capitán del Rey,	
	seldo° muy enhorabuena,	
	que no me puede dar pena	
	el serville° a toda ley,	
	pero en mi casa jamás	5
	se alojó nadie, y sospecho	
	que el Consejo no lo ha hecho,	
	ni el Alcalde.°	
CAPITÁN.	¿El Rey no es más?	
GIRALDO.	¿Quién lo niega? Mas aquí	
	ellos al Rey representan,	10
	y nunca mi casa afrentan,	
	si puede decirse así,	
	con hacerla alojamiento.	
CAPITÁN.	¿Sois hidalgo?	
GIRALDO.	No, señor,	
	pero soy un labrador	15
	con honrado nacimiento,	
	cristiano viejo y honrado,	
	que nosotros no pudimos	
	escoger cuando nacimos	
	la nobleza ni el estado.°	20
	Que a fe que, a ser en mi mano,	
	y a quererlo también Dios,	
	naciera mejor que vos.	
CAPITÁN.	¡Qué filósofo villano!°	
GIRALDO.	Más a espacio,° si es posible,	25

25. Mas *MPG, RC2*. Seguimos la lectura
sugerida por Adolfo Bonilla en su reseña a *MPG*
(*Revista Crítica Hispano-Americana* 3 [1917]:
179, n. 1). *posible:* en *A*, las letras *le* faltan, por
estar roto el ángulo inferior de la hoja.

señor Capitan, que a fe
que, aunque estoy viejo, sabré
tener valor° invencible
    para no dejar que vos
    me ofendáis.

CAPITÁN.   ¿No sois villano?   30
GIRALDO.   Hombre soy humilde y llano,
mas villano no, por Dios,
    sino es porque vivo en villa;
    que villano es el que intenta
a traición muerte o afrenta.°   35
Hombres buenos en Castilla
    sus reyes nos han llamado,
    y los que son hombres buenos,
    de ese nombre están ajenos.
Pero habláis como soldado,   40
    y aun como soldado mozo°
que, a ser más viejo, en efeto,
tratara con mas respeto
    estas canas vuestro bozo.°

CAPITÁN.   Los que nobles han nacido   45
servicios no han menester
con los reyes para ser
    lo que otros han merecido
    cuando muchos les han hecho,
que° en impresas semejantes   50
sirvieron por ellos antes
con más que invencible pecho
    sus nobles antepasados;
    y Plasencia de los míos
conoce muy bien los bríos   55
que en ella están sepultados,
    aunque han° fama inmortal;
    que, de los Carvajales,
    sirviendo como leales
a la corona real,   60
    y como muy valerosos
en Portugal y en Castilla,
dan muestras en su capilla
    mil trofeos generosos.
    Y así los Reyes —que guarde   65
    mil siglos, amén, el Cielo
    en el castellano suelo—,

de quien son haciendo alarde,
    para la famosa guerra
de Granada me han nombrado   70
por capitán, y me han dado
patente° para mi tierra
    por mayor merced. Y así
en toda la Vera puedo
hacer gente, y hoy me quedo   75
a tocar cajas° aquí
    y a levantar la bandera,°
porque en Plasencia querría
entrar ya con compañía
de la gente de la Vera,°   80
    porque es grande gusto entrar
por su patria tan honrado
el que salió a ser soldado.°
Y por ser tan buen lugar
    Garganta la Olla, quise   85
que tenga principio en él,
y en vuestra casa, pues de él
no hay nadie que no me avise
    que es la mejor, y sois vos
el más rico del lugar,   90
y es buen puesto para estar
la bandera.

GIRALDO.   ¡Guárdeos° Dios
    por la merced que me hacéis!
Pero yo os agradeciera,
en lo que posible fuera,   95
mucho más que lo escuséis,
    y os serviré desde aquí
en cuanto queráis mandarme.

CAPITÁN.   Si he de llegar a enfadarme,
escusaldo vos.

GIRALDO.   A mí   100
    nunca me echaron soldados,
y no los he de tener.

CAPITÁN.   Esto esta vez ha de ser,
¡por vida del Rey!

---

69. para la [Tachado: guerra] famosa gue-   77. la levantar   *RC2.*
rra *A.*

                             99. a en[Tachado: oxarme]fadarme *A.*

GIRALDO.   Crïados
y vasallos suyos somos,   105
pero no pienso serviros
en eso.
CAPITÁN.   Yo sí mediros
con la jineta los lomos,
y hacer a palos aquí
lo que por bien no queréis,   110
que como encinas daréis
el fruto mejor así.°
GIRALDO.   Idos, señor Capitán,
más a la mano,° ¡por Dios!,
que ni encina soy ni vos   115
sois el paladín Roldán°
para mostraros tan fiero
conmigo en mi casa.
CAPITÁN.   Haré
lo que digo, por la fe
de soldado y caballero.   120
GIRALDO.   Pues por la fe de hombre honrado,
que no lo hagáis, que aunque estoy
viejo, padre de hijos soy,
y si el Cielo no me ha dado
varón que pueda volver   125
vida arrestando° y honor
por las ofensas, señor,
que vos me podáis hacer,
una hija me dio el Cïelo
que podré decir que vale   130
por dos hijos, porque sale
a su padre y a su agüelo,
que fuera de la presencia
hermosa, tan gran valor
tiene, que no hay labrador   135
en la Vera de Plasencia
que a correr no desafíe,
a saltar, luchar, tirar
la barra,° y en el lugar
no hay ninguno que porfíe   140

132. su agüe[Tachado: lo]lo A.   138. luchar: en A, interlineado por Vélez
                                          en lugar de una palabra borrada.
133. que [Borradura] fuera A.

a mostrar valor mayor
en ninguna cosa de estas,
porque de las manifiestas
vitorias de su valor°
   tienen ya grande experiencia   145
que es su ardimiento bizarro.
De bueyes, detiene un carro,
de un molino, la violencia.
   Corre un caballo mejor
que si en él cosida fuera,   150
y en medio de la carrera
y de la furia mayor,
   que parece que al través
a dar con un monte viene,
suelta el freno y le detiene   155
con las piernas y los pies.
   Esta mañana salió
en uno al monte a cazar,
y casi todo el lugar
tras ella, que la siguió.   160
   Siempre que a caza ha salido,
por verla con la escopeta
cómo los vientos sujeta,
que ningún tiro ha perdido
   al vuelo, de tal manera   165
que no hay ave que la aguarde,
ni todo el furioso alarde
de los brutos.°

CAPITÁN.   No me diera
   mucha pesadumbre a mí,
que yo luchara con ella   170
de buena gana. Y si es bella,
como referís aquí,
   y tan diestra en el luchar
como en todo maravilla,
con alguna zancadilla   175
la intentara derribar.

GIRALDO.   Castigar sabe también
malicias de esa manera.

CAPITÁN.   Pondráse aquí la bandera,
y después sabremos quién   180

---

150. en él [Borradura] cosida *A.*   154. a dar [Borradura] con un *A.*

	podrá más de ambos a dos,°	
	que, según la habéis pintado,	
	si quiere ser mi soldado,	
	os doy palabra, por Dios,	
	de darle mi escuadra.	
GIRALDO.	Estáis	185
	de espacio° y de buen humor.	

	(Tocan un atambor.)	B

CAPITÁN.	Ya pienso que el atambor,	
	puesto que° vos no gustáis	
	del cuerpo de guardia aquí,	
	quiere tomar posesión,	190
	y echar el bando en razón	
	de mi patente. Y así,	
	haced... ¿Cómo es vuestra gracia?	
GIRALDO.	Giraldo.	
CAPITÁN.	Giraldo amigo,	
	para todo lo que os digo	195
	sin género de desgracia	
	apercebir luego luego°	
	lo que fuere necesario.	
	Y no lo hagáis al contrario,	
	ya que por bien os lo ruego,	200
	si hacerme queréis favor,	
	pues no se escusa ya.	
GIRALDO.	Ya viene Gila, y podrá	
	daros recado, señor.	

Suenen relinchos de LABRADORES, *y vayan entrando por el patio cantando* C
TODA LA COMPAÑÍA, *menos* LOS DOS *que están en el tablado, con coronas
de flores, y* UNO *con un palo largo y en él metido un pellejo de un lobo
con su cabeza, y* OTRO *con otro de oso de la misma suerte, y* OTRO *con otro
de jabalí. Y luego, detrás, a caballo,* GILA, *la Serrana de la Vera, vestida a
lo serrano, de mujer, con sayuelo y muchas patenas, el cabello tendido, y
una montera con plumas, un cuchillo de monte al lado, botín argentado, y puesta una escopeta debajo del caparazón del caballo,*

188. Tras el verso sigue un renglón borrado   C. *coronas:* como arriba (v. 25), faltan las
en *A.*   letras *ronas* en *A* por estar roto el ángulo in-
                                                                           ferior de la hoja.   ... *la sserana de* ... *A.*
194. Giraldo, [Borradura] amigo *A.*

y lo que cantan es esto hasta llegar al tablado, donde se apea:°

¡Quién como ella,   205
la Serrana de la Vera!°

Copla.   D

A dar flores sale al prado
la Serrana de la Vera,
bizarra puesta a caballo,
la Serrana de la Vera.   210
En crenchas° lleva el tocado
la Serrana de la Vera,
ojos hermosos rasgados,
la Serrana de la Vera,
lisa frente, rojos labios,   215
la Serrana de la Vera,
pelo de ámbar, blancas manos,
la Serrana de la Vera,
cuerpo genzor y adamado,°
la Serrana de la Vera.   220
    ¡Quién como ella,
la Serrana de la Vera!

2.°

A dar flores sale a valle
la Serrana de la Vera,
genzor cuerpo, hermoso talle,   225
la Serrana de la Vera.
Su belleza y su donaire,
la Serrana de la Vera,
viene enamorando el aire
la Serrana de la Vera.   230
Sus ojos negros y graves,
la Serrana de la Vera,
no hay quien mire que no adame°
la Serrana de la Vera.
Dios mil años mos° la guarde   235
la Serrana de la Vera,
y la dé un galán amante,

209. caball[Borradura]o A.

la Serrana de la Vera,
para que con ella case,
la Serrana de la Vera,   240
y para a los Doce Pares,°
la Serrana de la Vera.
¡Quién como ella,
la Serrana de la Vera!

(GILA *apéase, y dice, tomando la escopeta de la silla del caballo:)*   E

GILA.	Lleva, Mingo, ese caballo	245
	al pesebre, y del arzón°	
	esa caza quite Antón.	
CAPITÁN.	*(Ap.:* ¡De puro admirado callo!	
	¡No he visto en hombre jamás	
	tan varonil bizarría!)	250
GIRALDO.	Vengas con bien, hija mia.	
GILA.	¡Oh, padre!	
GIRALDO.	¡Gallarda estás!	

Cada vez que te contemplo,
vida pienso que me añades,
Jordán de mi edad.° ¡Que edades   255
sin fin vivas para ejemplo
de mujeres españolas!
A los jazmines, contigo,
¿cómo les fue, y entre el trigo,
a las rojas amapolas?   260
Los azules alhelíes,
¿han querido competir
con tus venas de zafir?°
¿A tus labios carmesíes
atrevióse algún clavel?   265
¿Hubo algunas maravillas,
al nácar de tus mejillas,
descorteses?

GILA.   Un crüel°
jabalí se me atrevió
solamente, mas de suerte,   270
que solicitó su muerte

---

245. GILA. GILA. Lleva *A.*   248. Falta *Ap.* en *A, MPG, RC1, RC2.*

247. esa [Borradura] caza *A.*   267. el ná[Borradura]car de *A.*

por donde menos pensó.

GIRALDO.   ¿De qué modo?

GILA.   Yo corría

tras de un corzo al viento igual

y al descubrir el cristal   275

de una hermosa huente° fría,

   que hendo° a unos ruiseñores

cariño, porque callaba,

y tan en tanto ensartaba

perlas en hilos de flores,   280

   en colchones de alhelíes

un sangriento jabalí

vi echado, que desde allí

perlas trocaba a rubíes,

   que tan caro le convida   285

la hermosa fuente de beberlas,

que por la sed de las perlas

daba la sangre y la vida.

   Apenas sintió el roído

cuando, puesto en cuatro pies,   290

el fiero animal montés,

de espuma y sangre teñido,

   desenvainó del cristal

de la huente los colmillos

que son mortales cochillos,   295

   y el espumoso animal

al caballo arremetió,

terrible y determinado,

lo que alcanzó por un lado,

y hurtéle la vuelta yo.   300

   Vuelve otra vez sobre mí,

y yo revuelvo sobre él,

y más airado y crüel,

el cerdoso jabalí

otra vez arremetió   305

---

276. fuente *RC1, RC2*.

277. haziendo *RC1, RC2*.

278. caricio *MPG, RC1, RC2*. Menéndez Pidal y Goyri la tienen por lectura dudosa.

282. [Tachado: GILA. Y] en colchones *A*.

294. fuente *RC1, RC2*.

295. [Tachado: apercibió los cochillos / de mortal] que son *A*.

a los pechos del caballo.
Pudo herillo, a no apartallo
con tanta destreza yo.
   Vuelvo las ancas, aflojo
el freno, doyle al ijar   310
la espuela, y vuélveme a dar
asalto, en su sangre, rojo.
   Tuerzo el cuerpo, y sobre el lado
izquierdo pongo el cañón,
corre el gatillo al fogón   315
y al pardo plomo colado°
   el sediento pedernal,
y apenas sufre que ocupe
la pólvora, cuando escupe
contra el sangriento animal   320
   un rayo que le reciba
por la vista y las orejas,
y partiéndole las cejas
di con él patas arriba.
   Maté este lobo después,   325
y ese oso fiero, señor,
y de la caza menor
alguna que entre los pies
   el caballo atropellaba
y con los perros corrimos.°   330
Y con esto nos volvimos,
como ardiendo el sol bajaba,
   deseosa que esta tarde
vamos a ver a Plasencia
las fiestas, con tu licencia.   335

GIRALDO.   Muchos años Dios te guarde,
   que yo, Gila, determino
acompañarte también.

GILA.   ¿Quién es este hombre de bien
que, tan galán, de camino,°   340
estaba con vos aquí?

GIRALDO.   Es un capitán.

GILA.   ¿Querrá

309–12. Atajados en *A*.   320. Tras el verso sigue un renglón borrado
en *A*.

311. y [Borradura] vuelve[Interlineado:
me] a *A*.

	alojarse?	
GIRALDO.	Claro está.	
GILA.	Pues yo no quiero.	
CAPITÁN.	Yo sí.	
GILA.	¿No hay más que quererlo vos?	345
CAPITÁN.	Aquí no pienso que hay más.	
GILA.	No vi capitán jamás	
	tan resuelto, ¡vive Dios!	
CAPITÁN.	Ni yo mujer que tan bien	
	lo jure.	
GILA.	Si imagináis	350
	que lo soy, os engañáis,	
	que soy muy hombre.	
CAPITÁN.	Pues bien.	
	¿Qué importa, señora Gila,	
	cuando fuera su merced	
	dos Hércules?	
GILA.	Pretended,	355
	pues el hablar aniquila	
	a los que de hombres se precian,°	
	que acortemos de razones,	
	que tales conversaciones	
	más que estiman menosprecian,	360
	como dice el refrán;°	
	y busque otro alojamiento	
	el Alférez o el Sargento	
	para el señor Capitán,	
	porque mi padre no aloja	365
	sino es a mí solamente,	
	a su ganado, a su gente	
	y al güesped que se le antoja;	
	y a soldados, camarada,	
	aunque el Rey se lo soprique°	370
	nunca lo acostumbra. Pique,°	
	que más abajo hay posada,	
	que en esta casa yo fío	
	que os la den de mala gana.	
CAPITÁN.	¡Oh, qué cansada villana!	375
GILA.	¡Oh, qué fanfarrón jodío!°	
CAPITÁN.	¡Vive Dios, que hemos de ver	
	cómo me contradecís	

365. [Borradura] porque A.   369. a los soldados RC2.

	alojarme!	
GILA.	Vos venís	
	donde no queréis volver.	380
CAPITÁN.	¡Ah, señor Alférez! ¡Hola,	
	señor Sargento!	
GILA.	Esperad.	
	No os enojéis, y escuchad	
	aquesta palabra sola.	
CAPITÁN.	¿Qué quieres?	
GILA.	Que os alojéis	385
	muy en buen hora, que llanos°	
	estamos ya.	
CAPITÁN.	Al fin, villanos,	
	que nada por bien hacéis,	
	temiendo que la jineta	
	no hiciera el alojamiento,°	390
	¿cuál ha de ser mi aposento?	
GILA.	¡El cañón de esta escopeta!	
CAPITÁN.	¿Qué dices?	
GILA.	¡Procura entrar,	
	fanfarrón!	
CAPITÁN.	¡Escucha, advierte…	
GILA.	¡Vive Dios, que de esta suerte	395
	os he de echar del lugar!	

Éntrase el CAPITÁN, *retirando, y* GILA, *poniéndole la escopeta*   F
a la vista, que lo hará muy bien la SEÑORA JUSEPA.

GIRALDO.	¡Eso sí, y no quiera	
	sopetearnos° nenguno!	
PASCUAL.	¡Si hueran diez, como es uno,	
	lo propio, Giraldo, huera!	400
MINGO.	¡Ojo, cuál va por la calle	
	el fanfarrón capitán!	
VICENTE.	¡Mala Pascua y mal San Juan	
	le dé Dios,° y nunca halle	

388. que nada [Tachado: jamás] por   400. [Borradura] lo propio *A.*   fuera
bien [Tachado: cosa] hacéis *A.*   *RC1, RC2.*

394. CAPITÁN. [Borradura] Escucha *A.*   401. [Tachado: GILA.] MINGO. *A.*

399. fueran *RC1, RC2.*   403. [Tachado: GIRALDO.] VICENTE. *A.*

	en toda la Vera apenas	405
	un soldado que le siga!	
LLORENTE.	¡Todo el Cielo le maldiga!	
MINGO.	¡Pardiobre,° que me dan venas	
	de atordille desde aquí,	
	Giraldo, con un guijarro!	410
BRAS.	¡Y si cojo de un chaparro°	
	una estaca yo!	
GIRALDO.	¡Vení,	
	y no perdamos a Gila	
	de vista!	
MINGO.	¡Giraldo, vamos,	
	aunque si mal no miramos	415
	los mocos le despabila,°	
	y no hay de ella temer	
	con un hombre tan roín!	
GIRALDO.	¡Hija de Giraldo, al fin!	
	¡Volvé a cantar y tañer!	420

Éntranse cantando.   G

¡Quíen como ella,
la Serrana de la Vera!

Entre agora el CAPITÁN *retirándose, y* GILA,   H
con la escopeta en los ojos, y dice él:

CAPITÁN.	Serrana hermosa y crüel,	
	¿dónde me intentas llevar?	
GILA.	Esta es la cruz del lugar,°	425
	la horca aquélla, y aquel,	
	el camino de Plasencia,	
	aquel el de Jarandilla.	
	No volváis más a la villa	
	a tentarme de paciencia,	430
	que os volaré, ¡vive Dios!,	
	mucho mejor que lo digo.	
	Basta lo que vos conmigo	
	y yo he pasado con vos	
	para que no segundéis,	435
	que sufro mal demasías;	

408. [Tachado: GILA.] MINGO. *A.*   412. [Borradura] una estaca *A.*

que a otras cuatro compañías
lo mismo hiciera que veis,
  cuanto y más a un capitán
tan descortés y hablador.   440
Y adviértoos, que este rigor°
pasará, a ser vos Roldán,°
  adelante si volvéis,
no solamente a mi casa,
sino al lugar, pues que pasa   445
lo que a vuestros ojos veis.
  Y poneos a escoger
cuál de los caminos dos
más os agrada, y adiós.   *Vase.*   I

CAPITÁN.   ¿Hay más notable mujer?   450
  Haciéndome cruces quedo,
porque vence con valor,
con hermosura y amor,
y dos veces decir puedo
  que vencido me ha dejado.   455
Hasta el campo me sacó;
que más rigor no se osó
con un recién azotado
  que le apean del jumento
para desterralle.° ¡Estoy   460
sin mí!

        DON GARCÍA, alférez.   J

DON GARCÍA.   En vuestra busca voy,
y lo mismo hace el sargento.
  ¿Qué es lo que os ha sucedido,
señor Capitán?

CAPITÁN.   No sé;
que una mujer sola...

DON GARCÍA.   ¿Fue   465
la Serrana?

CAPITÁN.   ¡No ha tenido
Aquiles mayor valor,
aunque mis locos antojos
más temieron a sus ojos!

DON GARCÍA.   Si es la Serrana, señor   470

---

462. lo mis hace *A.*   464. Capitán? [Borradura] CAPITÁN. No *A.*

	don Lucas, tiene en la Vera
	notable fama de hermosa
	y de mujer valerosa.
CAPITÁN.	Haced sacar la bandera
	de la villa, don García,	475
	que mejor será en Plasencia
	levantalla, y con violencia
	de toda una compañía
	abrasar este lugar
	y gozar esta mujer	480
	tan brava.
DON GARCÍA.	Es buen parecer.
	Bien podrás luego marchar,
	que esta es belicosa gente,
	y estando sin compañía
	hará una superchería.°	485
CAPITÁN.	Esta serrana valiente
	he de rendir si me cuesta
	mil vidas, Alférez.
DON GARCÍA.	Luego
	puedes.
CAPITÁN.	De furia estoy ciego,
	pero no es ocasión esta.	490
DON GARCÍA.	Determínate, que yo
	solo a Garganta la Olla
	abrasaré, y esa polla
	que entre los gallos crïó°
	se la daré sazonada	495
	en el plato que quisieres,
	y todas cuantas mujeres
	tiene dentro, si te agrada.
	Resuélvete tú, y verás
	el valor de don García.	500
CAPITÁN.	¿No basta ser sangre mía
	para intentar esto y más?
DON GARCÍA.	No hay sino decir. Yo quiero,
	y remitillo a esta espada,
	que el mundo en gustando es nada,	505
	por la fe de caballero.

474. [Borradura] CAPITÁN. *A.*

487. [Borradura] he de *A.*

499. Resuélvete [Borradura] tú y *A.*

504. y [Borradura] remitillo a *A.*

                        (Suenan relinchos de labradores.)   K

CAPITÁN.   Gente de la villa sale
                           que deben de ir a Plasencia
                           a las fiestas.
DON GARCÍA.   Tu paciencia
                           de salvaguardia les vale,   510
                           que por la fe de soldado
                           que habían de ver quién soy.
CAPITÁN.   Por ser capitán estoy
                           a esto, Alférez, obligado,
                           que, siendo oficial del Rey,   515
                           no es justa razón causar
                           alboroto en un lugar.
                           Mas yo romperé esta ley
                           en más cómoda ocasión,
                           si no mudan pareceres.   520
DON GARCÍA.   Míraslo como quien eres,
                           y obedecerte es razón.
                           Voy a sacar la bandera.
CAPITÁN.   Sáquese, y vamos de aquí.
                   (Ap.: ¡Loco me lleva, y sin mí,   525
                           la Serrana de la Vera!)   *Vanse.*   L

                Salgan DOS *de la ciudad, en Plasencia.*   M

1.º   ¿Cuántos son los toros?
2.º   Creo
                           que son doce, pero son
                           cada cual como un león.
1.º   ¡Qué de ellos rodando veo,   530
                           si hay lanzadas y rejones,
                           y no lo saben hacer!

509–10. Las letras finales de estos versos, *ia* y *le*, han desaparecido con el borde inferior de la hoja de *A*.

510. [Tachado: de gua] de salvaguardia *A*.

524. [Tachado: CAP.] CAPITÁN. Sácase *A*. En *A*, Vélez primero escribió «Sácala», que luego enmendó encimando las letras *sse*. Seguimos la lectura sugerida por *MPG*.

525. Falta *Ap.* en *A*, *MPG*, *RC1*, *RC2*.

531. si hay [Borradura] lanzadas *A*.

2.º   Sacres° por fuerza ha de haber,
          siendo los toros leones,
             que volarán de las sillas,   535
          más que hacia arriba, hacia abajo.
1.º   Ese es notable trabajo,
          aun haciendo el asta astillas.
2.º   A los que ven desde lejos
          fácil les parece todo,   540
          y en el coso, de otro modo.°
1.º   Siempre seguí los consejos
             de los que dicen que cosa
          sin quien se puede pasar,
          o hacella bien o mirar.°   545
2.º   La plaza está milagrosa.
1.º   No la he visto así jamás.
2.º   Bien te admiras y la estrañas.
1.º   ¿Cómo es el juego de cañas?°
2.º   Capas y gorras° no más,   550
             porque lugar no tuvieron
          para libreas, por ser
          con tanta prisa el querer
          pasar Sus Altezas.
1.º   ¿Fueron
          ciertas las nuevas de Alhama?   555
2.º   Don Rodrigo Girón es
          el que la puso a sus pies,
          digna hazaña de su fama.°
1.º   Con justa causa le alaba
          la castellana nación.   560
2.º   Al fin Pacheco y Girón,
          maestre de Calatrava.
1.º   Él podrá poco, o pondrá
          a sus pies del mismo modo
          a Granada.
2.º   ⸱   El coso todo   565
          de gente cubierto está,

533. fuera *RC1, RC2.*

534. [Borradura] siendo *A.*

536. Precedido en *A* por un verso tachado
que parece igual a este.

553. [Borradura] con tanta *A.*

561. Al fin [Tachado: Téllez y Girón]
Pacheco y Girón *A.*

	y ocupando las ventanas	
	damas bizarras y bellas.	
1.º	Hoy sale el sol con estrellas.	
2.º	Bellas son las plasencianas.	570
1.º	¿No tomaremos lugar	
	en un tablado?	
2.º	Tomemos,	
	porque después no podremos	
	sitio tan a gusto hallar.	
1.º	¿Hacia qué acera os inclina	575
	la voluntad?	
2.º	A esta acera.	

(De adentro, vendiendo, diferentes voces.)   N

3.º	¡Limas dulces de la Vera!	
4.º	¡Turrón!	
5.º	¡Confitura fina!	
6.º	¡Lindas camuesas y peros!	
7.º	¡Cerezas!	
8.º	¡Piñón mondado!	580
9.º	¡Azúcar blanco rosado!º	
AGUADOR.	¡Agua y anís, caballeros!	

UN MAESTRO DE ESGRIMA y UN MUCHACHO, con espadas y cascos.   O

MAESTRO.	Planta, Perico, el arnésº	
	en este sitio.	
PERICO.	Hoy es día	
	de poleoº y valentía.	585

DOS BRAVOS, el UNO con espada, y el OTRO, que es ANDRÉS, vestido   P
como carretero, sin ella, y con montera y polainas, y un capote de
dos haldas, y debajo de él un coleto, y caída por detrás la capa.º

GERÓNIMO.	¿No hugaremos, Andrés?
ANDRÉS.	Gerónimo, en viendo entrar
	de Garganta la Olla hente
	tomaré la espada.
GERÓNIMO.	A veinte

---

586. jugaremos *RC1, RC2.*   588. En *A,* Vélez primero escribió «gen-
                                     te», luego encimó la letra *h.*

	de Cuacos en su lugar	590
	dieron mucha pesadumbre
	las fiestas pasadas.

ANDRÉS.   Hoy,
    esperándolos estoy.

GERÓNIMO.   Siempre tienen de costumbre
    bravear en su lugar,   595
    aunque los de esa aldegüela
    les mearon la pajuela.°

MAESTRO.   ¡Ea, galanes, entrar
    para hacer nombre de Dios!°

GERÓNIMO.   ¿Qué responde Andrés a eso?   600

ANDRÉS.   Pues lo dice el so Maeso,°
    huguemos ambos a dos.

GERÓNIMO.   Tenga, mancebo, esta capa
    y esta espada.

ANDRÉS.   Tengamé
    esta mía.

MAESTRO.   Jueguesé.°   605

(Toman las espadas, y dice:)   Q

ANDRÉS.   No he de perdonar al Papa,
    no siendo de mi lugar.°

MAESTRO.   Sea para bien la estrena.°
    Toquen casco.

(Tocan casco, y luego como acostumbran sus idas y venidas.)   R

ANDRÉS.   Dorabuena.

MAESTRO.   Limpio,° y solo señalar,   610
    que aquí a enseñar se camina
    y es lo demás borrachera.°

(Entretanto que desde adentro se pregona:)   S

3.°   ¡Limas dulces de le Vera!
4.°   ¡Turrón!

---

602. juguemos *RC1, RC2.*

613–18. Vélez no indicó los varios pregones con números, sino con dos rayas paralelas. Seguimos la lectura de *MPG,* basada en los vv. 577–81 de *A.*

5.º	¡Confitura fina!	
6.º	¡Lindas camuesas y peros!	615
7.º	¡Cerezas!	
8.º	¡Piñón mondado!	
9.º	¡Azúcar blanco rosado!	
AGUADOR.	¡Agua y anís, caballeros!	
MAESTRO.	¡Yo la vi! Vaya otro, y tiento	
	con la vista.	
GERÓNIMO.	Eso buscamos.	620

> *GIRALDO agora, y MINGO, con capa, puesto a lo gracioso,*   T
> *de bravo, y MADALENA y GILA, con rebozos en la cara,*
> *de volante, y sombreros de palma, y ferreruelos.º*

GILA.	¡A lindo tiempo llegamos!º	
MADALENA.	Camínase por el viento,º	
	Gila, cuando a fiestas es.	
GILA.	Estas, prima Madalena,	
	son de mayor gusto.	
MADALENA.	¿Llena	625
	la plaza de hombres no ves?	
GILA.	Como los Reyes honrar	
	esta ciudad han querido,	
	toda la Vera ha venido,	
	que no ha faltado lugar.	630
	Rabiando vengo por ver	
	a la Reina, porque de ella,	
	después de decir que es bella,	
	dicen que es brava mujer,	
	que, al lado de su marido,	635
	—que le guarde Dios mil años—,	
	la ven her hechos estraños;	
	mas tal madre la ha parido	
	y tal padre la engendró.	
MADALENA.	Su valor pintado han	640
	en el Príncipe don Juan.	
GILA.	Madalena, en viendo yo	
	mujeres de esta manera	
	me vuelvo de gusto loca.	

615-20. Atajados en *A.*   633. [Borradura] después *A.*

627-46. Atajados en *A.*   637 y passim. h[az]er *RC1, RC2.*

Maestro.	Esta vaya, y punto en boca.°	645

De adentro.   U

3.°	¡Limas dulces de la Vera!	
Giraldo.	Gila, tomemos lugar.	
Mingo.	Siempre que en el coso estoy,	
	de mí imagino que doy	
	un olor particular,	650
	que debe de ser de miedo,	
	y es para el que tengo al lado...	

De adentro.   V

9.°	¡Azúcar blanco rosado!	
Mingo.	¡Y membrillo de Toledo!	
Gila.	Juego de armas hay aquí.	655
	Lleguemos, padre, a mirar,	
	que no faltará lugar.	
Giraldo.	¡Tal inclinación no vi!	
Madalena.	Erró la naturaleza,	
	Gila, en no herte varón.	660
Gila.	¡Ay, prima, tienes razón!	

De adentro.   W

8.°	¡Piñon mondado!	
7.°	¡Cereza!	
Andrés.	Llegando van forasteros.	
	Sienta,° Gerónimo.	
Gerónimo.	Andrés,	
	sí haré para entrar dempués.°	665

De adentro.   X

---

645. Maestro. [Tachado: Esta] Esta A.

646. Falta «3.°» en A.

653. Falta «9.°» en A.

659. [Borradura] M.ᴬ Erró A.

660. En A, Vélez primero escribió y tachó, «Gila en o hazerte varón». Volvió a escribir el mismo, tachando luego las letras az de «hazerte».

662. Falta «8.°» en A.   mondado!
¡Cereza! MPG, RC1, RC2.

AGUADOR.   ¡Agua y anís, caballeros!

(Toma GERÓNIMO *su capa y su espada, y echa un cuarto*   Y
en el casco que se quita el MUCHACHO *de la cabeza.*
Toma el montante° el MAESO *y hace plaza agora.)*

MAESTRO.   ¡Plaza, hidalgos! ¡Fuera, fuera!
                      ¡Guardar° los pies!
GILA.   Mingo, toma
             la espada tú.
MINGO.   ¿Yo? ¡Mahoma,
             con este! ¡De la montera,   670
             Gila, la puede tomar!°
GILA.   ¡Vive Dios, que eres gallina!
MINGO.   Pues si eso te da mohína,°
             yo te quiero contentar,
               que quiero salir por ti   675
             esta vez descalabrado.
GILA.   Entra tú determinado,
             y ten hígados° y di
               que te descalabre.
MINGO.   Voy,
             aunque con miedo crüel.   680
GILA.   Escucha, déjate de él
             cargar la espada.°
MINGO.   Ya estoy
             en lo que dices.
GILA.   Y luego
             alza y tírale un mandoble°
             que, aunque la espada se doble,   685
             saque de los cascos huego,
               y déjalo luego estar,
               que aquí estoy yo.
MINGO.   Que no quiero
             contra aqueste carretero
             más, Gila, que verme entrar.   690
             Mira del modo que tomo

---

666. Falta «AGUADOR.» en *A*.   686. fuego   *RC1, RC2*.

667. En *A*, Vélez primero escribió y luego tachó, «MAES. Plaza, hidalgos. GIL. Mingo, toma».

la espada y cómo me quito
la capa.

ANDRÉS.   Ya estoy agito
de este payo.°

MINGO.   Y mira cómo
voy entrando.

GILA.   Siempre tieso   695
y a la vista. Eso me agrada.

MINGO.   Un cuervo llevo en la espada.°
Apártese, so Maeso.

MAESTRO.   ¡Toquen casco!

ANDRÉS.   ¡Dorabuena!

MAESTRO.   Limpio.°

MINGO.   Yo tendré cuidado.   700

MADALENA. Bravamente Mingo ha entrado.

GILA.   ¿Pues no ha de entrar, Madalena,
estando yo aquí?

GIRALDO.   Yo estoy
remozándome de ver
jugar las armas. Ayer   705
tal día como el que es hoy,
me parece que hue el día
que en este mismo lugar,
¡ah, mocedad!, a pesar
de la mayor valentía   710
que tuvo toda la Vera,
a un bravo di en qué entender.
Todo pasa por correr
tan breve la edad ligera.

    (*Agora vuelven a la segunda ida y venida.*   Z
    Dale en la cabeza, y suelta la espada.)

ANDRÉS.   Un pan le he de dar agora,   715
si puedo, como unas nueces.°

---

692. la [Borradura] espada *A*.

694. [Borradura] MIN. Y mira *A*.

696. [Tachado: y a los ojos] y a la vista *A*.

701. Bravamente [Borradura] Mingo *A*.

703–14. Ligeramente atajados en *A*.

707. fue *RC1, RC2*.

715. AND. [Borradura] Un *A*.

MINGO.   Esto no es para dos veces.
                 Entre otro, amigo.
GILA.   ¡En buen hora!

        (Arremeten GERÓNIMO y GILA a la espada, y cógela GILA.)   a

GERÓNIMO.   Tarde llegué y, ¡vive Dios,
                 que es mujer la que ha tomado   720
                 la espada!
GIRALDO.   Gila, ¿en qué has dado?
GILA.   Ya lo veréis, padre, vos.
                 Ten la capa, Madalena,
                 que a este bravo pienso her
                 que me sueñe.°
ANDRÉS.   ¿Una mujer   725
                 toma la espada?
MINGO.   No suena
                 una calabaza más.
                 Algo pago por vacío
                 en los cascos.°
ANDRÉS.   ¡Bravo brío!
MINGO.   Con carreteros, no más,   730
                 que es gran gente de Chinchón°
                 y, ¡vive Dios!, que el que tiento,
                 que es otra cabeza, y siento
                 en el alma el coscorrón,
                 que imagino que también   735
                 ha quedado no sé cómo.
                 ¡Oh, carretero de plomo,
                 mala pedrada te den,
                 derríbente las encías
                 con un almirez, un boj   740
                 te mate! ¡Para reloj
                 famosa mano tenías,
                 que asentara lindamente
                 cuando dieras el cahiz!°
ANDRÉS.   Señora Aldonza,° o Beatriz,   745
                 si es su amigo o su pariente
                 el payo del coscorrón
                 y le pretende vengar,

731. [Borrón] que es gran gente de chī-   739. la encías *A.*
chón *A.*   chichón *MPG, RC1, RC2.*

	busque uno de su lugar	
	y llevará otro chichón,	750
	que a mujeres tengo miedo,	
	sí, ¡por ell agua de Dios!,°	
	y más si son como vos.	
GILA.	Bien sé que dársele puedo,	
	mi señor, carro o carreta,°	755
	más que por mujer, por hombre.	
ANDRÉS.	¡Lindo dicho!	
GILA.	No os asombre.	
MINGO.	Plega° a Dios que no se meta	
	Gila, por querer ser brava,	
	donde no pueda salir.°	760
	Bien nos pudiéramos ir,	
	que ya yo me contentaba	
	con que haya sido chichón	
	el tajo del carretero,	
	aunque hue Tajo y hue Duero.°	765
GIRALDO.	No hay quien la meta en razón.	
MAESTRO.	Doncella, siente° la espada	
	y no nos entrampe° el huego.	
GILA.	Señor Maeso, yo huego,	
	y ya la tengo empuñada,	770
	y no de her otra cosa	
	que la que digo.	
MAESTRO.	Pues vaya.	
GILA.	Mujer soy solo en la saya.	
MAESTRO.	Y seréis mujer famosa.	
ANDRÉS.	Al fin, señora doncella,	775
	¿quiere hugar?	
GILA.	Es antojo.	
ANDRÉS.	¡Por San Rorro,° si me enojo,	
	que pueden doblar° por ella!	
GILA.	Jugar y callar parece	
	mucho mejor.°	

---

749. uno de [Borradura] su lugar *A.*

764. el [Borradura] tajo *A.*

765. anque *MPG, RC1.*   fue Tajo y fue
RC1, RC2.

767. MA. [Borradura] Doncella *A.*

768. juego *MPG, RC1, RC2.*

769. juego *MPG, RC1, RC2.*

777. San [Borradura] RoRo *A.*

MAESTRO.   ¡Nunca vi   780
                          tal mujer!
GILA.   Yo siempre hui
                          de este parecer.
MAESTRO.   ¡Merece
                          corónica este valor!
                          ¡Brava postura, famoso
                          partir cerrado y airoso!   785
                          ¡No pudo hacerlo mejor
                              el mismo que lo ha inventado,
                          por vida de maese Juan!°
                          Reconociéndose° van.
GILA.   Este es revés por un lado.   790

(Cárgale la espada ANDRÉS, y ella le da muy bien, y mete el montante.)°   b

MAESTRO.   Ya la vi. Basta.
ANDRÉS.   Y aun yo
                          la he sentido, y me ha aturdido,
                          ¡vive Dios!
GILA.   Esto no ha sido
                          nada, ¡por Dios!, que corrió
                              la espada sobre la suya.   795
                          ¡Vaya otra!
MAESTRO.   ¡Estraña mujer!

(Metiendo el montante.)   c

GILA.   So Maeso, esta ha de ser.
MAESTRO.   Aquí es bien que se concluya.
                          Siente, Andrés.
MINGO.   Pienso que siente
                          lo mismo que yo sentí.°   800
MAESTRO.   ¡En toda mi vida vi
                          una mujer tan valiente!
ANDRÉS.   ¡Que esto hue buscar mohínas

---

781. fui *RC1, RC2.*

785. partir [Borradura] cerrado *A.*

786. [Tachado: con destreza y sin temor]
No pudo *A.*

791. Yo *MPG, RC1, RC2.*

794. [Borradura] nada [Borradura] por
Dios *A.*

803. fue *RC1, RC2.*

	con todo el lugar sospecho!	
GERÓNIMO.	Digo que ha sido mal hecho.	805
GILA.	¡Mienten como unas gallinas!	

(Da sobre ellos GILA con la espada de esgrima, y GERÓNIMO   d
desenvaina la suya, y ANDRÉS con la que tiene en la mano.)

MAESTRO.	¡Asienta, mujer, la espada!	
GILA.	¡Ya es tarde!	
MAESTRO.	¡Derribaréte	
	con el montante!	
GILA.	¡Ea, vete!	

(Dale al MAESTRO.)   e

MAESTRO.	¿Al maestro cuchillada?°	810
GILA.	Por esto se dijo.°	
MAESTRO.	¡Espera!	
GILA.	¿Dónde, gallinas, me voy?	
	¡Ah, perros, hüid, que soy	
	la Serrana de la Vera!	
GIRALDO.	¡Hija, Gila!	
GILA.	¡Apartaos,° padre!	815
	¡No os pierda el respeto aquí!	
GIRALDO.	¡Pondré las manos en ti,	
	por el siglo de tu madre!	
	¡Quebraréte este bordón°	
	en la cabeza!	
MADALENA.	Giraldo,	820
	pues no hay remedio, dejaldo.	
MINGO.	¡Voyme con mi coscorrón!	
GILA.	¡Ah, gallinas!	
MADALENA.	El decoro,	
	enojada, ha de perderos.	

Salga el que vende agua, y en diciendo este verso   f
le quiebre el cántaro GILA, y digan de adentro:

| AGUADOR. | ¡Agua y anís, caballeros! | 825 |

De adentro.   g

¡Guarda el toro! ¡Guarda el toro!

MINGO.	¡Aun esto huera peor!	
	Voy a subirme a un tablado.	
GILA.	Como a toro me han dejado.°	
	Conocieron mi furor.	830

Pésame que con espadas
y el montante se me fueron,
pero en efeto huyeron
como gallinas mojadas.
    Tomaos eso que os lleváis,   835
pues para volver cuitados,
como dicen, trasquilados,°
con la Serrana os tomáis,
    con la que a brazo partido
mata al oso, al jabalí,   840
con la que un molino así
mil veces ha detenido,
    con la que arroja más alta
la barra° que el pensamiento,
con la que aventaja el viento   845
cuando corre o cuando salta,
    con quien güesos y costillas
luchando a un hombre deshace,
con la que en las manos hace
tres herraduras astillas,   850
    con quien, como mimbres tiernos
corta una encina, una oliva,
con la que un toro derriba
asiéndole por los cuernos,
    con la que, en medio, el furor   855
detiene un carro de bueyes.

Tocan atabalillos,° y salen arriba a una ventana DON   h
FERNANDO y DOÑA ISABEL, *y siéntanse en dos sillas.*

Ya parece que los Reyes
salen a este corredor.°
    ¡Más agradables presencias
en toda mi vida vi!   860

---

831. que con [Borradura] espadas *A.*   855. [d]el furor *RC2.*

847–56. Atajados en *A*, con apunte al margen: *Dícese a la vuelta.*

Helles° quiero desde aquí
dos corteses reverencias.
  Guárdeos Dios, Reyes Cristianos,
y dempués que ambos viváis
cuatro mil años, os vais   865
al cielo dadas las manos,
  porque casados tan buenos,
como hiedra y olmo,° es bien
que aquí y en el Cielo estén
jamás de gozarse ajenos.   870
  Que de vos, alta señora,
ha muchos días que estoy
enamorada, y os doy
los parabienes agora
  de los triunfos que gozáis   875
de las cosas que habéis hecho,
que bien el valor del pecho
en el semblante mostráis.
  Ruego a Dios que no paréis
hasta ganar a Granada,   880
porque dempués coronada
de sus granates° quedéis,
  que dirán bien en la frente
de tan divina amazona.°
Vos tenéis gentil persona,   885
y mal haya yo si miente
  en cuanto dice de vos
la fama, y que, si hombre fuera,
por vos sola me perdiera,
y aun así lo estoy, ¡por Dios!   890
  Perdone, hermosa Isabel,
vuestro Fernando dichoso,
que lo hue en ser vueso° esposo,
como vos en serlo de él.
  Con esto, a Dios, que de mal   895
vos libre, y quede con vos,°
y echadme entrambos a dos°

---

863. Tras el verso sigue un renglón borrado   871–90. Atajados en *A*.
en *A*.

                                                 893. [Borradura] que lo hue   *A*.   fue
864. después   *RC2*.   *RC1, RC2*.

	vuesa bendición real,	
	que de hinojos os adoro.	
FERNANDO.	¡Qué serrana tan graciosa!	900
ISABEL.	¡Y cuanto ser puede, hermosa!	

| | *(De adentro.)* | i |

| | ¡Guarda el toro! ¡Guarda el toro! | |
| FERNANDO. | Bizarro toro han sacado. | |

| | *(Pónese en pie* LA SERRANA.*)* | j |

GILA.	Hoy he de her por serviros	
	una suerte, sin pediros	905
	licencia, pues me ha encontrado	
	en el coso la ocasión,	
	y yo a Isabel enamoro.	

| | *De adentro.* | k |

¡Guarda el toro! ¡Guarda el toro!

Entren cayendo y levantándose ALGUNOS, *y* MINGO,   l
caídas las bragas,° y huyendo y diciendo:

MINGO.	¡Aun este es peor chichón!	910
	No temí en balde de estar,	
	pues esto pude temer,	
	en el coso sin saber	
	la trasera asegurar.°	
GILA.	¿Dónde vas como redina,°	915
	Mingo, todo desbragado?	

Entre MINGO *huyendo.*   m

| MINGO. | ¡Voy huyendo, que me ha echado | |

	el toro una melecina!°	
GILA.	¡Escupiendo espuma al cielo	
	viene el toro! Yo me arrojo,	920
	que° si los cuernos le cojo,	
	le he de her medir el suelo.°	

Éntrese arremetiendo hacia el vestuario.   n

ISABEL.	Loca aquella labradora,	
	Nuño, al parecer está.	
DON NUÑO.	Por los cuernos asió ya	925
	al toro feroz, y agora	
	le rinde como si fuera	
	una oveja.	
FERNANDO.	¡Qué osadía!	

Descúbrese agora entre los paños la cabeza del   o
toro solamente, y ella echándole patas arriba.

GILA.	Ya saben la huerza mía	
	los novillos de la Vera.	930
FERNANDO.	¡Qué valerosa mujer!	
ISABEL.	¡No he visto mayor valor!	
FERNANDO.	¡Hola, don Nuño!	
DON NUÑO.	¡Señor!	
FERNANDO.	Mercedes le quiero hacer	
	a esa mujer. Sabed de ella	935
	de adónde es.	
DON NUÑO.	¡Ah, labradora!,	
	¿de adónde sois?	
ISABEL.	Enamora	
	verla tan valiente y bella.	
GILA.	Con reverencia y perdón,	
	soy de Garganta la Olla,	940
	que de tan bizarra polla	
	fue otra igual el cascarón	
	que no hue menos gentil.	
DON NUÑO.	¿Qué nombre tenéis?	

---

920. toro [Tachado: la sangre] y me a rojo   929. fuerza   *RC1, RC2.*
A.

                                              943. fue   *RC1, RC2.*

921. [Borradura] que si   *A.*

ISABEL.	Llamalda.	
GILA.	Llámanme Gila Giraldo,	945
	hija de Giraldo Gil.°	
ISABEL.	La labradoraza es brava.	

(*Tocan cajas de adentro.*)   p

FERNANDO.	¿Estos qué atambores son?	
DON NUÑO.	De don Rodrigo Girón,	
	maestre de Calatrava.°	950
ISABEL.	El Maestre viene. Alguna	
	nueva nos trae,° pues marchando	
	entra en Plasencia, Fernando.	
DON NUÑO.	Ya el bravo Girón de Osuna	
	llega.	
FERNANDO.	¡Estraña novedad!	955
ISABEL.	Algo será de Granada.	
GILA.	En el valor de su espada	
	muestra el traje y majestad.	

Entre el MAESTRE DE CALATRAVA, DON RODRIGO, *en cuerpo, de negro, con*   q
plumas negras en el sombrero, y una ropilla° como vaquero cerrada por
delante, y en medio del pecho, una cruz, mayor que las ordinarias
de Calatrava, y bastóm, y haciendo sus reverencias diga:

DON RODRIGO.	Católicos monarcas de Castilla,	
	Isabel y Fernando, a quien el Cielo	960
	prospere, amén, y en la española orilla	
	os haga tributar el indio suelo,°	
	entrando por el río de Sevilla,	
	que fue al valor de vuestro santo agüelo	
	espejo, de sus climas más remotas	965
	todos los años dos bizarras flotas.	
	Yo llegué a Salamanca con la gente	
	castellana, estremeña y andaluza,	
	al orden que me distes obediente,	
	después de la postrera escaramuza,	970
	adonde cuerpo a cuerpo di al valiente	

---

949. *Girón:* las letras *rón* se perdieron con   959. [Tachado: CAPIT.] DO. RO. Cató-
el margen inferior de la hoja de *A.*   licos *A.*

955. [Borradura] llega *A.*   965. espejo [Borradura] de sus *A.*

Abayaldos zegrí y al gomel Muza,°
entre Ronda y Morón, muerte, a despecho
de un morisco escuadrón por mí deshecho.
    Hallé llorando a todos vuestra ausencia,   975
pero en vuestro retrato generoso
vuestro mismo valor, vuestra prudencia
y vuestro mismo pecho valeroso
que las precisas causas que a Plasencia
os trujeron me dijo, y del forzoso   980
socorro a Alhama el orden juntamente,°
que es luna al fin de vuestro sol ausente.
    No quise en la ciudad dormir, que luego
volví a marchar aquella misma tarde,
porque la guerra no admite sosiego   985
en el valor que nunca fue cobarde.
Del juvenil ardor, del marcial fuego,
el Príncipe, alentado, en el alarde°
quiso salir, honrando mi persona
y dejando inmortal vuestra corona,   990
    sobre un polaco° de villana raza,
de hermosa vista y de faiciones° toscas,
que a corvetas las nubes amenaza,
entre la cola y clin° hecho mil roscas,
la piel de la color de la linaza°   995
nevada a trechos de unas blancas moscas°
al parecer tan vivas, y a la espuela,
que le han dado las alas con que vuela.
    Apenas el bucéfalo° villano
escuchó el son de la marcial trompeta,   1000
cuando de un mar de espuma crespa cano,°
siendo el Príncipe un monte, se inquïeta,
alza el herrado pie, baja la mano,
y da un salto, una coz y una corveta,
midiendo de las casas lo más alto   1005
con la corveta, con la coz y el salto.
    Quiso probar a darle una carrera.
¡Pluguiera a Dios que nunca lo intentara!
Parte el furioso bruto, de manera
que imaginamos que jamás parara.   1010

992. faciones *RC1*.

1003. errado *MPG, RC1, RC2*.

1008. plugiera *A*.

1009. Parte del *MPG, RC1, RC2*.

El vulgo atento el fin violento espera,
que le temió primero que llegara,
que como con su voz Dios le autoriza,
también algunas veces profetiza.°
  Cuando en medio de aquesta ligereza,   1015
que al viento, al pensamiento, maravilla,
en su velocidad misma tropieza,°
y en el arena° pone una rodilla.
Entre las manos mete la cabeza
y a un corcovo le arroja de la silla,   1020
y aunque se asió a los crines, por la frente
cayó sobre los ojos de la gente.
  Levantóse en el vulgo un alarido
mirando la desdicha que temía,
dejarretando al bruto, que corrido   1025
del desmán desdichado se escondía.
Levantamos del suelo sin sentido
al Príncipe don Juan, que ya volvía
en sí animoso, desde allí a la cama,
y marchó luego a socorrer Alhama.   1030
  No se atrevieron a escribir, y quise
de camino avisaros° sin pararme,
porque el alarbe bárbaro no pise
el muro que una vez llegó a entregarme.
De su salud confío que os avise   1035
la Infanta doña Juana. Mandad darme
licencia, pues importa la presteza,
y guarde Dios mil años a Su Alteza.

Éntrese tocando las cajas.   r

ISABEL.   Para aquí es el valor, Fernando; agora
es menester el pecho generoso.   1040
FERNANDO.   Católica Dïana, y vencedora
de tanto cuello alarbe° belicoso,
ese heroico valor que España adora,
en tan triste ocasión será forzoso
que se le dé a mi pecho, que en los reyes   1045
del valor quiebra amor las graves leyes.

1015. mendio *A.*   1039. Para quí [sic] *RC2.*

1030 sacorrer *RC1, RC2.*

La fiesta cese aquí, y el Cielo, al ruego
de España, enseñe aquella piedad franca
que siempre nos mostró.

ISABEL.   Partamos luego,
sin parar en Plasencia, a Salamanca.   1050

FERNANDO.   Vamos. ¡Sin seso voy de llanto ciego!

ISABEL.   ¡De sentimiento el alma se me arranca!

GILA.   Con esto estorbó el Cielo que no huera
dichosa la Serrana de la Vera.

FIN DEL ACTO PRIMERO

Jesús María Josef

Luis Úrsola Francisco Juan Antonio

ACTO SEGUNDO

GILA junto al vestuario, asida de la mancera° de un arado, como   s
que está arando, y una aguijada en esotra mano, y dice:

GILA.   ¡Aquí, Naranjo, ah, Bragado,°   1055
malas adivas° te den!
¡Cejar° y dalle también,
o pues si dejo el arado,
    la aguijada os he de her
entre los cuernos pedazos!,   1060
que ya conocéis los brazos
que Gila puede tener.
    ¿Otra vez? ¡Vuelve aquí, loco!
¡Ojo las coces que da!
¿Qué mosca te picó° ya?   1065
¡Ah, Bragado, poco a poco,
    o que te dé rabia mala!
¡Respingar° y a ello! ¡Eso sí,
pues si apaño desde aquí
un guijarro, no habrá bala   1070

1053. fuera *RC1, RC2.*   1067. te dé [Borradura] rabia *A.*

que salga de la escopeta
tan recia como saldrá
desde mi brazo! ¡Merá!°
¿Qué dïabros te inquïeta?
  ¡Eso sí!, pues ha de ser   1075
arar y no respingar,°
que respingar y no arar
con otra lo podréis her
  que sufra menos que yo
condición y pareceres   1080
de alimañas y mujeres.°
Al fin, que aunque me formó
  el Cielo con ese ser,
ya no podré a mi pesar
dejarlo de confesar   1085
por no parecer mujer,
  que es lo que yo más deseo,
que el varonil corazón
me dio con esta pensión.
De Garganta la Olla, creo   1090
  que torna Mingo.

                (De adentro MINGO.*)*   t

MINGO.   ¡Jo, jo!
         ¡Jo, jo, burra de un bellaco!

                Sale MINGO.   u

GILA.   ¿Qué hay, Mingo?
MINGO.   En viéndote aplaco
         cualquiera cólera.
GILA.   Yo
         te agradezco la fineza.   1095
         ¿Qué hay de nuevo en el lugar?
MINGO.   Mucha noche° y desear
         el día de tu belleza,
           que dempués que estás arando
         en el lugar no amanece.   1100

1091. MIN. [Borradura] ¡Jo, jo! *A.*   1093. En *A,* Vélez escribió y tachó el
                                              verso, luego lo volvió a escribir.
1092. [Borradura] ¡Jo, jo, burra deṽ *A.*

GILA.   Que vienes de humor parece.

MINGO.   Vengo, Gila, deseando
               ver tus ojos y mirar
               las flores que dan tus pies,
               y besártelos dempués.   1105
               ¡Ah, si quisieses amar,
               si dieses como las otras
               zagalas en dar favores
               a sus firmes amadores!
               Pero luego te enquillotras°   1110
               en tratándote de amor,
               y no quieres conocer
               cómo naciste mujer.
               Todo es fiereza y rigor,
               todo es matar, y a la he,°   1115
               Gila, si en mirallo das,
               que matan tus ojos más
               pero es de amores.

GILA.   No sé,
               Mingo, lo que has visto en mí
               agora más que otras veces.   1120

MINGO.   Lo que agora me pareces
               siempre, Gila, conocí,
                 mas no he tenido ocasión
               de decirte lo que siento,
               sino es esta vez que intento   1125
               declararte mi pasión.
                 Y no sé lo que tienen
               un hombre y una mujer
               a solos que aun sin querer
               a mayores cosas vienen.   1130
                 Dígalo fray Juan Guarín,°
               y otros muchos, que ha tentado
               la soledad, y han gozado
               de altas empresas el fin,

1103. tus oj[Borradura]os *A.*

1110. luego [Borradura] te enquillotras *A.*

1115. fe *RC1, RC2.*

1129. [Tachado: a solas] a solas *A.*

1131–38. Atajados y seguidos de cuatro versos borrados en *A.*

1132. que ha[Tachado: n gozado] tentado *A.*

1134. empresas [Borradura] el fin *A.*

que en cuantas mujeres ves   1135
que casi imposibles son,
alcanza más la ocasión
que el amor ni el interés.°
    ¿Aquel cuento° no has oído
de aquel rey que por ahí   1140
dicen que estaba de sí
tan loco y desvanecido,
    que no pensaba que había
otro hombre crïado el Cielo
más perfeto sobre el suelo,   1145
y estando mirando un día
por los resquicios acaso
de una puerta, descubrió
a la Reina dentro, y vio
que tenía —¡Estraño caso!—,   1150
    en los brazos un enano,
escarmiento de señores,
haciéndole mil amores
solo porque le halló a mano,
    olvidando la hermosura,   1155
la grandeza y perfeción
del Rey, porque la ocasión
goza de la coyuntura?
    Esta ha sido la que a mí,
Gila, me da atrevimiento   1160
de decirte lo que siento.
Ama y volverás por ti,
    que viéndote tan hermosa,
tan moza, tan alentada,
tan bien vestida y calzada,   1165
tan discreta, tan airosa,
    los que de las quejas suyas
ven que no tienes cuidado
han dicho que los has dejado
por faltas secretas tuyas.°   1170
    Y bien se ve que han mentido,
porque no pueden caber

1139–74. Atajados en *A*.

1141. dicen [Borradura] que estaba *A*.

1148. de una [Borradura] puerta *A*.

1155. Tras este verso sigue un renglón borrado en *A*.

en tan hermosa mujer
otras faltas que su olvido.
   Ama, Gila, pues que ves   1175
que ama el oso, el jabalí,
el toro, el jumento...°

GILA.   ¿Así
querrás tú?

MINGO.   Gila, dempués
que te conozco, no soy
señor de mi libertad,   1180
y si va a decir verdad,
tan enquillotrado estoy,
   que he de her un disparate
si a la mano no me vas,
adonde nunca jamás,   1185
Gila, me encuentren.

GILA.   No trate,
   pues consiste en mi el remedio
tu amor de temeridades.
Si a amarme te persüades,
y no hay mar ni monte en medio   1190
   que lo estorbe, yo procuro
hacerte, Mingo, favores.
Dime requiebros° y amores.

MINGO.   ¡Gracias al Cielo que el muro
   de imposible tan estraño   1195
rindió al amor el desdén!
¡Yo me doy el parabién
y adoro tu desengaño,
   pues te alumbró a conocer
la necedad que hasta aquí   1200
has hecho! ¡Yo estoy sin mí,
Gila, de amor y plaçer!
   ¿Qué requiebros te diré
que igualen a tu hermosura?
¿Sol? Ya es viejo, y su fegura   1205
no llega, Gila, a tu pie,
   que es carirredondo y rojo,
y no tiene pies ni manos.°
¿Pues, luna? No es de cristianos,
y es mudable a cada antojo.°   1210
   ¿Estrella? Mirado bien,
es requiebro de Rey Mago.

Si ángel del Cielo te hago,
te vengo a ofender también,
   porque no hay ángel nenguno   1215
que menos de cinco mil
años tenga. Pues si abril
de los campos, todo es uno,
   porque ha que° el abril nació
otros cinco mil también,   1220
y que este nombre te den,
nunca bien me pareció,
   porque al más florido prado
suele un jumento atreverse,
y un caminante ponerse   1225
a dejarlo perfumado,
   sino es que a tan malhechores
les hacen contradición
las ortigas, porque son
mesegueros de las flores,°   1230
   pues si te trueco el cabello
en oro, la tez en plata,
las mejillas de escarlata
en nácar, el blanco cuello
   en el más terso marfil,   1235
la roja boca en coral,
y los dientes en cristal,
con el aliento de abril
   y otras cosas que aun los rudos
troncos lo publican ya,   1240
para tu beldad será
trocarte, Gila, en menudos,
   y siendo tu cuerpo entero
carne y güeso como todos,
herte con estos apodos   1245
aparador de pratero.
   Lo que te podré decir
es que le han dado tus ojos
al alma tales antojos,

1224. [Borradura] suele *A*.   1230. menseg *A*.

1227–46. Atajados en *A*.   1236. [Borradura] la roja *A*.

que la han de her malparir 1250
si antes beber no me dejas
por esa boca penada.°
Pero lo que más me agrada,
Gila, en ti son las orejas,
   que cada vez que te pinto 1255
acá en la imaginación,
no las hallo, porque son,
Gila, orejas de Corinto,°
   y si mordellas me dejas,
será favor soberano, 1260
porque tengo el gusto alano°
que se me va a las orejas.

GILA.   ¿Pequeñas te han parecido
mis orejas, y te he dado
plato de orejas, guisado 1265
de que tú solo has comido,
   y aún no quedas satisfecho?

MINGO. Espero favor mayor,
y es el huego y el amor
de esa condición.°

GILA.   Sospecho 1270
que tomarás una mano
agora si te la doy.

MINGO. Y de allí a los pies me voy,°
que no quiero ser villano.
   Dame a besar su cristal, 1275
su marfil, nieve, su cielo...°

GILA. Toma.

MINGO.   ¡Ah, pesar de mi agüelo!

GILA. ¿Tanto bien puede hacer mal?°

MINGO.   ¡Que me matas, Gila. ¡Suelta!

GILA. Mingo, ¿no ves que te quiero 1280
favorecer?

1250. le *MPG, RC1, RC2.* Siguen tres versos tachados en *A:* «Si no me dejas morder / de esa boca que me agrada / porque la tienes penada».

1263. Pequeñas [Tachado: dices que son] te han *A.*

1265. Tras el verso siguen tres renglones borrados en *A.*

1269. fuego *RC1, RC2.*

1271. tomaras *MPG.*

1279. matas, [Borradura] Gila *A.*

MINGO.   ¡Yo no espero
                    favor de ti...
GILA.   Estoy resuelta
                    de que sea esta amistad
                    apretada entre los dos.
MINGO.   ¡Afloja, Gila, por Dios,   1285
                    que yo diré la verdad!
GILA.   ¿A la primer vuelta cantas
                    en el tormento, gallina?
MINGO.   ¡Los güesos me has hecho harina!°
GILA.   ¿De aquesto poco te espantas?   1290
MINGO.   ¿Esto es poco? ¡Pesia mí,°
                    y me has dejado sin dedos!
GILA.   ¡Qué bueno para los miedos
                    que yo he tenido a ti,
                        viéndome sola contigo,   1295
                    mujer, y en un despoblado!
MINGO.   Hoy solo lo has confesado,
                    pero mi mano es testigo,
                        aunque no podrá firmallo,
                    que eres fiera y no mujer,   1300
                    que eres tenaza en morder°
                    y en el aspereza rallo,°
                        albarda en matarme,° espuela
                    en picarme el corazón,
                    sastre en mentirme afición,°   1305
                    lobo y zorra en la cautela,°
                        mujer en arrepentirte,°
                    escribano en apretar,°
                    cebolla en herme llorar,°
                    vestido viejo en reírte,°   1310
                        suegra en mostrarme rigor,
                    en la voluntad, cuñado,°
                    en la ingratitud, crïado,°
                    y en las promesas, señor;°
                        memoria en atormentarme,°   1315

1288. Tras el verso sigue un renglón y   1303. *espuela:* en *A,* Vélez primero escri-
medio borrado en *A.*   bió y luego tachó «ortiga».

1291. pesi a mí   *RC1, RC2.*   1307-34. Atajados en *A.*

1298-1306. Atajados en *A.*

tiempo en burlarme sotil,°
marzo en la cola,° alguacil
en prenderme y no soltarme,°
en mudanzas, baile y mar,°
más tiesa en tu parecer   1320
que de gorra suele ser
el alcalde de un lugar,°
en lo zaino, coz,° mostaza
en lo huerte,° en lo roín,
necio rogado,° rocín   1325
en querer ser tu almohaza,
en el sacudirte, galgo,
en maltratar pechos, tos,°
en dar pesadumbres, «vos»
de la boca de un hidalgo,°   1330
en tener vueltas, espada,
y en nunca tenerlas, vira,°
en desdecirte, mentira,°
casamiento en ser pesada.°
Quédate, que yo me voy   1335
donde jamás vuelva a verte,
aunque voy, Gila, de suerte
que han de darte nuevas hoy
de que me han visto ahorcar.

GILA.   Vuelve, Mingo, que no quiero   1340
verte morir, pues no espero
ninguna cosa heredar.
Antes pretendo, si gustas,
hacerte favores más
si tú apercebido estás,   1345
que para cosas tan justas
tengo el pecho más humano.

MINGO.   Ya no quiero más favor,
que me has quitado el amor,

1317. en [Tachado: vueltas] la cola   *A.*

1320. en [Tachado: su] tu parecer   *A.*

1323. coz [Tachado: la espada] mostaza   *A.*

1324. fuerte   *RC1, RC2.*

1327. [Borradura] en el   *A.*

1336. Tras el verso siguen dos renglones borrados en *A.*

1349. que [Tachado: se] me [Interlineado: has] quit[*ó* encimada por las letras *ado*] el amor   *A.*

Gila, como con la mano.   1350

Entre MADALENA *alborotada.*   v

MADALENA.	Gila, ¿qué esperas aquí?
GILA.	¿Qué hay de nuevo, Madalena?
MADALENA.	¡El concejo alborotado,
	toda la villa revuelta!
GILA.	¿De qué modo?
MADALENA.	El capitán 1355

que, Gila, con la escopeta
del lugar echaste un día
ha dado al lugar la vuelta
con más de docientos hombres
de compañía, que piensa   1360
satisfacer el agravio
con abrasarnos la tierra.
Por escusar el concejo
alborotos y revueltas
con los soldados, al campo   1365
les sacaron tres terneras,
veinte carneros, dos vacas,
de pan como el sol —que apenas
entre la nieve y el pan
no hay nenguna diferencia—,   1370
seis fanegas, un corral
de gallinas, ocho espuertas
de longanizas, chorizos
y perniles de la sierra,
muchos cabritos y gansos,   1375
mucha fruta de la Vera°
y seis pellejos, sin esto,
de vino que casi tiembla
de edad,° tinto y blanco, y tal
que hace hablar en varias lenguas   1380
a los que aprenden sus brindis,
a los que beben su cencia,°
y sin esto cien escudos
al capitán porque hiciera
la gente pasar a Cuacos,   1385

1363-94. Atajados en *A*.   1374. Tras el verso sigue un renglón borrado
                                          en *A*.

a Valdeflor o a La Venta,
a cuyo presente, Gila,
no dieron otra respuesta
que colgar cuanto te he dicho,
sin temor y sin vergüenza   1390
de Dios ni del Rey, del rollo,
como si estas cosas hueran
ladrones o pesos falsos,°
y entrársenos por las puertas.
Entró el Capitán delante,   1395
todo plumas,° la jineta
en la mano, y un mochacho
que le lleva una rodela,°
todos tras él disparando
de cinco en cinco en hilera,   1400
y al son de los atambores,
plumas dando,° haciendo piernas,
uno con una alabarda,°
dando carreras y vueltas
como procesión los rige,   1405
y el que lleva la bandera
la va tremolando al aire,
que es de más colores hecha
que el pendón° de un sastre, toda
llena de cifras y letras,   1410
que, según el sacristán,
que es astrólogo y poeta,
leyó desde el campanario,
ha dicho que dice en ellas:
«Gila y Lucas».

GILA.   Mal la cifra   1415
con el intento concierta
si son muestras de amor
y esotras de nuestra ofensa.

MADALENA.   Después que pasaron todos,
otra compañía llega   1420
de mujeres que llevaban,
que también van a la guerra,

1392. fueran *RC1, RC2.*   1404. [Borradura] dando *A.*

1399. todos tras él [Tachado: todos] dis-   1419. todo *RC2.*
parando *A.*   dos tras *RC2.*

todas puestas de camino°
y en jumentos caballeras,
más afeitadas de cara   1425
que una casa de una aldea.°
A la de tu padre, Gila,
llegaron de esta manera,
no sé con qué intento, prima.
Solo sé que mandó apriesa   1430
cerrar las puertas; y yo,
por una falsa° pequeña
que al campo sale, he venido
corriendo a darte estas nuevas.

GILA.   ¡Oh, pesar de mi descuido   1435
que dejase mi escopeta
en casa esta vez! Mas vaya,
que no importa mientras lleva
Gila a sí mesma consigo,
y esta honda y cuatro piedras,   1440
que suele, si al aire escupe,
hacer temblar esta sierra.
Mete, Mingo, en el corral
esos bueyes, y esa reja°
guarda en el cortijo,° y vamos,   1445
que allá te aguardo.

MINGO.   Eso huera
a no tener miedo yo.

GILA.   ¡Vive el Cielo, Madalena,
que han de saber hoy quién es
la Serrana de la Vera!   *Vanse.*   1450/w

Entre GIRALDO solo, tocando adentro la caja.°   x

GIRALDO.   Abre de par en par, Pascual, las puertas,
y el señor Capitán entre en buen hora.
Veamos qué pretende de mi casa,
que° reyes, a Dios gracias, y justicia
tenemos para agravios semejantes.   1455

1426. un aldea *RC2.*   1429. intento [Tachado: Gila] prima *A.*

1427. a la [Borradura] de [Borradura] tu   1443. [Borradura] Mete *A.*
A.
                                      1446. fuera *RC1, RC2.*

Entre el CAPITÁN.   y

CAPITÁN.   Hagan alto a la puerta de esta casa,
                 hasta que avise yo, señor Sargento.

                 De adentro.   z

                 ¡Alto de mano en mano!° ¡Alto, alto!
GIRALDO.   Aquí está el dueño de esta casa humilde.
                 El señor Capitán haga en mí y ella   1460
                 cuanto gusto le diere, pero mire
                 que hay Dios y que hay justicia.
CAPITÁN.   Alzad°, Giraldo,
                 que no vengo a ofenderos sino a daros
                 ocasión de que honréis la sangre vuestra.
GIRALDO.   De la nobleza que tenéis dais muestra.   1465
                 Pero, ¿cómo, señor, queréis que piense
                 que me venís a honrar de esta manera,
                 sacándome las puertas de los quicios°
                 para entrar en mi casa?
CAPITÁN.   Con intento
                 de lo que digo ha sido. Estadme atento;   1470
                 ya estaréis de mi sangre satisfecho
                 primeramente.
GIRALDO.   Vuestra noble sangre
                 es la más noble de Plasencia, y creo
                 que a vuestro padre conocí, y aun fuera
                 de vuestro padre, a vuestro agüelo y todo,° 1475
                 que fueron valerosos caballeros.
CAPITÁN.   Pues yo pretendo honraros con haceros,
                 Giraldo, padre mío.
GIRALDO.   ¿De qué modo?
CAPITÁN.   Si sois mi padre vos, cosa es bien clara
                 que a Gila quiero por mi esposa.
GIRALDO.   Agora   1480

---

y. Falta «*el* CAPITÁN» en *A, MPG, RC1,*   1458. Alto, alto [Borradura] *A.*
RC2.
                                                  1464. muestra *A.*
1456. En *A,* las letras *sta* de «esta» están
interlineadas.   1478. [Tachado: padre mío] Giraldo *A.*

z. *Entre. De adentro. MPG, RC1, RC2.*

	digo, señor don Lucas, perdonadme,
	que no venís a honrarme, sino solo
	a burlaros de mí.
CAPITÁN.	Giraldo, amigo,
	veras son, y muy veras las que os digo.

GIRALDO.   Gila no es para vos, señor don Lucas,   1485
que es una labradora, hija de un hombre
llano y humilde, aunque de limpia sangre,
rica para el lugar donde ha nacido,
pero no para vos, que sois tan noble.
Buscad una señora que os iguale,   1490
que Gila para vos muy poco vale.

CAPITÁN.   Antes de su valor, Giraldo, nace
el pretendella yo, que su hermosura
y su valor me tienen inclinado
de tal manera, que ninguna cosa   1495
será causa a poder de esto apartarme,
y esta ha sido también la que me obliga
a venir como veis a vuestra casa
y a Garganta la Olla, porque tengo
patente general para alojarme   1500
por todos los lugares de la Vera.
Solo este bien de vos mi dicha espera.
Gila ha de ser mi esposa, y vos mi padre,
que, ¿qué madre mejor puedo a mis hijos
darles que una mujer que es tan famosa?   1505
No repliquéis palabra, sino dadme
las manos a besar, y háganse luego
las escrituras, que la hacienda vuestra,
con la poca que tengo de mis padres,°
ayudarán para pasar, Giraldo,   1510
en Plasencia muy bien cuando yo quiera
dejar la guerra y retirarme a vida
más sosegada y menos divertida.

GIRALDO.   Ya fuera necedad y grosería
no admitir la merced, señor don Lucas,   1515
que hacéis a Gila y a mi sangre. Digo
que cuanto yo tuviere es vuestro todo,
y no será tan poco que no sea
para pasar muy bien en cualquier parte,

1511. En *A*, Vélez tachó el verso. Luego   1512. guerra [Borradura] y retirarme *A*.
lo volvió a escribir en otro renglón.

	aunque colguéis la azada y los arados.	1520
	Y hágaos el Cielo, amén, buenos casados.°	
CAPITÁN.	Dadme la mano como padre, y luego	
	a Plasencia enviaré para que traigan	
	las amonestaciones,° que con una	
	desposarnos podremos. Y esto sea	1525
	con el mayor silencio que pudiéramos	
	porque mis deudos° no lo contradigan.	
GIRALDO.	Disponéis como cuerdo vuestras cosas.	
	Dadme los brazos,° que mi hacienda es vuestra,	
	mi honor, mi Gila, y vuestra compañía	1530
	alójese en mi casa toda junta,	
	y vos, haced y deshaced en ella,	
	que estoy loco de gusto, porque días	
	tan alegres los padres enloquecen.	
CAPITÁN.	Mis nobles pensamientos lo merecen.	1535
GIRALDO.	Para que vayan a llamar a Gila	
	me dad licencia, porque está en la arada,	
	si va a decir verdad.	
CAPITÁN.	Del mismo modo	
	que salió de ella para rey de España	
	Vamba,° puedo estimar que salga Gila,	1540
	Giraldo, para reina de mi alma.	
GIRALDO.	Razones son de vuestro heroico pecho.	
	Volvé a abrazarme.	
CAPITÁN.	Muy en hora buena.	

Entre GILA *con la honda en la mano, y en ella*   AA
puesta una piedra, y MADALENA *con ella.*

GILA.	¿Es esto lo que dices, Madalena?	
MADALENA.	Todo el rigor se convirtió en abrazos.	1545
GILA.	Yo he echado a perder hoy la mayor cólera	
	que he tenido en mi vida.	
GIRALDO.	¡Gila!	
GILA.	¡Padre!	
GIRALDO.	Muy bienvenida seas.	
GILA.	Yo venía	
	más belicosa que era necesario	
	para lo que he hallado, pues los brazos	1550

1522. [Borradura] CAPITÁN. *A.*   1537. licencia [Interlineado: por] que
está [Borradura] en la *A.*

	señal de amistad son. Adiós, que quiero
	a la arada tornar como primero.
GIRALDO.	Vuelve acá, Gila. Mira que te aguardan,
	con la dicha mayor que mujer tuvo
	el Cielo y la Fortuna.
GILA.	¿Hanme elegido 1555
	por general, por rey, obispo o papa?
	¿He heredado las casas, las haciendas,
	de los señores de Castilla? ¿Vienen
	por mí para Gran Turca bautizada?
	¿Llámanme para herme prencipesa 1560
	de Castilla y León, o Preste Juana
	de las Indias,° del Cairo gran señora,
	o de Alimaña y Roma emperadora?
GIRALDO.	Muy altos son tus pensamientos, Gila.
GILA.	Pedilde, padre, cuenta a las estrellas 1565
	de esa altivez, pues ellas son la causa.
GIRALDO.	Medir con la humildad del nacimiento,
	Gila, la voluntad y el pensamiento.
GILA.	¿Qué dicha, padre, al fin es la que aguardo
	del Cielo y la Fortuna?
GIRALDO.	Tu remedio. 1570
GILA.	¿Pues qué? ¿Quieres casarme?
GIRALDO.	Sí, y advierte
	si es dicha la que aguardas, pues te caso
	con el señor don Lucas, caballero
	de los Carvajales de Plasencia,
	y juntamente capitán, que a solo 1575
	este efeto, no más, Gila, ha venido
	a Garganta la Olla.
GILA.	Hasta agora
	me imaginaba, padre, por las cosas
	que yo me he visto her hombre, y muy hombre,
	y agora echo de ver, pues que me tratas 1580
	casamiento con este caballero,
	que soy mujer, que para tanto daño
	ha sido mi desdicha el desengaño.

1565. Tras el verso sigue un renglón borrado en *A*.

1576. [Tachado: este efe] este efeto   *A*.

1579. visto [Tachado: hacer] her   *A*.

1581. [Tachado: este] casamiento   *A*.

No me quiero casar, padre, que creo
que mientras no me caso que soy hombre.   1585
No quiero ver que nadie me sujete.
No quiero que ninguno se imagine
dueño de mí; la libertad pretendo.
El señor Capitán busque en Plasencia
mujer de su nobleza que le iguale,   1590
que yo soy una triste labradora,
muy diferente de él, para los campos
buena, que me conocen, y no quiero
meterme agora a caballera y herme
mujer de piedra en lo espetado y tieso,   1595
encaramada en dos chapines,° padre,
y con un verdugado hecha campana,
lominaria con una lechuguilla,
aprendiendo de nuevo reverencias,
que será para mí darme ponzoña,   1600
y Gila no es buen nombre para doña.°

CAPITÁN.   No es bien que despreciéis, hermoso dueño,
de mis deseos y del alma mía,
—Perdóneme Giraldo, vuestro padre,
que desde aquí le tengo ya por mío—,   1605
amor que se reduce a pensamientos
tan bien nacidos, tan en honra vuestra,
que, por vida de vuestros dos luceros,
ojos del cielo de esa hermosa cara,
que habéis de ser al lado de don Lucas,   1610
si merezco esa mano, otra Semíramis,
otra Evadnes y Palas española.°

GILA.   Esa razón me puede obligar sola,
por imitar a vuestro lado luego
a la gran Isabel, que al de Fernando   1615
emprende heroicos hechos, que si vivo,
y ocasiones me ofrece la Fortuna,
ha de quedar contra la edad ligera
fama de la Serrana de la Vera.

1584. que [Tachado: quiero] creo   A.

1587. ninguno [Borradura] se imagine   A.

1596. en[Borradura]caramada [Borra-
dura] en dos   A.

1598. Tras el verso sigue un renglón borrado
en A.

1612. Evadues   RC2.

1617. y o[Borradura]casiones   A.

CAPITÁN.	Pedidme albricias° porque os dé deseos	1620
	nuevos, almas y vidas con que amaros.	
GILA.	Aunque no supe amor, pienso pagaros.	
MADALENA.	Goza el estado° muchos años, Gila.	
GILA.	Será para servirte, Madalena.	

DON GARCÍA, de camino.°   BB

DON GARCÍA.	Nunca en la Vera imaginé alcanzaros.	1625
CAPITÁN.	Seáis muy bienvenido, don García,	
	que habéis estado, a fe, bien deseado.	
	¿Cómo habéis, en efeto, despachado?	
DON GARCÍA.	Luego en llegando me aprobó el Consejo,	
	aunque llegué a ocasión a Salamanca	1630
	para España bien trágica.	
CAPITÁN.	¿En que estado	
	queda el Príncipe?	
DON GARCÍA.	Oídme con cuidado.	
	Después que de la carrera	
	de aquel caballo que a España	
	fue el de Troya, pues ha sido	1635
	de tan gran desdicha causa,	
	quedó el Príncipe don Juan	
	tan enfermo en Salamanca	
	de su mal lograda vida	
	con tan pocas esperanzas,	1640
	Fernando y doña Isabel,	
	la jornada de Granada°	
	dejando, dieron la vuelta	
	a llorar tan gran desgracia.	
	Siete dotores lo curan,	1645
	y entre ellos de la Parra,°	
	nuevo Galeno° español	
	que a Esculapio° se adelanta.	
	Todos hasta el catorceno	
	la vida al Príncipe alargan,	1650

1632. En *A*, el verso primero terminaba con las palabras «Muerto y enterrado», que Vélez luego tachó para escribir en su lugar, con tinta diferente, «Oídme con cuidado».

1641. En *A*, Vélez interlineó este verso en lugar de otro borrado.

1647. En *A*, Vélez primero escribió y tachó «nuevo Esculapio», sustituyendo al margen izquierdo «nuevo Galeno».

y el de la Parra una noche
le dice tales palabras:
«Muy malo está Vuestra Alteza,
don Juan, príncipe de España.
Al cuerpo faltan remedios,   1655
acúdanse a los del alma.
La muerte a nadie perdona,
que de los reyes las guardas
atropella y no respeta,
como mayor rey la manda.°   1660
Tres horas tenéis de vida,
y la una ya se pasa,
que de la vida es el pulso
el reloj que las señala.
Quien os engaña no os quiere,   1665
y a quien hoy os desengaña
debéis más, que las lisonjas
aquí no sirven de nada.°
Sin herederos° vos deja
el Cielo; secretas causas   1670
debe de haber que lo ordenan
que en la tierra no se alcanzan.
El reino, por vuestra muerte,
queda a la señora Infanta.
Ampare Dios a Castilla,   1675
y a vos os perdone el alma.»
Valor mostrando, responde
el Príncipe al de la Parra:
«Con ser la verdad primera
que me han dicho, no me espanta.   1680
Natural cosa es la muerte;
solo me aflige la falta
que puedo hacer a Castilla,
aunque dejo tres hermanas.
Pero Dios, que determina   1685
que muera, sabrá amparalla
con herederos que importen
más a su iglesia romana.»
Y recibiendo de nuevo
los sacramentos, dio el alma   1690

1671. Tras el verso siguen dos renglones   1679. con ser [Tachado: Esta es] es la *A*.
borrados en *A*.

al Cielo, luto a Castilla
y general llanto a España.
En la catedral se hizo
un túmulo, cuya rara
fábrica admiró en su pompa   1695
la arquitectura romana.
El edificio soberbio
las cuatro especies° mostraba
de las colunas antiguas
que inventó Efesio y Acaya,°   1700
las dóricas y corintias,
las jónicas y tuscanias,
que el español mauseolo°
hasta los cielos levantan
sobre los embasamentos   1705
de pedestales y basas,
cuadros, equinos, boceles,
lengüetas escitas, zanjas,
nacelas, filetes, plintos,
murecillos, contrabasas,   1710
troquilos, planos, talones,
armilas, gradillas, bandas,
cuyo hermoso frontispicio
con el capitel rematan
arquitrabes y cornijas,   1715
frisas y molduras varias,
coronas, gulas, casetos,
gotas, balaústres, armas,
ejes, triglifos, metopas,
témpanos, linteles, jambas.°   1720
Tocaba el capelardente°
en la cúpula musaica
de la capilla mayor,
adonde un águila estaba
al sol probando sus hijos,°   1725
y uno de ellos con las alas

1694. cuya [Tachado: estraña] rara A.   1722. [Borradura] en la A.

1708. Tras el verso sigue un renglón borrado   1726. En A, Vélez primero escribió y lue-
en A.   go tachó «tocando al sol con las alas».

1717. casetos [Tachado: coronas] A.

batiendo sus rayos de oro
con unas letras doradas
que dicen: «Este es mi nido.
Adiós, grandezas humanas,   1730
que parecéis muy pequeñas
desde tan alto miradas.»°
Doce° pendones pendían
luego en las castellanas
y aragonesas insinias,   1735
y en el capitel, España,
armada como la pintan,
pisando yelmos y espadas,
cuyas lágrimas son letras
que de esta suerte lloraban: 1740
«Yo he perdido solamente,
que el Príncipe don Juan gana
más dichosas monarquías,
conquistas más soberanas.»
Al lado derecho suyo   1745
estaba también la Fama,
y al siniestro la Fortuna,
que rendida se mostraba,
y más abajo, la Muerte,
arrepentida y turbada,   1750
reclinando el flaco cuerpo
sobre su corva guadaña.
En medio de este edificio
que ardiendo en luces estaba,
el del Príncipe pusieron,   1755
armado con blancas armas,°
la corona en la cabeza,
puesta la mano en la espada,
dando ocasión a los ojos
que con lágrimas cegaran.   1760
Mostrando el valor que tienen,
los católicos monarcas
a las obsequias° asisten,
y luego, en siendo acabadas,

1729. es mi [Tachado: reino] nido *A.*   1744. [Tachado: que] conquistas *A.*

1736. capitel [Tachado: la Fama] España   1753. medio [Tachado: de este edificio]
A.   de este edificio *A.*

	los monteros de Espinosa°	1765
	el cuerpo en hombros levantan	
	y a la bóveda le llevan,	
	donde un secretario aguarda,	
	que toma por testimonio	
	que queda en aquella caja	1770
	de plomo el cuerpo. Y con esto	
	todos los actos se acaban,	
	previniendo el juramento	
	de la Infanta doña Juana°	
	—Que mil años guarde el Cielo,	1775
	como ha menester España—.	
CAPITÁN.	Notable desgracia ha sido.	
GIRALDO.	Toda esta vida es desgracias.°	
GILA.	Las lágrimas, Madalena,	
	de lástima se me saltan.	1780
MADALENA.	No te he visto jamás tierna,	
	sino es hoy.	
GILA.	La misma causa	
	trae consigo el llanto, prima.	
CAPITÁN.	Hay novedades estrañas.	
DON GARCÍA.	¿Dónde ha de estar la bandera?	1785
CAPITÁN.	Aquí, que el cuerpo de guardia	
	quiere Giraldo que sea	
	dentro de su misma casa.	
	Vamos a alojar la gente.	
	Adiós, Giraldo.	
GIRALDO.	Dios vaya	1790
	con vos.	
GILA.	Adiós, dueño mío.	
CAPITÁN.	Él mismo os guarde.	
DON GARCÍA.	No es mala,	
	don Lucas, la motilona.°	
CAPITÁN.	¡A Gila le dejo el alma!	

Vanse DON LUCAS *y* DON GARCÍA.   CC

GIRALDO.	Aliña la casa, Gila,	1795
	y haz que se pongan dos camas	
	para el Capitán y Alférez.	

1782. si no [Borradura] es *A*.   1783. llanto [Tachado: Gila] prima *A*.

Las sábanas nuevas saca
de tu ajüar, y las colchas,
y enfunda cuatro almohadas,   1800
que no güela más que a limpio
todo, y quita de la sala
los ciegayernos,° que agora
solo los ciega tu cara
y tu varonil valor,   1805
que es la dote que te casa.
Y a los capones° más gordos
tuerce los cuellos, y mata
un lechón, y arroja dentro
de la olla dos torcazas°   1810
palomas y algún sisón,°
que de lo que toca a vaca
y carnero buena queda.
Y mientras voy a la plaza,
pon la mesa, y queda a Dios.   1815

                    Vase GIRALDO.   DD

MADALENA.	Prima Gila, ordena y manda,
	que yo te ayudaré a todo.
GILA.	Vamos primero que nada
	a ver del modo que ponen,
	prima, la bandera y armas. 1820
MADALENA.	Soldados salen aquí
	a jugar, si no me engaña,°
	Gila, la maginación,
	los dados sobre una caja,
	que así suelen herlo siempre. 1825
GILA.	De buena gana jugara,
	prima, los dados con ellos.
MADALENA.	¿Sabes?
GILA.	Cuando estuvo en casa
	del barbero la bandera
	el año pasado, daba 1830

1806. [Tachado: mientras que llego a la plaza] que es   *A*.

1820. Enmendamos «prima» en lugar de la lectura de *A, MPG, RC1, RC2,* «Gila», que parece desliz por parte de Vélez.

1825. que a[Tachado: quí]sí suelen   *A*.

	en mirar y aprendí el juego.	
MADALENA.	Todo cuanto hay se te alcanza.	
GILA.	Por inclinación soy hombre.	

EE

     Salgan ANDRÉS *y* GERÓMINO *y* OTRO SOLDADO,
     con una caja y dados para jugar.

ANDRÉS.	El socorro° huego.	
GERÓNIMO.	¡Vaya!	
ANDRÉS.	¡Que me ha picado, por Dios,	1835
	el señor Cabo de Escuadra! .	
CABO.	Pues adviértole que luego	
	muda la posta de guarda.	
ANDRÉS.	Dorabuena.	
GERÓNIMO.	Más al once.	
ANDRÉS.	Esto paro a la trocada.°	1840
GERÓNIMO.	Tire, que un once ganó.	
ANDRÉS.	¡Oh, cuatro veces mal haya	
	quien es desdichado y juega!°	

FF

     (Lléganse a ver jugar GILA *y* MADALENA. *Saca*
     el dinero y pónelo en la mesa y toma los dados.)

CABO.	¿Quiere jugar, camarada?	
GILA.	De buena gana por cierto	1845
	yo juego.	
CABO.	¿Hay dinero?	
GILA.	En plata.	
CABO.	¡Moza varonil, por Dios!	
ANDRÉS.	Gerónimo, la Serrana	
	es esta que allí en Plasencia...	
	Ya te acuerdas.	
GERÓNIMO.	¿Pues no basta	1850
	para memoria los toques	
	que contra negras y blancas	
	espadas° nos dio a los dos	
	con sola una negra espada?	

1831. en [Tachado: verlos] mirar *A.*

1834. juego *RC1, RC2.*

1839. En *A*, Vélez primero escribió
«quince». Luego tachó las letras *qui*, encimando la letra *o.*

1843. juega *RC1, RC2.*

	Su casa pienso que es esta.	1855
ANDRÉS.	Desimula agora y calla,	
	que antes de marchar un chirlo°	
	le ha de quedar por la cara.	
GILA.	¿No juegan?	
ANDRÉS.	Pues ¿por qué no?	
GILA.	A todos digo.	
GERÓMINO.	Quien paga	1860
	tan francamente no es mucho	
	que lo diga.	
CABO.	A todos gana.	
ANDRÉS.	Sino es a mí, que no quiero.	
GILA.	De barato se lo daba	
	si no hubiera puesto encima	1865
	la mano.	
ANDRÉS.	Las suyas blancas	
	beso por esa merced,	
	pero aténgome a mis garras.	
GILA.	Pues conmigo se las corta,	
	so° soldado. ¿No bastaba	1870
	para conocer mi humor	
	lo que no ha muchas semanas	
	que a los dos pasó conmigo?	
ANDRÉS.	Mírelo bien, sora° honrada.	
GILA.	¿No es él a quien yo molí	1875
	a espaldarazos que habla?	
	¿Tiene más que haber dejado	
	por los frascos,° las reatas,	
	por el arcabuz, las mulas,	
	y las ruedas por las cajas?	1880
ANDRÉS.	Quien lo imaginare digo,	
	que si no miente, se engaña.	
GILA.	Para tales ocasiones	
	guardo yo estas bofetadas.	

	(Dale una bofetada.)	GG
ANDRÉS.	¡Las muelas me ha echado fuera!	1885
	(Quítase la honda GILA.)	HH

1855. [Borradura] su casa *A*.   1867. beso [Borradura] por *A*.

GILA.	¡Piedras, Madalena, y salgan
	los gallinas, porque acaben
	de conocer la Serrana!
CABO.	¡Vuacé° se tenga, y ninguno
	se mueva a sacar la espada, 1890
	porque es mujer, en efeto,
	y es este cuerpo de guardia!
ANDRÉS.	Basta que voacé lo diga.°
CABO.	Nunca una mujer agravia.
GERÓNIMO.	Así lo entiendo.
CABO.	Pues, sean 1895
	amigos.
GILA.	¿No dicen nada?
CABO.	Sus amigos quieren ser.
	Déme aquesa mano y basta,
	reina.
GILA.	Yo no soy amiga
	de gallinas.

Vanse GILA y MADALENA, volviendo GILA la cara.   II

CABO.	¡Mujer brava! 1900
	Esta debe ser, sin duda,
	la que tiene tanta fama.
ANDRÉS.	¡Preguntádselo a mis muelas!
	¡No más° burlas con serranas! Vanse. JJ

La REINA DOÑA ISABEL, y el MAESTRE DE   KK
CALATRAVA, con ferreruelo de bayeta.

ISABEL.	Seáis, Maestre, bienvenido.
DON RODRIGO.	Déme 1905
	Vuestra Alteza su mano, que ya he dado
	el pésame del Príncipe a Su Alteza,
	que justamente...
ISABEL.	¿Cómo queda Alhama?
DON RODRIGO.	Ya lo sabréis de boca de la Fama,
	que esa fue la ocasión de haber venido 1910
	a mostrar la tristeza, que las deudas

1892. [Borradura] y esa A.   1898–99. mano, [Tachado: qué estraña]
                                        y basta / reina [Tachado: mujer] GILA. A.

de mis obligaciones justamente
publican y en el suelo castellano...

ISABEL. ¿Cómo dejáis al Conde, vuestro hermano?°

DON RODRIGO. Bueno, señora, y de la misma suerte   1915
que yo, lleno del justo sentimiento
de Archidona y Morón,° donde ha mostrado
que a tal falta se debe en las fronteras,
que al Príncipe...

ISABEL.   Es el Conde un gran soldado.

DON RODRIGO. Los mal logrados años de Su Alteza   1920
son de igual sentimiento con la falta
que tienen estos reinos de heredero,
y más, tan valeroso y tan amable...

ISABEL. Maestre, guárdeos Dios.

Éntrese la REINA, y quede solo el MAESTRE.   LL

DON RODRIGO.   ¡Valor notable!
No pudo resistir el llanto y quiso   1925
entrarse porque nadie decir pueda
que la ha visto llorar. ¡Oh, castellana
Evadnes! ¡Oh, Semíramis cristiana!
¡Oh, invencible católica española,
tú puedes ser del mundo Fenis sola!°   1930

Entre el REY leyendo una carta.   MM

FERNANDO. Maestre, ¿adónde está la Reina?

DON RODRIGO.   Agora
se retiró con Sus Altezas.

FERNANDO.   Basta,
que el rey chico me escribe, deseoso
de hacer paces conmigo y alïanza,
que otra vez a Granada ponga sitio,   1935
porque, como sabéis, están en bandos
él y Muley, su tío,° el que posee
la parte de la Alhambra. ¿A quién, Maestre,
a vuestro parecer, podré encargalle

1923. En *A*, Vélez primero escribió y lue-   1925. puedo *RC1*.   puede *RC2*.
go tachó «ISABEL. Maestre, guárdeos Dios.
De pesar muero».

esta ocasión? Porque el marqués de Cádiz,   1940
el señor de Aguilar, el Guzmán Bueno
de Niebla, el gran Ribera, adelantado
de Andalucía, y vuestro hermano el Conde,
y el de Palma se ofrecen a la impresa,°
ya que tengo jurada a la Princesa.   1945

DON RODRIGO.   Pues me llegáis a pedir
parecer, os lo he de dar,
que no tengo de engañar
a quien tengo de servir,
y a hablar verdades me obliga,   1950
después de Isabel y vos,
¡por vida de ambos a dos!,
o el mismo moro lo diga
que en mis vitorias me alaba,
que toca aquesta ocasión   1955
a don Rodrigo Girón,
maestre de Calatrava.
Bien me pueden perdonar
el de Cádiz y el de Niebla,
que el mar de despojos puebla   1960
el de Palma y Aguilar,
el famoso adelantado
que hartos triunfos enseña,
mi hermano, el conde de Ureña,
que esta impresa han deseado;   1965
que son, como he visto yo,
entre desnudos aceros
generosos caballeros,
pero más valientes no.
Y por la cruz que estos pechos   1970
marca, que habéis de mirar
en breve tiempo juntar
a estos dichos muchos hechos.°
Los pendones castellanos
marchen a Granada, pues,   1975
que yo os la pondré a los pies

1940. En *A*, la *l* de Cáliz está conver-
tida en *d* con otra tinta.   Cáliz *MPG,
RC1, RC2*.

1950. y hablar *A, MPG, RC1, RC2*.

1959. Cáliz *A, MPG, RC1, RC2*.

1962. [Borradura] el famoso *A*.

	o me cortaré las manos.	
FERNANDO.	Dadme los brazos, Maestre,	
	que esto fue, a decir verdad,	
	probar vuestra voluntad.	1980
DON RODRIGO.	Mi propia sangre la muestre	
	tantas veces derramada.	
FERNANDO.	No me tenéis que advertir.	
	Lo que importa es prevenir	
	brevemente la jornada,	1985
	que importa la diligencia	
	y el hallarme yo presente,	
	bajando primeramente	
	por Guadalupe a Plasencia,	
	a dar a unos bandos fin	1990
	que hay entre Carvajales	
	y Estúñigas.°	
DON RODRIGO.	Las reales	
	presencias, señor, al fin	
	acaban cualquiera impresa	
	con más prisa y brevedad.	1995
FERNANDO.	Maestre, a besar entrad	
	las manos a la Princesa. *Éntrense.*	NN

El SARGENTO *y* DON GARCÍA. — OO

SARGENTO.	Señor Alférez, ya está	
	en orden la compañía	
	para marchar.	
DON GARCÍA.	No querría	2000
	que se arrepintiese ya	
	si la moza le ha agradado,	
	como suele suceder,	
	porque no llegase a ser	
	de veras lo imaginado	2005
	de burlas.	
SARGENTO.	Con la ocasión	
	de acercarse el casamiento	
	debió de cumplir su intento,	
	que su altiva condición	
	no pienso que de otra suerte	2010
	pudiera nadie rendir.	
DON GARCÍA.	Y aun así ha sido esculpir	
	un diamante.	

| SARGENTO. | ¡Mujer fuerte! |
| DON GARCÍA. | Esta noche es la primera |

que rindió su voluntad.   2015

SARGENTO.   Pues si va a decir verdad,
ya amanece. No quisiera
que nos cogiera° aquí el día,
porque es, según se me alcanza,
cierta señal de mudanza.   2020
DON GARCÍA.   Gente viene.

Salga DON LUCAS, *el capitán.*   PP

CAPITÁN.   ¿Es don García?
DON GARCÍA.   Y el sargento.
CAPITÁN.   Vamos, pues,
que ya cogió la venganza
lo que sembró mi esperanza,
y lo que Gila después,   2025
despierta, habrá de llorar.
DON GARCÍA.   ¡Buena moza!
CAPITÁN.   Yo me fundo
en que no la tiene el mundo
en llegándola a gozar.
DON GARCÍA.   ¡Qué presto que el freno tascas!°   2030
CAPITÁN.   Con la que amor más estima,
en descubriendo el enima°
todo es bochorno y bascas.
DON GARCÍA.   Reniega tú de picarte
y de hallar alguna cosa,   2035
aun en la que no es hermosa,
que pueda cuidado darte
del no sé qué que se dice
que se alcanza por ventura,
que querrás que su hermosura   2040
todo el mundo solenice,
y en los aires andarás,
que también con más rigor
suele ser mosca el amor.°
CAPITÁN.   No me sucedió jamás.   2045
DON GARCÍA.   A mí sí.
CAPITÁN.   Vamos de aquí,
y agradézcame el lugar
que no le abraso.

SARGENTO.   ¡Marchar!
CAPITÁN.   Yo llegué, engañé y vencí.°

Éntrense y toca el atambor a marchar, de adentro dice GILA,   QQ
y salga luego con un manteo como que se levanta de la cama:

GILA.   ¡Traición, traición! ¡Padre! ¡Prima!   2050
                 ¡Mingo! ¡Pascual! ¡Antón! ¡Presto,
                 socorred mi afrenta todos!
                 ¡Ah de mi casa! ¡Ah del pueblo,
                 que se me van con mi honor!
                 ¡Que un ingrato caballero   2055
                 me lleva el alma! ¡Socorro,
                 que me abraso, que me quemo!
                 ¡Ay, confusos atambores,
                 enemigos istrumentos
                 de la muerte y de la envidia,   2060
                 que en el alma dais los ecos
                 del ánimo y la venganza,
                 despertadores soberbios,
                 relojes de mis desdichas,
                 de mi agravio pregoneros!,   2065
                 ¿qué os hizo mi honor que vais
                 tocando al arma y huyendo?
                 ¿Por qué, si vais vitoriosos,
                 las espaldas habéis vuelto?
                 ¡Esperad, o no venzáis,   2070
                 que no es bien, cobardes siendo,
                 dejéis a mi amor vencido
                 en la muralla del sueño!
                 ¡Ay, furia! ¡Ay, rabia! ¡Ay, cielos,
                 que se me abrasa el alma! ¡Huego, huego!   2075

Salgan agora alborotados GIRALDO, PASCUAL, MADALENA,   RR
y MINGO, envuelto en la manta de la cama.

GIRALDO.   ¿Qué voces son estas, Gila?
MADALENA.   Prima, ¿qué es esto?
MINGO.   ¿Qué es esto?
GILA.   ¡Mi desdicha y vuestra culpa,
                 mi engaño y vuestros consejos!

2075. ¡Fuego! ¡Fuego! *RC1, RC2.*   2079. mi [Tachado: agravio] engaño *A.*

¡Nunca yo diera la mano   2080
por vos a aquel mostro fiero
que en mi afrenta se ha cebado
en mis agravios sangriento,
que no sé, por ella,° al alma,
padre, qué invisible huego   2085
me penetró los sentidos
desde la suya° de hielo,
qué hechizo me adormeció,
que comencé desde luego
a dársela por los ojos   2090
en amorosos deseos!
¡Reniegue el que es menos sabio
de la de más huerte pecho,
que no hay mujer que resista
en mirando y en oyendo!   2095
Como imaginé que estaba
tan cercano el casamiento,
le di esta noche en mis brazos
ocasión para ofenderos.
¡Mal haya, padre, quien fía   2100
de sus mismos pensamientos,
de palabras de los hombres,
de regalos y requiebros!,
que estas galas enemigas
dicen, tremolando al viento: 2105
«Aquí se alojan agravios
a costa del propio dueño.»
Echaldo de ver, pues marcha
ese capitán Vireno,
haciéndome Olimpia a mí,   2110
y roca su ingrato pecho.°
¡Ay, furia! ¡Ay, rabia! ¡Ay, cielos,
que se me abrasa el alma! ¡Huego, huego!

GIRALDO.   Las quejas dejemos, Gila,
y acudamos al remedio.   2115

2084. el alma *RC2*.   2093. fuerte *RC1, RC2*.

2085. fuego *RC1, RC2*.   2108–11. Escritos al margen de *A*, con
                                         apunte, «ojo».
2092. [Borradura] Reniegue *A*.
                                         2113. ¡Fuego! ¡fuego! *RC1, RC2*.

GILA.

Bien decís. Dadme un caballo
que imite a mis pensamientos.°
Y tú, Madalena, dame
de vestir. Tú, Pascual, luego
dos escopetas me carga.   2120
Tú, Mingo, convoca al pueblo
para que salgan a darme
ayuda. Y ruego a los cielos
que, ofendidos, no castiguen
a mi enemigo primero,   2125
ni que primero que yo
ninguno le mate, siendo
restaurador de mi honra,
que por estos brazos mesmos
mi agravio quiero vengar,   2130
que solo a todos les ruego
que vengan a ser testigos
de la suerte que me vengo.
Y guárdense de mí todos
cuantos hombres tiene el suelo   2135
si a mi enemigo no alcanzo,
que hasta matarlo no pienso
dejar hombre con la vida.
Y hago al Cielo juramento
de no volver a poblado,   2140
de no peinarme el cabello,
de no dormir desarmada,
de comer siempre en el suelo
sin manteles, y de andar
siempre al agua, al sol y al viento   2145
sin que me acobarde el día
y sin que me venza el sueño,
y de no alzar, finalmente,
los ojos a ver el cielo
hasta morir o vengarme.°   2150

MINGO.

¡Todos decimos lo mesmo!

GIRALDO.

¡Ea! ¿A qué esperamos, hija?
Vamos de aquí.

GILA.

　　　　　　　¡Rabio y muero!
¡Sin honra estoy! ¡Vamos, padre,
que de coraje reviento!   2155

2132. testigo *RC2*.　　　　　　　2141. peinarme [Borradura] el *A*.

¡Ay, furia! ¡Ay, rabia! ¡Ay, cielos,
que se me abrasa el alma! ¡Huego! ¡Huego!

FIN DEL ACTO SEGUNDO

Jesús María Josef

Luis Úrsola Francisco Juan Antonio

ACTO TERCERO

	De adentro VOCES.	SS

¡Echa! ¡Hao, a man° derecha
por el camino de abajo!

	Sale MINGO.	TT

MINGO.	No hay atajo sin trabajo.	2160
	Cualquiera senda es estrecha.°	
	Temeroso de encontrar	
	con Gila, que airada y huerte,	
	como si huera la muerte,	
	nadie quiere perdonar,°	2165
	que como en el Capitán	
	su agravio no santisfizo,	
	y el juramento que hizo	
	en cuantos vienen y van	
	cumpre valerosamente,	2170
	siendo tan brava homecida,	
	que no deja con la vida	
	padre, amigo ni pariente.	

2157. ¡Fuego! ¡fuego! *RC1, RC2.*

2158. man[o] *RC2.*

TT. Falta en *A, MPG, RC1, RC2.*

2163. fuerte *RC1, RC2.*

2164. fuera *RC1, RC2.*

2168. y [Tachado: y] el juramento *A.*

Por aquesa cordillera
me arrojé con un rocín°   2175
que está cerca de su fin.
¡Nunca yo se lo pidiera
al boticario emprestado!
Que no sé en esta ocasión
qué muermo le dio, o torzón,°   2180
que dio conmigo en el prado
y no hay remedio con él
de podelle levantar.
Bueno volveré al lugar
con esta nueva y sin él.   2185
Para de aquí a Jarandilla
a pata pudiera ir yo.
¿Quién, dïabros, me subió
desde ell° albarda a la silla?
¡Ojo, que tendido está!   2190
No hay esperanza tan larga;°
él se arrojó con la carga.
Quiero volver, y quizá
que se levante ser puede,
asiéndole por la cola,   2195
pero temo que ella sola
en la mano se me quede,
según está desmayado
y tien° la cola madura.
Yo tengo poca ventura.   2200
¡Nunca más rocín prestado!°

Éntrese, y comience UNO a cantar este romance desde adentro: UU

CAMINANTE.   *Allá en Garganta la Olla,*
                           en la Vera de Plasencia,
                           salteóme una serrana,
                           blanca, rubia, ojimorena.   2205
                           Botín argentado° calza,
                           media pajiza de seda,
                           alta basquiña de grana°
                           que descubre media pierna.

2189. de sellalbarda *A, MPG, RC1, RC2.*
Aceptamos la lectura propuesta por Bonilla
y San Martín en la citada reseña (p. 179, n.1)

> Sobre cuerpos de palmillaᵒ   2210
> suelto airosamente lleva
> un capote de dos faldas
> hecho de la misma mezcla.

Agora vaya bajando por la sierra abajo,ᵒ abriendo una cabaña que   VV
estará hecha arriba GILA LA SERRANA, como la pinta el romance, sin hablar.

> El cabello sobre el hombro
> lleva partido en dos crenchas,ᵒ   2215
> y una montera redonda
> de plumas blancas y negras.
> De una pretina dorada
> dorados frascosᵒ le cuelgan
> al lado isquierdo un cuchillo,   2220
> y en el hombro una escopeta.
> Si saltea con las armas,
> también con ojos saltea.

(Pone agora la escopeta entre las ramas, y dice:)   WW

GILA.	¡Tente, caminante!
CAMINANTE.	¡Ay, Dios!
GILA.	¡Apéate! ¡Acaba!
CAMINANTE.	¡Espera! 2225
	(Ap.: ¡Que hobe de encontralla aquí
	pensando que era conseja!)ᵒ
GILA.	¿Dónde vienes?
CAMINANTE.	De Toledo.
GILA.	¿Adónde vas?
CAMINANTE.	A Plasencia.
GILA.	¿Qué dinero llevas?
CAMINANTE.	Poco. 2230
GILA.	Saca luego cuanto llevas.
CAMINANTE.	En esta bolsa va todo;
	perdona el ser poco.
GILA.	Muestra.
	Tú cantas mal y porfías.ᵒ

VV. . . . sierra bajo . . . RC2.   2226. Falta Ap. en A, MPG, RC1, RC2.

2225. Apéate: en A, corregido con otro
tintero, «Espérate».

CAMINANTE.	Tu historia pienso que es esta.	2235
GILA.	Ya sé que es mi historia.	
CAMINANTE.	Agora	

no solamente en la Vera,
sino en Castilla, no cantan
otra cosa, y tu belleza
a tu fama se aventaja. 2240

GILA. ¿Parézcote hermosa?
CAMINANTE. Afrentas
al sol, al alba, a las flores.
GILA. ¿Estimaras que te hiciera
favor?
CAMINANTE. Y será bien grande
si con la vida me dejas. 2245
GILA. Esa sierra arriba sube,
que en la cumbre de esa sierra
tengo una choza en que vivo,
de encinas y robles hecha,
donde quiero que conmigo 2250
hasta ver el alba duermas,
que desde allí con el día
podrás pasar a Plasencia.
CAMINANTE. ¡Tuyo soy! ¡Daréte el alma!
GILA. Sube.
CAMINANTE. ¿Qué cruces son estas? 2255
GILA. De hombres que he muerto.
CAMINANTE. Desdicen
tu hermosura y tu fiereza.
GILA. Tengo razón de mostralla.
CAMINANTE. ¡Qué altas están estas peñas!
GILA. Pues desde aquí has de ir al río. 2260

(*Arrójale.*) XX

CAMINANTE. ¡Engañásteme, sirena!
GILA. También a mí me engañaron.

(*Pone una cruz que estará hecha de dos palos pequeños.*) YY

Esta cruz te debo. Tenga
el Cielo de ti piedad.
Gente parece que suena. 2265
Otro cayó en el garlito.°

No es hombre; parece bestia,
aunque camina en dos pies,
con silla y freno.

Entre MINGO, *con la silla puesta y apretadas las*   ZZ
cinchas, y el freno puesto en la cabeza también.

MINGO.   ¡Que venga
              de esta suerte un hombre humano°   2270
              por llevar cosas ajenas!
              En sus trece° dio el rocín,
              que esto de dar de cabeza
              porfïando en una cosa
              es de necios y de bestias.   2275
              Bien es verdad que acabó
              como si un pájaro huera.
              Todos hemos de parar
              en esto mismo por huerza.
              ¡Oh, necesidad infame,   2280
              que a un hombre ensillas y enfrenas!°
              Pero quien merece albarda,
              no es mucho que silla tenga.°
              ¡Pardiobre, yo di con Gila!
              ¿Qué he de her? ¡Mas linda treta   2285
              me ofrece el freno y la silla,
              que me matará esta fiera
              en sabiendo que soy hombre!
              Hoy me ha de valer ser bestia.
              Yo me pongo en cuatro pies   2290
              y tiro coces soberbias,
              y doy saltos y relincho,
              y piso y hago corvetas.
GILA.   Este villano procura
              engañarme, y por la mesma   2295
              treta cogerle imagino.
MINGO.   ¡Ciégala, Santa Guiteria!°
GILA.   Caballito, caballito,

2272. dio [Borradura] el rocín *A.*   2279. fuerza *RC1, RC2.*

2272–83. Atajados en *A.*   2293. piso [Borradura] y hago *A.*

2277. fuera *RC1, RC2.*

el de las piernas de jerga,°
por la virtud que hay en ti   2300
que me digas quién te lleva,

(*MINGO pónese en dos pies.*)   aa

quién te rige, quién te manda,
quién te da cebada nueva,
quién te enfrena, quién te ensilla,
quién te limpia, quién te hierra.   2305
MINGO.   ¡Por la gracia de Dios Padre
el caballo hablado hobiera
las palabras que decía!
Eran en su misma lengua.
Mingo soy, que ando perdido   2310
hoy en fegura de bestia,
aunque el mismo papel hacen
muchos vestidos de seda.°
Prestóme, por mi desdicha,
o por la suya pudiera   2315
decir mejor, un caballo
para llegarme a esta aldea
allá nuestro boticario,
que según dijo el albéitar°
que nació con él, cumplía   2320
cincuenta años estas hierbas,
y diole tan gran torzón
atravesando esta sierra,
que se quedó como espada,
aunque fue espada sin vuelta.°   2325
Y ensillado y enfrenado,
como ves de esta manera,
vuelvo a Garganta la Olla.
GILA.   De tu desdicha me pesa.
MINGO.   Soy desdichado en rocines.   2330
GILA.   Nadie es dichoso con bestias.°
¿Qué hay nuevo en el lugar,°
Mingo?
MINGO.   Mil cosas hay nuevas.

2317–18. para llegarme [Tachado: el   2318. Tras el verso sigue un renglón borrado
barbero] de la aldea / allá nuestro [Tachado: en *A.*
que es] boticario [Tachado: también] *A.*

GILA.	¿Vive el cura?
MINGO.	Y su sobrina
	se hue a casar a Plasencia 2335
	a un hidalgo.
GILA.	¿Y el sastre?
MINGO.	Murió.
GILA.	San Dimas le sea
	con Dios abogado,° Mingo.
MINGO.	El que heredó las tijeras
	hue el sacristán, porque a todos 2340
	corta de vestir° su lengua,
	y ha dado, a pesar del mundo,
	en ser músico y poeta.
GILA.	No hay cosa agora más fácil.°
MINGO.	También compone comedias 2345
	tan malas, que dicen todos:
	«No las hagas, no las temas.»°
GILA.	¿Qué se ha hecho el escribano?
MINGO.	Metido en causas ajenas,
	levantando testimoños 2350
	y el arancel° por guinea.
GILA.	¿Murió Pero Grullo?
MINGO.	Huése
	a Jarandilla, y su nuera
	con el sacristán de Cuacos,
	que es rofián por la igreja.° 2355
GILA.	¿Y el barbero?
MINGO.	Tabardillos°
	con el boticario juega,
	y van horros° a matar
	con el médico y albéitar.

2335. fue *RC1, RC2.*

2338. abogado. [Tachado: MINGO.] [Borradura] Mingo *A.* Sigue luego un renglón borrado.

2339. [Tachado «MINGO», encimado luego con otro tintero por la palabra «Séalo»] MINGO. El que *A.*

2340. fue *RC1, RC2.*

2342. En *A*, Vélez primero escribió y luego tachó «GILA. ¿No hay, Mingo, quién se la corte?»

2348–75. Atajados en *A.*

2352. Fuese *RC1, RC2.*

2355. igreia *MPG, RC1, RC2.*

2358. horros [Tachado: de] a matar *A.*

GILA.	¿Y el albardero?	
MINGO.	Enviudó	2360
	agora por la Cuaresma.	
GILA.	No hay albarda que no mate,	
	y muchas con mayor fuerza.°	
MINGO.	Y quien las merece, más.	
GILA.	¿Qué se hizo Maricrespa?	2365
MINGO.	Casóse con Juan Carrasco.	
GILA.	¿Y mi prima Madalena?	
MINGO.	Agora pienso que trata	
	de casarse, aunque desea	
	irse a Plasencia a vivir.	2370
GILA.	¡Casen muy enhorabuena!	
MINGO.	No se usa otra cosa ya,	
	y no hay quien no se arrepienta,	
	y siempre tienen los curas	
	que her. No habrá quien lo entienda.	2375
GILA.	¿Qué ha hecho Dios de mi padre?	
MINGO.	Tus desdichas y tu afrenta	
	pesa a lágrimas.	
GILA.	¡Buen viejo!	
MINGO.	Diéronle casi por huerza	
	la vara de alcalde agora.	2380
GILA.	Querrá prenderme con ella.	
MINGO.	Dios te libre, Gila, amén,	
	de que la Hermandad° te prenda,	
	que a la he, que te despachen,	
	que la de toda la Vera	2385
	anda en tu busca.	
GILA.	No importa	
	mientras yo tengo estas peñas	
	donde vivo por muralla,	
	y estos brazos por defensa.	
MINGO.	Quinientos escudos dan	2390
	a quien traiga tu cabeza.	
GILA.	Escarmentará en la suya	
	quien no hiciere en la ajena.°	

2363. muchas [Tachado: que] con *A.*

2366. Carrace [Borradura]o *A.*

2379. fuerza *RC1, RC2.*

2384. fe *RC1, RC2.*

2388. [Borradura] donde *A.*

MINGO.	Mira si me mandas más,	
	que con una silla a cuestas	2395
	aun suele aguarse un rocín.°	
GILA.	¿Pues ya, Mingo, no te acuerdas	
	del juramento que he hecho	
	hasta que vengue mi ofensa?	
MINGO.	Luego, ¿yo soy de los hombres	2400
	que también entran en cuenta	
	de tu venganza?	
GILA.	Sí, Mingo.	
MINGO.	¿No me escusará siquiera	
	el hábito de rocín?	
GILA.	Si fueras rocín sin lengua,°	2405
	pudiera ser permitillo,	
	pero rocín que habla, muera,	
	que no hay entre los rocines	
	rocín, por poco que sepa,	
	que por lo menos tal vez	2410
	no tire coces y muerda.	
	Lo que puedo her por ti,	
	Mingo, por ser de una tierra	
	y en una casa crïados,	
	es que escojas la manera	2415
	de muerte que más gustares.	
MINGO.	(Ap.: ¡Miren qué paño o qué seda	
	para que corte un vestido!°'	
GILA.	Y esto ha de ser muy apriesa,	
	que tengo donde acudir,	2420
	y he sabido que a Plasencia	
	van los Reyes, y querría	
	ver si va gente de guerra	
	con ellos, que puede acaso	
	ir mi enemigo, y mi ofensa	2425
	satisfacer como aguardo,	

2400. soy yo *RC2.*

2407. pero [Tachado: mas] rocín *A.*

2408. En *A,* Vélez primero escribió y tachó «MINGO. Eso todo es relinchar». que [Borradura] no hay *A.*

2409. por [Borradura] poco *A.*

2412. puedo [Tachado: hacer] her *A.*

2417. Falta *Ap.* en *A, MPG, RC1, RC2.*

	ya que mi contraria estrella	
	quiso que errase el camino°	
	cuando le seguí. ¿Qué esperas?	
MINGO.	No más de saber de ti	2430
	en qué tantos grados era	
	tu pariente este rocín,	
	que con mi muerte le vengas.	
GILA.	No estoy, Mingo, para burlas.	
MINGO.	Luego, ¿díceslo de veras?	2435
GILA.	Presto lo verás.	

          (De adentro.)   bb

              ¡Ataja!
     ¡Al agua, al agua!

GILA.	Esta es fiera	
	que algunos monteros siguen.	
	Del Rey son, porque esta sierra,	
	de miedo que en ella vivo,	2440
	los cazadores respetan.	
	Mingo, para darte espacio°	
	que tu muerte escoger puedas,	
	atado quiero dejarte	
	de un robre hasta dar la vuelta.	2445
	Muestra las manos, que aquí	
	traigo guardada una cuerda,	
	con que algunos hombres ato	
	para echarlos de estas peñas.	

          (Átale de un roble.)   cc

MINGO.	Como me ves ensillado	2450
	y en este prado me dejas,	
	trabas me quieres echar.	
	¿Quién vio tan grande fiereza?°	
GILA.	Yo daré la vuelta, Mingo,	
	tan presto que te arrepientas.	2455

          (De adentro.)   dd

2427. mi [Tachado: enemiga] contraria   cc. [Borradura] *Átale* . . . *A.*
A.

| | ¡Al arroyo! ¡Ataja, ataja! |
| GILA. | ¡Por aquí las voces suenan! |

Éntrese GILA, y diga MINGO, atado al roble: ee

MINGO.	Los que rocines matáis
	que para un camino os prestan,
	catad bien la historia mía 2460
	porque escarmentéis en ella,
	que en el trebunal que rige
	la Serrana de la Vera
	pide su sangre josticia
	contra mi pobre inocencia. 2465

De adentro.   ff

	¡Ataja!
OTRO, *dentro.*	Para seguirle
	entre las ramas espesas
	de ese jaral intricado
	dejó el caballo Su Alteza.
MINGO.	¡Oh, si viniese algún hombre 2470
	que desatarme pudiera!

Entre el REY DON FERNANDO, con un venablo.   gg

FERNANDO.	Cebado en el jabalí,
	a la falda de esta sierra
	he llegado. ¡Oh, caza, imagen
	justamente de la guerra, 2475
	como de la muerte el sueño!°
MINGO.	Un hombre he visto entre aquellas
	ramas del jaral. Sin duda
	es ángel que Dios ordena
	que me venga a desatar.° 2480
FERNANDO.	¡Qué peñascos! ¡Qué aspereza!
MINGO.	¡Hola! ¡Hao, hombre de bien!
FERNANDO.	Allí un hombre me vocea.
MINGO.	¡Hao! ¡A la sierra acá arriba!
FERNANDO.	Quiero llegarme más cerca. 2485

2474. Tras el verso sigue un renglón borrado
en *A.*

MINGO.	Ya viene. Gran dicha ha sido.
FERNANDO.	Villano es.
MINGO.	Si escapo de esta,

a la imagen más devota
prometo un Mingo de cera.°

FERNANDO. Atado, si no me engaño,   2490
a un roble está.

MINGO. Pues las muestras
tiene de noble, señor,
mostrad hoy vuestra nobleza
en desatarme de aquí,
si tenéis de mí cremencia.   2495

(Comiéncele a desatar.)   gg

FERNANDO. ¿Quién de esta suerte te puso?
MINGO. La Serrana de la Vera.
FERNANDO. ¿Esa mujer anda aquí?
MINGO. No tiene palmo esta sierra,
este bosque ni ese valle   2500
donde no haya una cruz puesta
de los hombres que ella mata,
porque las pone ella mesma.
No sé esta Hermandad° que han hecho
los Reyes, para qué es buena,   2505
pues no prende este dïabro
que a todos mata y saltea.
Guárdeos Dios, que me habéis dado
la vida, que estaba puesta
al tabrero de su gusto.°   2510
FERNANDO. ¿Cómo te dejó con ella?
MINGO. Porque tuvo aviso aquí
que pasa el Rey a Plasencia,
y no sé qué novedades,
juntamente con la Reina,   2515
y piensa que un enemigo
de quien vengarse desea
vendrá con ellos acaso,

2495. clemencia *MPG, RC1, RC2.* En
A, Vélez encimó la letra *l* con *r.*

2503. [Borradura] porque la *A.*

2517. quien veng[Tachado: que ella
perseguir]arse desea *A.*

	y hasta dar, señor, la vuelta,	
	como veis me deja atado.	2520
	Yo me voy, y guardaos de ella,	
	que es una tíguere.	
FERNANDO.	¡Aguarda!	
	¿Cómo vas de esa manera?	
MINGO.	Porque quien mata un rocín	
	está obligado de esta pena.	2525

Éntrese MINGO, *y dicen de adentro:*   hh

	¡Muera!	
FERNANDO.	¿Qué es esto?	
MAESTRE.	¡Matalda!	
GILA.	¡Aquí aguardo en estas peñas!	
MINGO.	¡Y yo en Garganta la Olla!	
GILA.	Aquí aguarda un hombre. ¡Muera!	

(Encara la escopeta, y vuelve la cara el REY DON FERNANDO.*)*   ii

FERNANDO.	Tente, mujer.	2530
GILA.	Si la cara	
	no vuelves, Castilla queda	
	sin rey, como queda agora	
	sin príncipe —Que Dios tenga—,	
	que de ti mismo me dio	
	luego tu persona nuevas,	2535
	si los ojos no me engañan,	
	de haberte visto en Plasencia;	
	mas las personas reales	
	tan grande secreto encierran,	
	que, aun no siendo conocidas,	2540
	con el alma se respetan.	
FERNANDO.	El Rey soy, serrana.	
GILA.	¡Vivas	
	eternos años, y seas	
	señor de cuanto ve el sol,	
	con la que es hermosa hiedra	2545
	de tus brazos Isabel,	

2519-20. En *A*, Vélez primero escribió   2534-37. Atajados en *A*.
y luego tachó «yo me voy y guardaos de
ella / que es demoño desatado».

que, quitada la montera,
te reverencio, Fernando,
por ley de naturaleza,
como a mi rey y señor! 2550

FERNANDO. ¿No te he visto yo en Plasencia?
GILA. Asir un toro me viste
por los cuernos en las fiestas
que te hicieron, y rendillo.

FERNANDO. ¿Y por qué ocasión salteas 2555
dando muerte a cuantos pasan?

GILA. Por satisfacer la ofensa
de un hombre, y hasta matalle
he prosupuesto que mueran
con solene juramento 2560
cuantos encontrare, y piensa
que tú solo has sido el hombre
que perdona mi fiereza.
Y no quiebro el juramento,
que el Rey es Dios en la Tierra,° 2565
en el lugar suyo. Fernando,
la justicia representas,
y pues no eres hombre, voy
a buscar hombres que puedan
hartar la sed de mi agravio, 2570
que es hidrópica° mi afrenta,
y al que mujeres agravia
castigar.°

FERNANDO. Serrana bella,
guárdate de mi Hermandad.

GILA. ¡Guárdense de mi escopeta! 2575
¿Un hombre no estaba aquí
atado?

FERNANDO. Yo por mis mesmas
manos le corté los lazos.

GILA. A tus manos lo agradezca,
que ese también se me escapa. 2580

2547. Al margen de *A*, y en letra distinta, «que arrodillada en la tierra».

2558. hasta [Tachado: encontralle] matalle *A*.

2564. [Borradura] y no *A*.

2566–67. En *A*, Vélez primero escribió «pues está en lugar de Dios / sus veces».

2573. castigad *A, MP, RC1, RC2*.

Entre el MAESTRE DON RODRIGO GIRÓN.   kk

DON RODRIGO.	¡Locos nos trae Vuestra Alteza!
FERNANDO.	Cebéme en el jabalí,
	Maestre.
DON RODRIGO.	Dadme licencia

agora para matar
esa mujer, esa fiera   2585
que ha muerto cuatro monteros
vuestros con esa escopeta.

(Retirándose GILA.*)*   ll

GILA.	Maestre de Calatrava,

reportaos, por vida vuestra,
que aún hay dentro munición   2590
y está el gatillo muy cerca.

FERNANDO.	Dejalda. Vete.
GILA.	Yo haré

lo que me mandáis, y advierta
Vuestra Alteza que esta vida
me debe más.

FERNANDO.	Esa es deuda	2595

que yo os la agradezco y todo.

GILA.	Guarde Dios a vuecelencia.	*Vase.*	nn
DON RODRIGO.	¡Estraña mujer!	
FERNANDO.	¡Notable!	

Vamos a buscar la Reina.°

DON RODRIGO.	Un caballo tengo aquí.	2600
FERNANDO.	No será la vez primera	

que a sus reyes dan caballos
los Girones.°

DON RODRIGO.	Vuestra Alteza

como quien es sabe honrarnos.

FERNANDO.	Con grande estremo me lleva,	2605

Maestre, admirado agora
la Serrana de la Vera.   *Vanse.*   nn

Salgan de camino,° *con botas y espuelas,* DON   oo
LUCAS *y* DON GARCÍA, *y ferreruelos puestos.*

2589. reportaos [Tachado: teneos] por *A.*   2596. y tomo   *RC2.*

CAPITÁN.   Andrés, quita esos frenos a las mulas,
                           pues el camino hemos perdido y vamos
                           tan cansados, que luego encontraremos   2610
                           pastor o caminante que nos ponga
                           en el real camino de Plasencia.

                           Entre ANDRÉS con la bota.   pp

ANDRÉS.   Mientras hay bota, puede haber paciencia.°
                           ¡Brindis, señor don Lucas, y rebrindis
                           al señor don García!
DON GARCÍA.   Con el agua   2615
                           de ese arroyuelo la razón haremos,
                           que convida al sediento y caluroso
                           en búcaros de juncia° bullicioso.
ANDRÉS.   No dijera un poeta de romances
                           eso mejor, pintando un verde prado,   2620
                           y más cuando su dama lo ha pisado.
                           Sobre la hierba que este nos ofrece
                           hasta ver si parece alguna guía
                           reclinemos los cuerpos, don García.
DON GARCÍA.   Soy de ese parecer.
ANDRÉS.   Y yo del propio.   2625

                           (Tiéndese sobre la hierba.)   qq

                           Sirva lo que he bebido de frezada,°
                           y la señora bota de almohada.
                           Gracias a Dios que me sacó tan presto
                           del engaño crüel de ser soldado
                           sujeto, sin ser fraile ni pupilo,   2630
                           a tantas necedades y miserias.
                           Toda mi dicha estuvo en reformaros,
                           que luego al nuevo capitán y alférez
                           di trascartón, y quise ser más mozo
                           del camino que ser en la melicia   2635

2620. pintado *RC2.*

2622. CAPITÁN. [Tachado: Andrés] Sobre *A.*

2625. Tras el verso sigue un verso borrado
en *A.*

2628–39. Atajados en *A,* con apunte al
margen izquierdo, «No».

2629. de [Borrón] ser *A.*

2632. estuvo reformaros *RC2.*

	maese de campo de cuarenta tercios,	
	aunque pienso volverme a mis guitarras	
	y estar, pienso, en un carro más honrado,	
	que el sol es carretero y no soldado.	
CAPITÁN.	¿Qué hará Gileta° agora, don García?	2640
DON GARCÍA.	Lo que han hecho otras muchas, remendarse	
	y darse a un boquimuelle° de su pueblo,	
	por sana de los pies y de las manos,	
	que eso duendes y lenguas hay muy pocos	
	que las entiendan ni las hayan visto.	2645
ANDRÉS.	¡Jo, Rucia!° ¡Jo! ¡Te voto a Jerolisto!°	
	¡Ah, mohína! ¡Par Dios, si me levanto!	
	¿Coces das?	
DON GARCÍA.	Las aciones° de los frenos	
	han rompido.	
ANDRÉS.	¡Jo, Rucia! ¡Jo, Mohína!	

(Levántase ANDRÉS.)   rr

CAPITÁN.	¡Sueltas van!	
ANDRÉS.	¡El dïablo que las tenga	2650
	si de la sierra la vereda cogen!	

Éntrase tras ellas ANDRÉS.   rr

CAPITÁN.	Vámoslas a atajar por esta parte.	
DON GARCÍA.	Dificultosas son. No pongas duda	
	de coger y mudar de pareceres	
	cuando se sueltan mulas y mujeres.°	2655

2637. Tras el verso sigue un renglón borrado en *A.*

2640. [Tachado: DON GARCÍA.] CAPITÁN. *A.*

2644. leguas *A, MPG, RC1, RC2.* Seguimos la lectura sugerida por Bonilla en la citada reseña a *MPG* (179, n. 1). Gómez Ocerín en su reseña de la misma (412) cree que «leguas» no es errata, sino que se alude a la disparidad con que suelen apreciarse las distancias y a las discusiones que ello motiva, caso todavía frecuente, según él.

2645. En *A,* Vélez primero escribió «ni las». Tachó la letra *n* y encimó la letra *i* con *y.* Luego interlineó «ni».

2653–54. Falta el borde inferior de *A.* Seguimos la lectura propuesta por *MPG.*

2648. las [Borraduras] aciones *A.*

rr. Tras la acotación sigue un verso borrado en *A.*

2651. sierra [Borradura] la vereda *A.*

Éntrense, y salgan agora LABRADORES *cantando y bailando,*   tt
y MADALENA *y* PASCUALA, *niña, y lo que cantan es esto:*

> Salteóme la Serrana
> juntico al pie de la cabaña.°
> Serrana, cuerpo garrido,
> manos blancas, ojos bellidos,°
> salteóme en escondido   2660
> juntico al pie de la cabaña.
> Salteóme la Serrana
> juntico al pie de la cabaña.
> Serrana, cuerpo lozana,
> ojos negros, blancas manos,   2665
> salteóme en escampado
> juntico al pie de la cabaña.
> Salteóme la Serrana
> junṭico al pie de la cabaña.

MADALENA.   ¡Huyamos, porque esta fiera   2670
                        sobre nosotros está,
                        y nadie se escapará
                        si° fuese su padre!

Entre por abajo GILA. *Huyen* TODOS, *y coge* GILA *a* PASCUALA *la niña.*   uu

GILA.   ¡Espera!
PASCUALA.   ¡Ay, desdichada de mí!
GILA.   ¿Qué temes? ¿No os santisface   2675
                    que solo mi furor hace
                    mal a los hombres aquí,
                        y que a las mujeres no?
                    Que el que he de santisfacer
                    es agravio de mujer,   2680
                    y soy la ofendida yo.
PASCUALA.   Hante pintado tan fiera,
                    Gila, que no hay de tu nombre
                    solmente quien no se asombre.
GILA.   Más blanda soy.
PASCUALA.   ¡Tirte huera°   2685

---

tt. *Éntrese . . .   RC2.*   . . . *lo que*   2683. hay [Tachado: que] de tu   *A.*
[Borradura] *cantan . . .   A.*
                                                      2685. Tír[a]te   *RC2.*   fuera   *RC1,*
2680. satistazer   *RC1, RC2.*   *RC2.*

	para quien huere tan boba	
	que se fíe de tu amor!	
GILA.	Soldemente° mi furor	
	a los hombres mata y roba,	
	que a las mujeres regalo.	2690
	Y con este ejemplo aviso.	
PASCUALA.	La que engañan se lo quiso,°	
	porque no hay hombre tan malo	
	que, cuando da la mujer	
	coces, la pueda ensillar.	2695
GILA.	¿Qué dicen en el lugar	
	de mí?	
PASCUALA.	Que eres Locifer,	
	saltabardales,° machorra,	
	el coco de las consejas,°	
	el lobo de sus ovejas,	2700
	de las gallinas, la zorra.	
	Los niños callan contigo,	
	los hombres huyen de ti,	
	los viejos dicen que así	
	hue la Cava de Rodrigo,°	2705
	las mozas, que otra pareja	
	no tuvo el mundo, y el cura	
	como ñublo te conjura	
	a la puerta de la igreja.°	
	Cada vez que nuevas dan	2710
	de tu condición ingrata,	
	descomulgándote, mata	
	candelas el sacristán.°	
	Y dicen que en haz y en paz	
	de toda esta serranía	2715
	te han de colgar algún día	
	como racimo de agraz.°	
GILA.	Como eso dirán de mí,	
	¿por qué a prenderme no vienen?	
PASCUALA.	Gila, en veluntad lo tienen.	2720

2686. fuere *RC1, RC2.*

2691. Tras el verso siguen dos renglones borrados en *A.*

2692. engañan [Borradura] se lo *A.*

2695. pueda en[Borradura]sillar *A.*

2706. que [Borradura] otra *A.*

2719. Tras el verso sigue un renglón borrado en *A.*

GILA.   ¡Vengan, pues, y desde allí
                  peñascos han de llover
                  por esta mano arrojados
                  que no dejen hombre!
PASCUALA.   Armados
                  cien hombres, escuché ayer,   2725
                      que con la Santa Hermandad
                  de Plasencia andan tras ti.
                  Guárdate, Gila.
GILA.   ¡No vi
                  mayor donaire y beldad!
                      Decid, ¿de adónde, Pascuala,   2730
                  toda esta gente venía?
PASCUALA.   Gila, de una romería,
                      que no ha quedado zagala
                          ni labrador en la villa
                  que no haya acudido allá.   2735
GILA.   De esa fiesta tengo ya
                  noticia.
PASCUALA.   Y hue maravilla
                      dar con nosotros aquí,
                  siendo este tan apartado
                  camino.
GILA.   Tras un cuidado   2740
                  que me trae fuera de mí,
                      que debió ser fantasía
                  de mi loco pensamiento,
                  bajé aquí imitando el viento.
                  Ya se va acabando el día.   2745
                      Vete, Pascuala.
PASCUALA.   Adiós, pues.
GILA.   ¿Sabrás el camino?
PASCUALA.   Sí,
                  y hay muy poco desde aquí
                  al lugar.
GILA.   Si acaso ves

2724. dejen [Tachado: de] hombre *A.*   2736. [Borradura] GILA. *A.*

2728. [Borradura] mayor *A.*   2737. fue *RC1, RC2.*

2735. acudido [Tachado: ya] allá   *A.*
Tras el verso sigue un renglón borrado.

| | a mi padre, no le digas | 2750 |
| | que me has visto ni encontrado. | |

PASCUALA.   Él está contigo airado.
             ¿Picándote están ortigas?°
GILA.   No. Estoy muy segura aquí,
             puesto que si me acomete   2755
             el mundo, no importa. Vete,
             y a los del lugar les di
             que se guarden de mí.
PASCUALA.   Adiós.

Vase yendo la niña PASCUALA.   vv

GILA.   ¡Y que si dan en hablar,
             que iré a abrasar el lugar!   2760
PASCUALA.   ¡Malos años para vos!
GILA.   ¿Mi furor no te acobarda?
PASCUALA.   Alcanzarme es por demás,
             Gila. Aquí reganarás
             con sal y vinagre.°
GILA.   ¡Aguarda!   2765

Vase la NIÑA *corriendo.*   vv

             ¡Notable gracia ha tenido!
             La noche baja. Yo quiero
             retirarme.

Entre ANDRÉS *solo agora.*   xx

ANDRÉS.   Desespero.
             Cansado vengo, y rendido.
             Las mulas se han despeñado   2770
             de esta sierra áspera y fría,
             o para desdicha mía
             la tierra las ha tragado.
             Al dïablo doy oficio
             de tanta costa de pies,   2775
             y de tan poco interés
             vengo perdiendo el jüicio.

2762–65. Atajados en *A.*   2766–81. Atajados en *A,* con apunte al
                                     margen izquierdo, «ojo».

	¡Vive Dios, si contra mí	
	un millón de hombres bajara,	
	que con todos me matara!	2780
	Una mujer está aquí.	
GILA.	Este ha perdido el camino	
	y ha dado con gentil guía.	
ANDRÉS.	¿A quién digo? ¡Ah, tía! ¡Ah, tía!	
GILA.	¿Qué es lo que mandáis, sobrino?	2785
ANDRÉS.	¿Habéis visto por aquí	
	dos mulas?	

GILA.   Cada momento
encuentro bestias.

ANDRÉS.   ¡Contento
para pullas vengo!

GILA.   A mí
me pesa que no vengáis   2790
de muy buen gusto. ¿Sois mozo
de mulas?

ANDRÉS.   ¡Lindo escorrozo!°
¡Soy el dïablo!

GILA.   No habláis,
para hombre de bien, muy bien.°

ANDRÉS.   ¡Oh, cuerpo de Dios con ella!   2795
¿Qué he de hablar cuando la estrella
de Venus en la sartén
de la noche con las otras
sale° a estrellarse, y yo estoy
de la manera que voy,   2800
las plantas llenas de potras,°
como ell° ánima, también
cansado, errado el camino,
sin mulas y con poco vino?
Mirad con quién y sin quién.°   2805

GILA.   Ya es fuerza tener paciencia,
pues que no podéis llegar
agora a ningún lugar,

2791. gusto [Borradura] sois   *A.*

2799. Tras el verso sigue un renglón borrado
en *A.*

2800. En *A,* Vélez primero escribió y tachó «de esta manera. GILA. Pacien».

2802. el   *RC2*

2803. [Tachado: de noche] cansado   *A.*

	a La Venta ni a Plasencia,	
	yo os daré donde esta noche	2810
	paséis muy bien y cenéis,	
	y con el alba saldréis.	

ANDRÉS.   Cuando° tendido en un coche
          o en una litera fuera,
          el hospedaje acetara.   2815
          ¿Dormís sola, linda cara?

GILA.   No hay serrana de la Vera
             que acudir más libre pueda
          a lo que fuerdes° servido,
          porque me habéis parecido   2820
          muy bien.

ANDRÉS.   ¡Hoy pongo a la rueda
          de la Fortuna mil clavos!°
          ¡Perdello todo es razón,
          pues de vuestros ojos son
          mis pensamientos esclavos!   2825

GILA.   Comenzá a subir.

ANDRÉS.   ¿Por dónde?

GILA.   Por esas peñas, que allí
          tengo yo mi choza.

ANDRÉS.   Así,
          pues tu amor me corresponde,
          estuviera sobre el sol,   2830
          y aun sobre el sol fa mi ré,°
          que allá entrara, por la fe
          de soldado y español.

GILA.   Sube.

ANDRÉS.   Ya voy agarrando.

GILA.   Pues te cansas, dueño mío,   2835
          desde este peñasco al río
          quiero que bajes volando.

ANDRÉS.   ¡No me despeñes, espera!
          ¿Quién eres, mujer ingrata?

GILA.   ¡Gila, fanfarrón! ¡Te mata   2840
          la Serrana de la Vera!

          (Arrójale, y dice luego:)   xx

2815. [Borradura] el hospedaje   *A*.   2818. En *A*, Vélez primero escribió y tachó «con más libertad que yo».

Esto bastará por hoy,
porque ya la sombra obscura
vestir los montes procura
de miedo y luto, y yo soy   2845
    de poco provecho aquí
si nuevos lances espero.
Entrarme en mi choza quiero
y esperar al sol allí
    para volver a buscar   2850
vidas, Gila, en que te cebes.°
¡Ah, noche!, lo que me debes,
¿cuándo me lo has de pagar?

Éntrese en su choza, y salga DON LUCAS, perdido, diciendo: yy

CAPITÁN.   ¡Noche obscura! ¡Ah, madre helada
del engaño y la ocasión   2855
que al amante y al ladrón
das de una suerte posada
de cuya capa estrellada
se visten tantas traiciones,
tantas varias invenciones,   2860
tantos ardides y enredos,
tantas vergüenzas y miedos,
tanto honor en opiniones!,°
    ¿dónde me vas remontando
del camino y del lugar,   2865
que por preciarte de errar
quieres que camine errando,
que voy perdiendo y buscando,
entre peñascos y estrellas,
de ellos espantadas ellas,   2870
de ellas ellos respetados
tanto, que están coronados
de sus blancas luces bellas?
    En ese jaral espeso

2848–54. Atajados en *A*.   2862. tantas [Borradura] vergüenzas *A*.

2850. volver a [Borradura] buscar *A*. 2874. [Borradura] En ese *A*.

2855. del [Borradura] engaño y [Bo-
rradura] la ocasión *A*.

perdí al tramontar de día   2875
con el sol a don García,
que iguala un propio suceso.
Que voy con miedo confieso.
No hay rama que se me ofrezca
que un hombre no me parezca.   2880
¡Oh, si el alba con llorar
perlas diese en sobornar
al sol para que amanezca!
  Todo con la sombra vana
me altera y me desconfía.   2885
Hidalga cosa es el día
cuanto es la noche villana.
¡Oh, sol, de la espuma cana
saca tu roja cabeza!
¡Restituye la belleza   2890
que robó la sombra escura
porque venza tu hermosura
a su cobarde tristeza!
  ¡Mal haya, amén, la ocasión
de desatinos iguales!,   2895
pero quien sigue animales
merece este galardón.
Altas estas peñas son.
No hay camino por aquí.
Parece que siento allí   2900
luz. Aunque lejos está,
he de caminar allá.
¿Lumbre es de pastores? Sí.
  Cabaña debe de ser.
Parece que está en el cielo.   2905
Que pueda llegar recelo,
aunque he de hacer por poder,
que mejor podré tener

2882. [Tachado: si pudiera sobornar]   2890. Tras el verso sigue un renglón borrado
diese en   A.   en A.

2884-93. Atajados en A.   2903. Falta «es» en RC2.

2885. y [Borradura] me A.   2907. En A, Vélez primero escribió y
                                          tachó «pero ¿qué se puede hacer?»
2889. tu [Borradura] roja A.

la noche allí que en la sierra,
donde me aperciben guerra   2910
miedo, sueño y noche fría,
que presto el sol con el día
del mar saltará a la tierra.

(Llegue tentando.)   zz

¡Gracias a Dios que llegué!
Esta es la puerta. Durmiendo   2915
deben de estar. Yo pretendo
llamar, que esta dicha fue.
De la noche pasaré
aquí lo que queda ya.

(Llama el CAPITÁN, *y responde* GILA *de adentro:)*   Aa

¡Ah, de la choza!

GILA.   ¿Quién va?   2920
CAPITÁN   Amigos.
GILA.   No puede ser,
mas yo me levanto a ver
quién ese nombre se da.

CAPITÁN.   La voz que me ha respondido
dentro de aquesta cabaña,   2925
si el sentido no me engaña,
de mujer me ha parecido.
Mas si el haberme perdido
fuese de importancia alguna
para darme la Fortuna   2930
alguna hermosa serrana
con quien la alegre mañana
me pareciese importuna,
que toda esta Vera da,
entre los muchos frutales,   2935
hermosuras celestiales,
y alguna en la sierra está.

2909. [Borradura] la noche *A.*

2915. puerta [Borradura] durmiendo *A.*

2918. [Borradura] de la noche *A.*

2919. pueda *RC1, RC2.*

2920. Tras el verso siguen dos renglones borrados en *A.*

La puerta han abierto ya.

*Salga G**ILA**, con la escopeta, a la puerta.*   Bb

GILA.	¿Quién es?
CAPITÁN.	Un perdido soy,
	que no acierto dónde estoy. 2940
GILA.	¿Dónde vais que así os perdéis?
CAPITÁN.	Mujer es.
GILA.	¿No respondéis?
CAPITÁN.	Serrana, a Plasencia voy.
GILA.	Pues ¿qué os trujo por aquí?
CAPITÁN.	Perdí las mulas ayer, 2945
	y un amigo por correr
	tras ellas, y me perdí
	justamente, pues así
	perdido supe ganarme,°
	pues a perderme y hallarme 2950
	vengo en vos, serrana mía.
GILA.	Esa voz conozco.
CAPITÁN.	El día
	con vos podrá acreditarme,
	porque soy hombre de bien
	y el talle es información. 2955
GILA.	Muy pocos hombres lo son,
	aunque lo dicen también.°
CAPITÁN.	El comenzar por desdén
	es señal que he de ganar.°
GILA.	Tahur os queréis mostrar 2960
	de amor.
CAPITÁN.	Soy acuchillado.°
GILA.	¿Sois de Plasencia?
CAPITÁN.	Y honrado.
	¿Conocéis en el lugar
	gente?
GILA.	A los más principales
	que Plasencia sangre dio, 2965
	con tanto valor.
CAPITÁN.	Pues yo
	soy de los Carvajales.
GILA.	Al mismo Rey son iguales.

2943. CAPITÁN. [Borradura] Serrana *A.*

¿Qué nombre tenéis?

CAPITÁN.   Serrana,
don Lucas.

GILA.   No salió vana   2970
mi sospecha.

CAPITÁN.   De la guerra
vuelvo a vivir a mi tierra
y a retirarme con gana
de tomar en ella estado,°
de una hermosa compañía   2975
que saqué de infantería
de la Vera, reformado.

GILA.   A buen puerto habéis llegado.°
          (Ap.: Noche, piedad has tenido,
pues que me has restituido   2980
la ocasión que me debías
para las venganzas mías,
aunque en largas me has traído.
Hoy contigo cuentas hago,
y pues° satisfecha estoy   2985
de lo que me debes, hoy
te daré carta de pago,
que aunque es mejor el estrago
de las costas que te he hecho
por cobrar de ti, sospecho,   2990
según duró mi esperanza,
que no llega la venganza
al agravio de mi pecho.)

CAPITÁN.   Serrana, suspensa estás.
Si satisfecha de mí   2995
me quisieres dar aquí
posada, merced me harás.

GILA.   Ya no han de engañarme más,

2969–70. Falta el borde de la hoja del manuscrito A, como en los vv. 2653–54. Seguimos la lectura sugerida por MPG.

2972. En A, Vélez primero escribió «CAPITÁN. ¿Qué decís? GILA. ¿De dónde agora venís?»

2979. Falta Ap. en A, MPG, RC1, RC2.

2983–84. En A, Vélez primero escribió y luego tachó «aunque me has entretenido / pero al fin me satisfago».

2984–93. Atajados en A.

2985. En A, Vélez primero escribió y tachó «satisfecha de esto estoy».

	porque de uno me fié	
	como vos, y de él quedé,	3000
	de que° me quiso engañada,	
	infamemente burlada,	
	y él a la guerra se hue,	
	que era también capitán	
	como vos, y se llamaba	3005
	don Lucas, y se preciaba	
	del apellido que os dan,	
	muy traidor y muy galán,	
	muy noble y muy fementido,°	
	muy falso y muy bien nacido,	3010
	muy valiente y muy crüel;	
	y a la he, si no sois él,	
	que me lo habéis parecido.	
CAPITÁN.	(*Ap.:* ¡En notable confusión	
	este suceso me ha puesto!	3015
	¡Sueño parece que es esto,	
	pintura, imaginación!	
	¡Gila es esta, y estas son	
	quejas de que dueño he sido!	
	¡A gentil puerto he venido!°	3020
	Pero, ¿qué puerto ha de hallar	
	quien de la noche en el mar	
	corre tormenta perdido?	
	Y apelar a bien no espero,	
	pues de plano he confesado.)	3025
GILA.	Vos parecéis hombre honrado	
	y daros posada quiero.	
CAPITÁN.	No, serrana, que el lucero	
	de la aurora desafía	
	a la noche con el día.	3030
	Yo agradezco ese favor.	
	Quedaos a Dios.	
GILA.	No, señor.	
	Mi güesped habéis de ser.	
CAPITÁN.	Estáis sola y sois mujer,	
	y yo estimo vuestro honor.°	3035

3003. fue *RC1, RC2.*

3012. [Tachado: y a fe que] y a la he *A.*
fe *RC1, RC2.*

3014. Falta *Ap.* en *A, MPG, RC1, RC2.*

3025. Tras el verso sigue un renglón borrado en *A.*

GILA.	¿De cuándo acá lo estimáis?
CAPITÁN.	Desde el día en que nací.
GILA.	¡Mentís, que hay testigo aquí

de que verdades no habláis!
Yo soy Gila, a quien estáis   3040
deudor de tan justa queja,
que el delito os aconseja
lo mismo que vos huís,
y a la cárcel os venís
por entraros en la igreja.°   3045
　　Que el Cielo, a quien traidor huistes,
con esta noche me ampara,
porque en ella me vengara
de la que vos me ofendistes.
Y puesto que os encubristes   3050
con la mentirosa capa°
que tantos delitos tapa,
de tal manera saltea,
roba mi honor y capea,°
que aun la noche no se escapa,   3055
　　hoy de los hombros le quito
la capa a la noche fría,°
aunque lo mismo hace el día
que en esta ocasión imito.
Mi venganza solicito,   3060
y en estando yo vengada,
los ejes de la estrellada
fábrica° sobre mí den,
porque no espera otro bien
una mujer agraviada.   3065

CAPITÁN.	Gila, palabra te di

de ser tu esposo. Aquí estoy,
tu esposo y tu esclavo soy.

GILA.	Ya es tarde, ingrato. De aquí

has de volar, pues por ti   3070

3040. [Tachado: Yo soy] Yo soy Gila, a *A*.

3046. En *A*, Vélez primero escribió y tachó «que el cielo a quien ofendistes», que luego enmendó en «a quien causa distes», y por fin sustituyó el verso transcrito en nuestro texto. fuistes *MPG, RC1, RC2*.

3046–65. Atajados en *A*.

3048. [Tachado: para que en ella] porque en *A*.

3052. Tras el verso sigue un renglón borrado en *A*.

	al Cielo he sido traidora	
	con tantas culpas.	
CAPITÁN.	¡Señora!	
GILA.	¡No hay ruegos que mi honor estrague!	
	¡Quien tal hace, que tal pague,°	
	y cáigase el Cielo agora!	3075

Arrójale y luego dicen de adentro, por arriba   Dd
y por abajo, cogiéndola en medio:

CUADRILLERO 1.°	¡Esta es su choza!	
DON JUAN.	¡Abrasalda!	
GILA.	Ya no hay temor que altere.	
DON JUAN.	¡Cuando° darse no quisiere,	
	muera! ¡Abrasalda, quemalda!	
GILA.	Por la cumbre y por la falda	3080
	vienen a cogerme en medio.	
	Ya no hay de escapar remedio.	

Por arriba CUADRILLEROS, *con arcabuces, y por abajo también, y con ellos,*   Ee
DON JUAN DE CARVAJAL, *alcalde de la Hermandad de Plasencia, y* GIRALDO,
padre de GILA, *también con su vara, y* MINGO *también, como cuadrillero.*

MINGO.	¡Aquí está!	
DON JUAN.	¡Llegad, llegad!	
	¡Tente a la Santa Hermandad!	
GILA.	¿Qué haré?, que° romper por medio	3085
	es imposible. Ya estoy	
	vengada, y esto ha de ser.	
GIRALDO.	¡Acaba! ¡Date, mujer!	
GILA.	Tu hija pienso que soy.	
GIRALDO.	Ese nombre no te doy	3090
	por las crueldades que has hecho.	
	Tú eres hija de ese pecho	
	crüel, que no pude yo	
	engendrarte.	
GILA.	¿Por qué no,	

3076. [Tachado: D. GAR] D. JU.° A.   3087. Tras el verso sigue un renglón borrado
en A.

Ee. ... CARAVAJAL ... MPG, RC1, RC2.
Tras la acotación sigue medio renglón borrado.

	si me ha forzado mi afrenta?	3095
GIRALDO.	Al cielo darás la cuenta,	
	pues tu castigo llegó,°	
	que ha permitido que venga	
	a prenderte yo también.	
GILA.	Padre, habéis hecho muy bien.	3100
GIRALDO.	Tu engaño no nos detenga.	
	Date a prisión.	
GILA.	Hoy se venga	
	mi honor, y llega con él	
	de la Fortuna crüel,	
	la temida ejecución.	3105
DON JUAN.	¡Acaba! ¡Date a prisión!	
GILA.	Las manos rindo al cordel.°	
DON JUAN.	Rinde las armas primero.	
GILA.	¿Aun teméis con tanta gente?	
	A mi padre solamente	3110
	rendir las armas espero,	
	que aunque vos sois caballero,	
	para mí es mi padre más.	
GIRALDO.	¡Muestra!	
DON JUAN.	¡No he visto jamás	
	en hombre tanto valor!	3115

(Dale a GIRALDO la escopeta y el cuchillo de monte.)   Ff

GILA.	Vengué, en efeto, mi honor.	
DON JUAN.	¡Esposas!	
MINGO.	Perdonarás	
	a Mingo este atrevimiento,	
	porque me han cabido a mí.	
GILA.	Si yo te matara a ti,	3120
	escusara el cumplimiento.	

(Pónele las esposas.)   Gg

3095. En *A*, Vélez primero escribió y luego tachó «si mi afrenta me ha obligado».

3097. llegó: faltan las letras *egó* debido a la rotura del borde inferior de *A*. Seguimos la lectura sugerida por *MPG*.

3116. En *A*, Vélez primero escribió y tachó «GILA. ¿Qué mandas, padre y señor?»

Don Juan.	¡Grillos y cadenas!
Gila.	El viento°

no me llevará, señor
Alcalde.

Don Juan.	¡Estraño valor!
Gila.	No hay sino tener paciencia.

3125

(Pónenle a los pies los grillos y una cadena.)   Hh

Cuadrillero.	Ya está esto puesto.
Don Juan.	¡A Plasencia!
Gila.	Vengué, en efeto, mi honor.

Vanse Todos, rodeando a Gila con los arcabuces,   Ii
y salga Don Fernando, y Doña Isabel.

Fernando.   ¡No se puede pintar la gallardía,
                  la belleza y valor de la Serrana!
Isabel.   ¡Celos me dais, por vuestra vida y mía!   3130
Fernando.   ¿A vos os puede dar mujer humana°
                  celos, siendo vos cielo de mis ojos?
Isabel.   Tal vez suele agradar una villana
                  como tosco manjar, que por antojos
                  da el harto del faisán al apetito.°   3135
Fernando.   Nunca al amor da el gusto esos enojos,
                  mas necio vengo a ser, pues solicito
                  daros satisfación, Isabel mía,
                  del que vos conocéis, y es infinito.
                  Dadme esos brazos porque envidie el día   3140
                  lo que yo os diere a vos, si la Serrana
                  a celos con mi amor os desafía;
                  que por la vida de Isabel y Juana,
                  que voy con intención de que se prenda,
                  porque demás de ser tan inhumana,   3145
                  no hay en la Vera de Plasencia senda
                  ni camino que de ella está seguro.
Isabel.   Pues la Hermandad es bien que en eso entienda.

3128–79. Atajados en *A*.

3147. Tras el verso sigue un renglón borrado en *A*.

Ii. En *A*, *«rodeando a Gila con los arcabuces,
y salga Don Fernando, y Doña Isabel»* está ata-
jado. Falta *«y Doña Isabel»* en *MPG, RC1, RC2*.

FERNANDO.   Sírvenle de defensa y alto muro
esa sierra en que está, y así es en vano   3150
el llegalla a prender, mas yo procuro
con cuatro compañías desde el llano
batirle esos peñascos.

Sale DON RODRIGO GIRÓN.   Jj

ISABEL.   ¿Qué hay, Maestre?
DON RODRIGO.   La Hermandad de Plasencia, que con mano
armada asalta esa muralla alpestre   3155
de esos riscos, ha preso a la Serrana,
porque el valor de la Hermandad se muestre,
llevándola a Plasencia esta mañana,
adonde habrán de hacer justicia de ella
sino es que apela a la piedad cristiana   3160
de vuestros pechos.
FERNANDO.   La común querella,
los atroces delitos no permiten
que se tenga piedad, Girón, con ella,
y no es razón que a la Hermandad le quiten,
pues que tan nueva está, las esenciones   3165
que vuestros previlegios les admiten.
Castiguen como es justo a los ladrones,
sin que haya apelación, que de esta suerte
se evitarán muy grandes ocasiones
fuera de que esta ha dado a muchos muerte   3170
y la merece por razón de estado.
DON RODRIGO.   Con intención justísima lo advierte
Vuestra Alteza, señor.
ISABEL.   Pena me ha dado,
sabiendo que es mujer.
NUÑO.   Ya las literas
aguardan y las guardas han llegado.   3175
FERNANDO.   Partamos a Plasencia. Las primeras
sospechas brevemente desengañan.
ISABEL.   No las tuve jamás por verdaderas,
aunque el amor los celos acompañan.° *Éntrense.*   Kk

Jj. Falta en *A, MPG, RC1, RC2.*   3162. *permiten:* faltan las letras *ten* debido
a la rotura del borde inferior de *A.*

3154. Tras el verso sigue un renglón borrado
en *A.*   Kk. *Éntrese. RC2.*

Salga Don García solo.   Ll

| DON GARCÍA. | Perdido ya de dos días, | 3180 |

DON GARCÍA.   Perdido ya de dos días,   3180
vengo a dar en las murallas
de Plasencia sin saber
de Andrés ni de don Lucas nada,
de las mulas, ni de mí,
que aun pienso que no se acaban   3185
los jarales y las peñas
de estas dos noches pasadas.
Temo, por lo que han dicho
de Gila, de la serrana
a quien don Lucas burló,   3190
no haya tomado venganza,
pues por esta causa solo
en la sierra salteaba,
y sin querer ni sabello
perdido pudo encontralla.   3195
De la ciudad sale gente.
Quiero saber a qué causa,
que me parece en la prisa
novedad.

MADALENA y PASCUALA.   Mm

MADALENA.   ¡Anda, Pascuala!
PASCUALA.   No voy, de pesar, en mí.   3200
DON GARCÍA.   ¿Qué es esto, hermosas serranas?
MADALENA.   Es la desdicha mayor
que se ha visto.
DON GARCÍA.   ¿Cómo?
MADALENA.   Sacan
a josticiar aquí huera
de la ciudad, como manda   3205
la Santa Hermandad, a Gila,
esa serrana gallarda
que entre Garganta la Olla
y Plasencia salteaba.

3190. don [Borradura] Lucas *A.*   3195. perdido pudo [Tachado: con ella]
                                                 encontralla *A.*

3192. esta [Borradura] causa *A.*

                                                 3204. fuera *RC1, RC2.*

	Don Juan de Carvajal,	3210
	que es Alcalde de la Santa	
	Hermandad, la prendió, y toda	
	la de la Vera es su guarda,	
	que, de haber muerto a don Lucas,	
	su primo, toma venganza	3215
	con esto.	
DON GARCÍA.	¿A don Lucas dices	
	que ha muerto?	
MADALENA.	Esa es cosa crara.	
	Quedaos a Dios, que ya llega.	
PASCUALA.	Vamos.	

(Pónganse PASCUALA a un lado, y MADALENA en el tablado.)   Nn

DON GARCÍA.	Nunca miente el alma.°	
	¡Parece sueño! Las nuevas,	3220
	aunque de mí receladas,	
	me han dejado sin sentido.	
	Vengóse al fin la Serrana.	
	Dios te perdone don Lucas,	
	de tantas desdichas causa.	3225

Éntrese DON GARCÍA, y suenen agora campanillas, y salgan CUA-   Oo
DRILLEROS, con ballestas, y flechas en ellas, capotes verdes de dos
faldas, luego GILA, con esposas en las manos, como la pren-
dieron, y DON JUAN, con vara, detrás, de negro, vestido
con ferreruelo, y GIRALDO, con vara también.

GILA.	Nadie de mí se lastime,	
	los que me ven tan amarga	
	muerte morir, porque yo	
	no la tengo por desgracia.	
	Contenta muero, por ver	3230
	que el Cielo, con esta traza	
	de mi predestinación,	
	el bien que mi muerte aguarda,	
	que de otra suerte parece	
	que fuera imposible, a causa	3235
	de los delitos que he hecho	
	solo por tomar venganza,	

3212. prendió [Borradura] y toda   *A.*   Nn. *Póngase . . . RC2.*

	que sin robos y salteos,	
	por estas manos ingratas	
	tengo a cargo dos mil vidas	3240
	de que pido perdón.	
PASCUALA.	¡Rasgan,	
	Madalena, el corazón	
	sus razones!	
MADALENA.	Sí, Pascuala.	
GILA.	¡Ah, padre! ¡Ah, señor!	
GIRALDO.	¿Qué quieres?	
GILA.	Escúchame una palabra.	3245
GIRALDO.	¿Qué dices?	
GILA.	Llega el oído.	
MADALENA.	¿Querrá encargalle su alma?	
GILA.	Llégate más.	
GIRALDO.	Ya me llego.	

(*GILA le muerde en la oreja.*)   Pp

	¿La oreja, ingrata, me arrancas°	
	con los dientes?	
GILA.	Padre, sí.	3250
	Que esto merece quien pasa	
	por las libertades todas	
	de los hijos. Si tú usaras	
	rigor conmigo al principio,	
	de mi inclinación gallarda	3255
	yo no llegara a este estremo.	
	Escarmienten en tus canas,	
	y en mí, los que tienen hijos.°	
GIRALDO.	Confieso que es justa paga	
	a mi descuido.	
DON JUAN.	¡Estraña cosa!	3260
	Subid con ella.	

3241. pido [Borradura] perdón *A.*

3242. Tras el verso sigue un renglón borrado en *A.*

3244. ¡Ah, padre! ¡Ah, padre! *RC2.*

3249. GIRALDO. *A.*

3256. extremo *RC2.*

Pp. Falta en *A, MPG, RC1, RC2.*

3260. Hay una acotación borrada al margen izquierdo de *A.*

(Éntrese con ella agora, y queden PASCUALA y MADALENA.) Qq

MADALENA. Pascuala,
¿has visto tal cosa?
PASCUALA. El viejo
sangre y lágrimas derrama.
MADALENA. Al palo llegan con ella.
PASCUALA. Ya la arriman y la atan. 3265
MADALENA. Pascuala, los cuadrilleros
se aperciben a tiralla,
que ya el verdugo le pone
el garrote a la garganta.°
PASCUALA. ¡Perdónete Dios, amén! 3270
MADALENA. Esta hue su estrella° amarga.
¡Nunca nacieras al mundo!
PASCUALA. Mejor hue nacer, pues pasa
desde aquel palo a una vida
que eternamente se acaba. 3275
MADALENA. Ya disparan las saetas
los cuadrilleros, Pascuala.
PASCUALA. ¡A San Sebastián parece!°

(MAESTRE de adentro.) Rr

RODRIGO. ¡Aquí es el suplicio! ¡Plaza!
MADALENA. ¡Pascuala, estos son los Reyes! 3280
PASCUALA. ¡Oh, si primero llegaran!
MADALENA. Adrede llegan agora,
porque quieren que su Santa
Hermandad castigue.°

Entre DON FERNANDO, y DOÑA ISABEL, y el MAESTRE, y los que Ss
pudieren de acompañamiento, corren el tafetán, y parezca
GILA en el palo arriba, llena de saetas y el cabello sobre
el rostro, y salgan abajo GIRALDO y DON JUAN.

FERNANDO. Ha sido

3265. *atan:* faltan las letras *tan* debido a la rotura del borde inferior de *A*.

3265–3300. Atajados en *A*, pero conservando la acotación Rr.

3268. *le pone:* falta en *A* debido a que el borde inferior de la hoja está comido.

3271. fue *RC1, RC2*.

	justo castigo.	
MADALENA.	¡Bizarra	3285
	quedó en el palo también!	
ISABEL.	A mí me enternece el alma.	
DON JUAN.	Este es su padre, señor.	
FERNANDO.	No sé qué merced os haga,	
	don Juan, por este servicio,	3290
	sino es que tengáis la vara	
	perpetua en Plasencia.	
DON JUAN.	Beso	
	vuestras generosas plantas.	
FERNANDO.	Y a vos, que luego os entrieguen	
	el cuerpo para enterralla,°	3295
	quedando allí una memoria	
	que de ejemplo sirva a España,	
	haciéndoos franco° también.	
GIRALDO.	Vuestra piedad nos ampara,	
	que esta fue desdicha mía.	3300
RODRIGO.	Ya puesto en orden aguarda	
	de Plasencia el regimiento.	
FERNANDO.	Vamos, señora.	
RODRIGO.	Aquí acaba	
	la Serrana de la Vera,	
	que fue prodigio en España.	

Laus Deo

FIN DE LA TRAGEDIA DE
LA SERRANA DE LA VERA

En Valladolid a 7 de 1613

Luis Vélez de Guevara

Para la señora Jusepa Vaca

NOTAS

* *Jusepa Vaca:* la actriz más famosa de su generación, «querida —como ha escrito certeramente Mercedes de los Reyes Peña— por el público y visitada por Grandes del Reino, despertó pasiones y críticas no únicamente en Castilla sino también en Portugal y no sólo en el Seiscientos sino incluso en épocas posteriores mucho más cercanas a la nuestra». Ver «En torno a la actriz Jusepa Vaca», en *Las mujeres en la sociedad española del Siglo de Oro: ficción teatral y realidad histórica,* 81–114.

** *Hermandad:* aquí y más adelante (vv. 2383, 2504, 3148, 3283–84), «en Castilla, es un cierto tribunal que tiene jurisdición y castiga los delitos cometidos en el campo, la qual tiene grandes prerrogativas y essenciones de los reyes, y es tan respetada que la llaman Santa Hermandad» (Cov, s. v. «ermano»).

Jesús, María, etc.: ver la p. 43 de nuestro estudio textual.

A. *en cuerpo:* «sin capa ni otra cobertura más que el sayo» (Cov, s. v. «cuerpo»); «Sin capa, manto u otras cosas de mayor adorno» (*Aut,* s. v. «cuerpo»).

1–4. *rey-ley:* esta rima constituye uno de los ripios más comunes del teatro aurisecular. El mismo Vélez criticó su uso en las jocosas «Premáticas y ordenanzas» del Tranco X de *El Diablo Cojuelo:* «Iten, que en las comedias […] no se diga […] versos por el consonante, como decir a *rey,* 'porque es justísima ley', ni a *padre,* 'porque a mi honra más cuadre', ni las demás: 'A furia me provocó', 'Aquí para entre los dos' y otras civilidades, ni que se disculpen sin disculparse diciendo:
> Porque un consonante obliga
> a lo que el hombre no piensa.
Y al poeta que en ellas incurriera de aquí adelante, la primera vez le silben, y la segunda sirva a Su Majestad con dos comedias de Orán» (*EDC* 122). El poeta se vale del ripio dos veces más en la presente comedia (vv. 515–18, 1045–48).

2. *seldo:* aquí y más adelante (*escusaldo* v. 100, *dejaldo* v. 821, *llamalda* v. 944, *pedilde* v. 1565), por metátesis, -*dl-* > -*ld-* en el mandato con pronombre enclítico.

4. *serville:* aquí y passim, -*rl-* > -*ll-* por asimilación del pronombre enclítico al infinitivo. En la obra hay veintinueve casos de la forma asimilada, y diecinueve con la forma con -*rl-*. Véase Fernando A. Lázaro Mora, «*RL-LL* en la lengua literaria», *RFE* 60 (1978–80): 267–83.

8. *Alcalde:* sobrentiéndese de la Santa Hermandad. Véase nuestra nota **.

14–20. Exposición directa y concisa de una de las problemáticas centrales de la época. Para la interpretación social de los conceptos *hidalgo, cristiano viejo* y *honrado* véanse Américo Castro, *De la edad conflictiva,* passim; Noël Salomon, *Lo villano en el teatro del Siglo de Oro,* 654–705; y más específicamente, Enrique Rodríguez Cepeda, «Sentido de los personajes en *La serrana de la Vera*», *Segismundo* 9, 1–2 (1965): 192–93. Cf. *La Luna de la Sierra*, vv. 1019–23:

> Gil del Rábano es alcalde
> del lugar, rico y cristiano
> viejo de cuarenta agüelos,
> mozo de pies y de manos,
> sano, ¡groria a Dios!

24. *villano:* en los vv. 30–35 Vélez distingue y matiza este juego bisémico. «En cuanto a *filósofo villano*, parece que el autor diferencia la filosofía de aldea, nutrida del refranero y la experiencia de la vida, etc., y la filosofía de corte, por decirlo así, referida a lo intelectual» (Enrique Rodríguez Cepeda, ed., *La serrana de la Vera*, 71, n. 24). Véase Salomon 284–88.

25. *espacio:* aquí y más adelante (vv. 186, 2442), «tardanza, flema, suspensión, lentitud, y lo que es contrario a ir de prisa, y con passo u movimiento natural: y assí se dice, Caminar de espacio, hablar de espacio, &c.» (*Aut*).

28. *valor:* una de las voces predilectas de Vélez —ocurre veintinueve veces en la presente obra—, que emplea en diversos sentidos: valor, nobleza, prestigio, méritos, poder, rigor. Hasta la convierte casi en un sustituto pronominal. Véase, por ejemplo, v. 144.

31–35. Cf. «No es villano el de la villa, sino el ke haze la villanía» (Correas 248a); «Villano es el ke haze la villanía, ke no el de la villa» (ibíd., 523b). Es evidente, como señala Miguel Requena Marco (510), que la alusión al refrán es conceptual, no formal. Véase además el documentado comentario de Salomon 288–309, 628–53.

41. *mozo:* «Esta palabra sinifica ordinariamente la edad juvenil, *latine adolescens*. Algunas vezes —[como aquí]— la condición de la misma edad que con la poca esperiencia y mucha confiança, suelen hazer algunas cosas fuera de razón» (Cov, s. v. «moço»).

44. *bozo:* «El primer vello que apunta a los jóvenes sobre el labio superior» (*Aut*). «En la época era tópica la metonimia *bozo* por joven, como su opuesta *canas* por viejo» (Rodríguez Cepeda 72, n. 44).

50. *que:* aquí, en sentido causal. *Impresas:* también más adelante (v. 1944, 1994), empresas. Cf., en cambio, *empresas* (v. 1134). La vacilación del vocalismo protónico es uno de los aspectos habituales de Vélez, sobre todo cuando se trate de las hablas populares. Otros ejemplos: *roído* v. 289, *cochillos* v. 295, *soprique* v. 370, *jodío* v. 376, *nenguno* vv. 398, 1215, 1370, *atordille* v. 409, *roín* v. 418, *melecina* v. 918, *fegura* v. 1205, *sotil* v. 1316, *apercebido* v. 1345, *mochacho* v. 1397, *musaica* v. 1722, *homecida* v. 2171, *trebunal* v. 2462, *josticia* v. 2464. La inflexión vulgar de la vocal protónica, según Menéndez Pidal y Goyri (162, n. 289), se explica en la mayoría de los casos por disimilación de una *i* o *u* acentuadas.

57. *haber:* aquí en sentido transitivo, tener, poseer. Cf. Juan de Valdés, *Diálogo de la lengua*: «Aya y ayas por *tenga* y *tengas* se dezía antiguamente, y aun lo dizen agora algunos,

pero en muy pocas partes quadra» (ed. José F. Montesinos, 105). Ver Eva Seifert, «"Haber" y "tener" como expresiones de la posesión en español», *RFE* 17 (1930): 238–42, 355–57.

72. *patente:* mandamiento que se despacha, lacrado con el sello real, sobre una materia importante.

74–80. Vélez ambienta la acción del drama con precisos pormenores geográficos y toponímicos. Estos han sido particularizados por Julio Caro Baroja, en un brillante y sutilmente matizado comentario filológico, antropológico y folclórico, «La Serrana de la Vera, o un pueblo analizado en conceptos y símbolos inactuales», en *Ritos y mitos equívocos,* 264–70. Respecto a los topónimos citados por Vélez, cf. Antonio Ponz, *Viaje de España,* lib. 7, carta 6: «Los pueblos de la que propiamente se llama Vera de Plasencia son los siguientes, según un práctico de la tierra me dijo: Piornal, Barrado, Garguera, Arroyomolinos, Pasarón, Gargantalaolla, Jarandilla, Gijo de Jarandilla, Jaráiz, Cuacos, Robledillo, Aldenueva de la Vera, Viandar, Villanueva y El Osar. Entre estos adquirió nombre, bien que por mal término, el de Cuacos, que es de los más cercanos a Yuste». Adviértase que dos topónimos mencionados más adelante, *Valdeflor* y *La Venta* (vv. 1386, 2809), no figuran en la relación de Ponz ni en ninguno de los registros citados por Caro Baroja, ni siquiera en el *Diccionario geográfico-estadístico-histórico de España* de Pascual Madoz.

76. *tocar cajas:* tocar el tambor, y aquí, según Rodríguez Cepeda, en el sentido de reclutar.

77. *levantar la bandera:* figuradamente, convocar gente de guerra.

81–3. En varias comedias de Vélez el soldado profesional expresa el deseo de tener su propia compañía y de ser capitán para lograr fortuna y honores. Cf. *La niña de Gómez Arias,* donde parecido sentimiento se expresa en términos más ahincados por el malhechor titular (vv. 47–49):

> no volviera
> a Córdoba jamás ni en ella entrara
> hasta que capitán primero fuera,
> que para un hombre pobre y bien nacido,
> su patria viene a ser más estranjera.

92. Aquí y más adelante (vv. 863, 1924, 2508), la escansión métrica supone que «Guárdeos» se pronuncie con sinéresis. Véase Gerald E. Wade, «The Orthoëpy of the Holographic *Comedias* of Vélez de Guevara», *HR* 9 (1941): 472.

107–12. Sobrentiéndese «pienso» (v. 106). El uso del lenguaje paremiológico, según Teresa M. Rossi, es un rasgo distintivo del lenguaje campesino. En efecto, todos los ejemplos citados por ella están asignados a estos personajes. Pero, como observa Requena Marco (515), «[s]i bien este rasgo es distintivo de una determinada clase de personajes, no es exclusivo de ella. En el lenguaje de los nobles también vemos autorizado, aunque en medida mucho menor, este recurso a la paremiología. Sin embargo, hay una diferencia en el uso de este recurso entre el lenguaje de los villanos y el de los nobles: en estos, el uso es preferentemente de carácter culto (con probable origen en fuente latina en algún caso), mientras que en los campesinos predomina el *refrán,* de origen popular, con interferencias del lenguaje 'culto', como señala T. M. Rossi, en las comparaciones con fundamento paremiológico. [...] El uso de la paremiología en el lenguaje de los nobles, además de ser de origen preferentemente culto, no se ata a la expresión consagrada, sino que es un poco libre, refundiéndose con el resto del discurso, pero sin que lleguen a perderse todas las trazas». Así, en estos versos no se sigue de cerca el refrán en su aspecto formal, pero la referencia es clara. Hay refranes que constatan que el villano nace por las buenas: «La zarza da el fruto espinado, y el ruin, llorando» (Rodríguez Marín 65.037); «A gente villana, poko hablar, y en la mano la vara» (ibíd., 63.869); «Los villanos dan el fruto a palos» (ibíd., 63.930); «Al villano, con la vara de avellano» (ibíd., 63.932); «Al villano, del pan y del palo» (ibíd., 63.933); «Solamente con el palo harás tu amigo al villano» (ibíd., 63.934). Cf. vv. 387–90. *Jineta:* aquí y más adelante (v. 389), «una lança corta con una borla por guarnición, junto al hierro dorado, insignia de los capitanes de infantería» (Cov). *Por bien:* aquí y adelante (v. 388), el sentido de esta expresión queda claro en el siguiente pasaje del *Diálogo de las cosas ocurridas en Roma,* de Alfonso de Valdés: «Amonestarleía muchas vezes que se emendasse, e si no lo quisiesse hazer e yo toviesse mando o señoría sobre él, castigarloía muy gentilmente, para que *por mal* se emendasse si no lo quisiesse hazer *por bien*» (ed. José F. Montesinos, 62).

113–14. *irse a la mano:* reportarse. Cf. «Irle a la mano, estorvarla que no haga alguna cosa o mala o buena» (Cov, s. v. «ir»).

116. *Roldán:* aquí y más adelante (v. 442), el nombre del héroe ariostesco se aplica, claro, en son de burla, al arrogante capitán don Lucas.

126. *arrestando:* cf. «ARRESTARSE. Determinarse, resolverse, y entrarse con arrojo a alguna acción ardua, o empressa de grande contingencia y riesgo» (*Aut*).

129–68. El retrato de Gila no es un caso aislado en el teatro guevariano. Al contrario, los giros y las figuras retóricas con que el poeta relata las proezas de su heroína forman parte de un repertorio de tópicos que a lo largo de su carrera le servía para perfilar las extraordinarias figuras que animaban sus enredos, fueran héroes o villanos, hombres o mujeres. Cf., por ejemplo, la relación que se da del protagonista y su hermana al principio de *El Hércules de Ocaña,* vv. 10–61:

MONTALBÁN.   Tú no debes de saber
                bien quién es esta mujer;
                que es mujer, decir podría,
                    esta furia en carne humana,
                porque sobre ser tan bella,
                llegamos a encarecella,
                ser de Céspedes hermana.
                    Y fuera de ser de Ocaña
                honor por el nacimiento,
                es, por el bravo ardimiento,
                el coco de toda España,
                    hombre que se alza con diez
                en la espalda y en los brazos,
                y para hacellos pedazos

es racional almirez,
  hombre que de una coz sola
un rastrillo desbarata,
y que una fuente de plata,
con los dedos la escarola,
  hombre que, si está mohino,
sin rendirse a humanas leyes
detiene un carro de bueyes
y una rueda de molino,
  hombre que, con una espada,
entre muchas bizarrías,
puede esperalle Golías
armado, una cuchillada;
  hombre con quien fue Roldán
pollo, y un aprendiz nuevo
el Caballero del Febo,
y un enano Esplandián.
  Este es Céspedes, y advierte
que, desmintiendo su ser,
es su hermana una mujer
tan varonil y tan fuerte,
  que, viniendo un carretero
de la Mancha a este lugar
con Céspedes a tirar
la barra, muy forastero,
  sin el valor de los dos,
y muy en lo presumido,
Sansón manchego, curtido
de aquello de Cristo es Dios,
  estando su hermano ausente,
tiró la barra con él,
y le ganó al moscatel,
carreterazo valiente,
  venciendo al gigante griego
en el ademán bizarro,
cuanto llevaba en el carro,
y el carro y las mulas luego.
  Esta es ella, y este es él.

138–39. «*Tirar la barra*. Género de diversión que para exercitar la robustez y agilidad suelen tener los mozos: y es desde un puesto señalado despedirla de diferentes modos y maneras, y gana el que más adelanta su tiro, suponiendo que para que lo sea ha de prender en la tierra por la punta o parte inferior» (*Aut*). También más adelante, *arrojar la barra* (vv. 843–4). Las fuerzas de la Serrana de la Vera eran legendarias. Cf. Gabriel Azedo de la Barrueza y Porras, *Amenidades, florestas y recreos de la Provincia de la Vera Alta y Baja, en la Extremadura* (1667): «Era grande tiradora de barra, y a los que veía que eran alentados hacía que tirasen con ella, y ninguno la ganó; y hoy se está arrojada en aquel suelo la piedra con que tiraba, que apenas los que la ven se pueden persuadir a que hubiese mujer que tirase con ella por lo grande y pesado que tiene; y hoy aquel puesto, en memoria del caso, se llama el Tiro de la Serrana» (87).

144. *valor:* véase v. 28 n.

168. *bruto:* «Comúnmente se toma por el animal irracional, quadrúpede, tardo grossero, cruel, indisciplinable» (Cov).

181. *ambos a dos:* aquí y más adelante (vv. 602, 897, 1952), los dos. Véase Keniston §13.1.

186. *espacio:* véase v. 25 n.

188. *puesto que:* aunque. Véase Keniston §28.44.

197. *luego luego:* en seguida.

C. La espectacular salida a escena de la protagonista por el patio, montada a caballo, es un procedimiento empleado por Vélez con alguna frecuencia. Cf. *Los hijos de la barbuda,* Acto III, acot. XX: «*Sale* LA BARBUDA *por enfrente del tablado a caballo, con una lanza en la mano*»; *El Alba y el Sol,* Acto III, acot. XX: «*Sale* LA BARBUDA *por enfrente del tablado*»; *El cerco de Roma por el rey Desiderio,* Acto II, acot. OO: «*Sale* LEONCIO *a caballo, todo armado de punta en blanco, al patio*»; *El mejor rey en rehenes,* Acto II, acot. Y: «*Entra por el palenque, al son de cajas y clarines,* DON ALEXIO *a caballo, con lanza y adarga*»; *La mesa redonda,* acot. U: «*Sale la* MUERTE *a caballo, con una cabeza en una mano, y en la otra una guadaña*»; *La Rosa de Alejandría,* Acto II, acot. i: «*Éntranse, y tocan chirimías, y van entrando por el patio los que pudieren entrar, de negro y con mascarillas, plumas en la cabeza, camisolas de seda y calzones blancos, alfanjes, arcos y aljabas; y luego, a caballo,* BRISÉIS, *reina de Etiopía, con basquiña alta y alfanje, aljaba y arco, el cabello tendido, y corona en la cabeza, calzados de corcho argentados, como sandalias, y cota a lo romano, y al mismo tiempo, por el tablado,* MAXIMINO, *vestido a lo romano, con laurel y bastón alto, y* HERACLIO *por otra puerta del tablado, y llegue* BRISÉIS *a apearse, y llegue* HERACLIO *a darle la mano* [...]».

Puesto que la modalidad de la obra es en buena parte costumbrista, Vélez dedica minuciosa atención a los detalles de sus escenas. Tras la severidad de la escena inicial de conflicto personal, es especialmente acusado el impacto de la regocijada festividad colectiva y el color local— *relinchos:* aquí y más adelante (acot. K), «Se toma por los gritos y voces en regocijo y fiesta: Es voz festiva» (*Aut,* s. v. «relincho»). Véase al respecto Salomon 449–50. Una constante de la obra son las didascalias en las que el autor especifica las vestimentas que se han de usar. La acot. A es más o menos elíptica, pero aquí sus indicaciones son explícitas. *Sayuelo:* «saya, el vestido de la muger de los pechos abaxo, y lo de arriba sayuelo» (Cov, s. v. «sayo»). *Patena:* «Una lámina ancha que antiguamente trahían a los pechos con alguna insignia de devoción, que el día de oy tan solamente se usa entre las labradoras» (ibíd.). *Botín argentado:* bota de mujer blanca. Véase Salomon 404–33. Otra constante serán las evocaciones de la cacería de la Vera de Plasencia, expresada aquí con los pellejos y las cabezas de lobos y de jabalí. Cf. Azedo de la Barrueza, *Amenidades:* «Abundan estos montes de muchos jabalíes, corzos, cabras monteses, liebres, conejos y famosas perdices, grandes y buenas» (29).

Por otra parte, «[a]l bosquejar el retrato de su heroína e imaginando sus salidas al escenario, haciendo alarde de trajes, Luis Vélez de Guevara había pensado en la figura airosa de la 'vedette' que iba a interpretar el papel de Gila [...] Se trataba en este caso de la actriz Jusepa Vaca. [...] Esta misma Jusepa Vaca, a menudo calificada de 'gallarda', había interpretado el papel de doña Elvira en *Las almenas de Toro* (probablemente 1610–13) de Lope y también había salido vestida de aldeana. No cabe duda alguna acerca del efecto que se quería lograr con el atuendo de la serrana o de cazadora [...] La falda corta, el capote 'de dos haldas', o el 'sayo vaquero' con que las engalanaba a veces la puesta en escena, dejaba ver la pierna o ceñía el cuerpo. Esto, en una sociedad en la que el descubrir la punta del pie en presencia del galán constituía fina merced amorosa por parte de la dama, representaba sin lugar a dudas una audacia y le daba sal al espectáculo» (Salomon 422–3). Es más, el *sex appeal* de dicha estrella era notorio, y ocasionó más de una letra burlesca, entre ellas un soneto atribuido a Góngora (núm. LXXIX, ed. Millé). Véase, además, el artículo de Mercedes de los Reyes, citado anteriormente.

Apoyándose en esta acotación, Milton Buchanan en su reseña a la edición de Menéndez Pidal y Goyri (*MLN* 32 [1917]: 426) aseveró que *La Serrana de la Vera* era una pieza de espectáculo y que debió ser representada en el *patio* de un palacio, pero como señaló José Gómez Ocerín en su reseña a la misma edición (*RFE* 4 [1917]: 412), Buchanan había confundido *patio=court* con *patio=pit*.

205–44. El cantar parece tradicional, sobre todo el estribillo «*Quién como ella*». Sin embargo, el primer verso de la copla es culto y demuestra un intencionado eclecticismo. La fórmula lírica es la de las letanías de la Virgen con responso. Otras escenas de romería en el teatro confirman que el procedimiento de la reiteración está relacionada con el motivo mariano. Cf. *El lego de Alcalá*, vv. 741–54:

MÚSICOS.	*Allá van los de la vela,*
	Señora de la Salceda.
UNO.	*Allá van a vuestra casa,*
	allá van los de la aldea,
	Señora de la Salceda,
	a daros la bienllegada,
	Señora de la Salceda.
TODOS.	*Allá van los de la vela,*
	Señora de la Salceda.
SOLO.	*A daros la bienvenida,*
	Señora de la Salceda.
TODOS.	*Allá van los de la vela,*
	Señora de la Salceda.

Lope de Vega, *La tragedia de don Sebastián*, Ac.N., 12: 542b:

Canten.	La Virgen de la Cabeza.
MUJER.	Hizo gloria esta tierra.
Respondan todos:	¡Quién como ella!
MUJER.	Tiene la frente de perlas.
TODOS.	¡Quién como ella!
MUJER.	Y de oro fino las hebras.
TODOS.	¡Quién como ella!
MUJER.	Parió, quedando doncella.

TODOS.	¡Quién como ella!
MUJER.	Sana cuantos van a vella.
TODOS.	¡Quién como ella!
MUJER.	Da salud a los que enferman.
TODOS.	¡Quién como ella!
MUJER.	Vista al ciego, al mudo lengua.
TODOS.	¡Quién como ella!
	La Virgen de la Cabeza,
	¡Quién como ella!

La evocación carnavalesca del canto litúrgico-popular, junto con el sugestivo atuendo de la serrana tratado en la nota anterior, acentuaría tanto más la audacia dramática de la primera aparición de la estrella Jusepa Vaca. Véanse Ramón Menéndez Pidal y María Goyri de Menéndez Pidal, eds., *La Serrana de la Vera*, 151–52; Caro Baroja 290; Salomon 572–74.

211. *crencha:* aquí y más adelante (v. 2215), «La partidura de cabello, por medio de la cabeça, frontera de la nariz, echando la mitad de la cabellera a una parte, y la otra mitad a la otra, que llaman la naçarena» (Cov, s. v. «crenche»).

219. *genzor:* aquí y más adelante (v. 225), hermoso, gentil. Gómez Ocerín (413) señala que Vélez emplea este adjetivo en otras ocasiones: en *La rosa de Alejandría* (vv. 2351–58) para dar gusto popular a un romancillo cantado por una compañía de labradoras:

> *Mozas de la sierra*
> *del cuerpo genzore*
> *que al mercado el martes*
> *bajáis a la corte,*
> *unas en cabello,*
> *dando envidia al sole,*
> *y otras, puesto en trenzas,*
> *a matar de amores.*

Y en *La montañesa de Asturias* (vv. 886–91) para caracterizar el lenguaje villanesco:

> El es como un pino de oro
> por delante y por detrás,
> y enforas que me parece
> tan *adamado y genzor,*
> que tanto picaño amor
> a la par del alma crece.

Cf. Julio Cejador y Frauca, *Vocabulario medieval castellano*, s. v. «gent, gento, genta» y «gençor». *Adamado:* fino, elegante, de facciones, talle y modales delicados.

233. *adamar:* «por amar, es término de que usan los romances viejos» (Cov, s. v. «amores»); «Amar con passión, y vehemente. Es voz de poco o ningún uso, y puramente Latina» (*Aut*).

235. *mos:* sayaguesismo convencional, nos.

241. *Doce Pares:* «Pares de Francia fueron doze cavalleros iguales en nobleza y en valor y hechos de armas, instituídos por Carlo Magno» (Cov, s. v. «pares»).

246. *arzón:* «El fuste trasero y delantero de la Silla de caballería, que sirven de afianzar al ginete, para que no se vaya adelante ni atrás» *(Aut).*

253-55. Entiéndese, 'Cada vez que te contemplo, pienso que me añades vida, Jordán de mi edad'. *Jordán:* «Qualquier cosa que remoza, o rejuvenece. Es tomada la metáphora de que se decía que los que se bañaban en el río Jordán rejuvenecían» *(Aut).* Cf. *El hijo del águila,* vv. 2593-2600:

Dadme la mano, que quiero
esta fiesta haceros, Juan,
que *habéis sido mi Jordán*
en que remozarme espero,
para que llegue a escuchar
de vos una y otra hazaña
con que deis honor a España
por la tierra y por el mar.

263. *zafir:* azul claro.

268. *crüel:* en el sistema ortoépico de Vélez la voz es, con rara excepción, bisilábica. Ver Wade 462. Cf. vv. 303, 423, 680, 2629, 3011, 3093, 3104.

276. *huente:* con *h* aspirada. Dicen Menéndez Pidal y Goyri que «fuera de este caso, Vélez no suele emplear en el habla villanesca la *h* aspirada (por ejemplo, 'hermosura', 1204; 'hiziera', 438, con sinalefa» (ed. cit., 162). Sin embargo, en la presente obra y en otras, como *Los hijos de la Barbuda* y *Los novios de Hornachuelos,* hay numerosos casos de la *h* aspirada.

277. *hendo:* haciendo. El verbo *her,* forma rústica *hacer,* ocurre veintiún veces en la tragedia (vv. 637, 660, 724, 771, 861, 904, 922, 1059, 1078, 1183, 1245, 1250, 1309, 1560, 1579, 1594, 1825, 2285, 2375, 2412), siempre con la *h* aspirada.

282-330. Manuel Muñoz Cortés, en el prefacio a su edición de *Reinar después de morir* y *El diablo está en Cantillana* (p. lxi), señala cómo Vélez gusta de cuadros de montería pintados en fuertes tintes culteranos y conceptistas, a veces, como aquí, en el metro popular del romance, a veces en floridos endecasílabos. Cf., por ejemplo, *Don Pedro Miago,* vv. 190-210, 346-66; *El diablo está en Cantillana,* vv. 1382-1434; *Los novios de Hornachuelos,* vv. 623-34; *La Luna de la Sierra,* vv. 244-52, entre muchos más. Véase también Dámaso Alonso, «Lope de Vega, símbolo del barroco», en *Poesía española,* 440-55.

316. *plomo colado:* aquí, el plomo fundido en forma de bala.

340. *de camino:* aquí y más adelante (v. 1423, acots. BB, oo), se trata del traje de camino, que es un vestido rico de colores, sombrero emplumado, botas altas, con caña muy flexible, y espuelas. En la escenografía convencional de la Comedia Nueva, aun desde sus comienzos —e. g., *La serrana de Tormes,* de Lope (Ac.N., 9: 447a)—, dichas prendas eran el signo principal que denotaba que el personaje iba de camino. La extravagancia del vestido de camino se hizo tema de sátira, como se ve en los *Coloquios satíricos,* de Antonio de Torquemada: «¿[P]uede ser mayor disparate en el mundo que andar un hombre communmente vestido de paño procurando que un sayo y una capa le dure años, y cuando va de camino

lleva terciopelos y rasos, y los chapeos con cordones de oro y plata, para que los destruya todo el aire y el polvo y la agua y los lodos, y muchos veces un vestido desto que les cuesta cuanto tienen, cuando han servido en un camino están tales que no pueden servir en otros?» (NBAE 7: 639b). Véase Alonso Zamora Vicente, «*De camino,* función escénica», en *Homenajem a Joseph M. Piel,* 639–53.

356–7. Según Requena Marco (511), posible alusión a un refran o dicho.

358–61. Aunque María Teresa Rossi (91) no puede comprobar que Vélez reprodujera aquí un refrán tal cual, observa que «La fórmula base podría ser 'La mucha converzación akarrea menosprecio' (Correas 208a), en la que intervendría substituyendo la ponderación cuantitativa por la anáfora difusa 'tales conversaciones' para vincular el refrán a la situación circunstancial, e introduciendo el típico recurso paremiológico de la antinomia *estimar/ menospreciar.* En el contexto aparece otra referencia paremiológica en el empleo en rima del lexema *razón,* que nos recuerda el paralelismo de 'Buena conversación, buena razón' (Martínez Kleiser 13.468)». «[A]unque generalmente, en el uso de este refrán, *conversación* significa 'trato', aquí me parece buena la interpretación de Rossi, creo que confirmada por los vv. 437–40, puestos en boca de Gila: 'que a otras cuatro compañías / lo mismo hiciera que veis, / cuanto y más a un capitán / tan descortés y *hablador'»* (Requena Marco 514).

370. *soprique:* suplique.

371. *picar:* aquí, metafóricamente, seguir adelante. Cf. «[A]ndar de prissa, apretar el passo el que va a caballo. Por extensión se dice del que va a pie» (*Aut*).

376. *jodío:* «El tachar de judíos a los hidalgos responde a la creencia de que los labriegos eran los únicos limpios de sangre, es decir, no mezclados con conversos. Es ese orgullo de 'cristiano viejo' de que alardea Sancho Panza. En cambio, se pensaba que las clases nobles estaban ya de antiguo mezcladas» (Alonso Zamora Vicente, ed., *Peribáñez y el Comendador de Ocaña,* 110, n. 2560). Cf. Salomon (829, n. 63), que aporta muchos ejemplos de la comedia del siglo XVII y de Vélez, en los que a los cortesanos se les insulta con esta ofensa.

384. *aquesta:* en Vélez, el demostrativo arcaico alterna con las formas normales, siempre empleado —siete veces más en la presente comedia (vv. 689, 1015, 1290, 1898, 1955, 2174, 2925)— como ripio para regularizar el metro. Los demostrativos y pronombrés con el prefijo *aqu-* eran consideradas como anticuadas, pero todavía muy comunes en la primera mitad del siglo XVII.

386. *llano:* los Pidal y Rodríguez Cepeda entienden *estar llano* como una perífrasis de allanarse. Nosotros, en cambio, creemos que las palabras de Gila se dirían con sarcasmo, y que *llano,* que aquí significa «descortés, desatento, u descomedido» (*Aut*), se emplea con intencionada ironía.

387–90. Véase vv. 107–12 n.

398. *sopetear:* «Metaphóricamente vale maltratar, o ultrajar a alguno» (*Aut*).

403–04. *Mala Pascua, mal San Juan:* fórmulas imprecatorias, muy usadas por los comediógrafos auriseculares.

408. *¡Pardiobre!* Lo mismo que ¡Pardiez!, eufemismo en lugar de ¡Por Dios!

411. *chaparro:* mata de encina o roble, de muchas ramas y poca altura.

416. *despabilar:* literalmente, «limpiar el pávilo de la vela o el moco del candil» (Cov, s. v. «despavesar»), pero empleado aquí en el sentido de «Quitar los *mocos.* Phrase con que se amenaza a alguno con castigo, especialmente de manos o bofetadas» (*Aut*).

425. *cruz del lugar:* encrucijada de caminos, aquí, los de Plasencia y Jarandilla —(cf. vv. 427–8)— en las afueras del pueblo. Como observa Cov (s. v. «cruz»), «algunos supersticiosos ponen mal nombre a tales lugares; acaso porque fuera de los límites del pueblo se enterraba a los muertos que morían sin ayuda religiosa». Gila claramente alude a esta superstición, pues en el verso que sigue señala la horca, o picota, del lugar.

441. La escansión del octosílabo supone que el grupo *oo* se pronuncie con sinéresis. Véase Wade 471–72.

442. *Roldan:* véase v. 116 n.

458–60. A Rodríguez Cepeda le parece frase proverbial, dicho o parte de refrán.

485. *superchería:* «Engaño, dolo o fraude» (*Aut*).

493–4. Posible dicho o refrán, según Rodríguez Cepeda.

505. *en gustando:* aquí y passim, la construcción *en* + gerundio está empleada con sentido temporal, 'al gustar'. Véase Keniston §38.215.

533. *sacre:* ave de rapiña usada en la caza de cetrería, muy parecida al gerifalte.

539–41. «Vélez presenta aquí en una fórmula paremiológica tripartita, con la oración de relativo al comienzo y la elipsis del verbo al final, el mismo concepto que 'Ziertos son los toros kuando están en el koso' (Correas 300a) y 'Mirados desde el tendido, todos los toros son chicos' (Martínez Kleiser 61.134)» (Rossi 96–97).

542–45. Rodríguez Cepeda anota estos versos como dicho o refrán. Rossi, en cambio, «[a] pesar de presentarse como 'consejo', no le encuentr[a] ninguna correspondencia ni léxica ni semántica con un refrán o una máxima. Sin embargo, hay que anotar su estructura paremiológica con la anteposición del lexema enucleador que la anáfora pronominal introduce en las oraciones siguientes» (92).

549. *cañas:* «Juego o fiesta de a caballo, que introduxeron en España los Moros, el qual se suele executar por la Nobleza en ocasiones de alguna celebridad. Fórmase de diferentes

quadrillas, que ordinariamente son ocho, y cada una consta de quatro, seis u ocho Caballeros según la capacidad de la plaza. Los Caballeros van montados en sillas de gineta, y cada quadrilla del color que le ha tocado por suerte. En el brazo izquierdo llevan los Caballeros una adarga con la divisa y mote que elige la quadrilla, y en el derecho una manga costosamente bordada, la qual se llama Sarracena, y la del brazo izquierdo es ajustada, porque con la adarga no se ve. El juego se executa dividiéndose las ocho quadrillas, quatro parejas encontradas, y después con las espadas en las manos, divididos la mitad de una parte y la mitad de otra, forman una escaramuza partida, de diferentes lazos y figuras. Fenecida esta, cada quadrilla se junta aparte, y tomando cañas de la longitud de tres a quatro varas en la mano derecha, unida y cerrada igualmente toda la quadrilla, la que empieza el juego corre la distancia de la plaza, tirando las cañas al aire y tomando la vuelta al galope para donde está otra quadrilla apostada, la qual la carga a carrera tendida y tira las cañas a los que van cargados los quales se cubren con las adargas, para que el golpe de las cañas no les ofenda, y assí sucessivamente se van cargando unas quadrillas a otras, haciendo una agradable vista. Antes de empezar la fiesta entran los Padrinos en la plaza con muchos Lacayos y se encuentran en medio de ella, como que allí se han citado para desafiarse los unos a los otros, y saliéndose de la plaza vuelven luego a entrar en ella, siguiéndoles cantidad de azémilas ricamente enjaezadas, cargadas de cañas cubiertas con reposteros, y dando vuelta a la plaza como que reconocen el campo, ocupan sus puestos, y sacando los pañuelos, como en señal de que está seguro, empieza la fiesta: cuya execución se llama correr o jugar cañas. Algunas veces se hace vestidos la mitad de los Caballeros a la Morisca y la otra mitad a la Castellana, y entonces se llama esta fiesta Moros y Christianos» (*Aut*). Cf. Vicente Espinel, *Vida y aventuras de Marcos de Obregón*, Relación II, Descanso 11, donde se describen las fiestas que se celebraron en Valladolid con motivo del nacimiento de Felipe IV, y en las cuales Felipe III tomó parte en el juego de cañas.

550. *capas y gorras:* cf. «De *capa* y gorra. Se dice del que va de rebozo, sin el trage proprio de su estado y condición» (*Aut*, s. v. «capa»). Cf. *El Diablo Cojuelo*, Tranco I: «Y levantando a los techos de los edificios, por arte diabólica, lo hojaldrado, se descubrió la carne del pastelón de Madrid como entonces estaba, patentemente, que por el mucho calor estivo estaba con menos celosías, y tanta variedad de sabandijas racionales en esta arca del mundo, que la del diluvio, comparada con ella, fue *de capas y gorras*» (*EDC* 20). Es decir, de poca categoría, sin relieve, corriente o mediocre.

556–58. Vélez muestra por la familia Girón bastante más afecto que por los Carvajales. Recuérdese que el tercer Conde de Ureña, don Juan Téllez Girón, fue el fundador de la Universidad de Osuna, donde nuestro poeta estudió y «se graduó de bachiller en artes, *gratis* por ser pobre». Es decir, pudo estudiar gracias a la beneficencia de los Girones. Véase Francisco Rodríguez Marín, «Cervantes y la Universidad de Osuna», en *Homenaje a Menéndez y Pelayo*, 804.

581. *azúcar blanco rosado:* aquí y más adelante (v. 653), cf. Lope de Vega, *El tirano castigado:*

> Llegó a la tienda enfadado
> un su amigo mercader,
> y dióle para beber
> *azúcar blanco rosado*.

583. *arnés:* aquí, conjunto de espada y casco de esgrima. Como señalan Menéndez Pidal y Goyri en su nota a este verso, el juego de esgrima era preliminar obligado en las fiestas populares. Cf. *El Diablo Cojuelo,* Tranco VI: «se pusieron a ver un juego de esgrima que estaba en medio del concurso de la gente, que en estas ocasiones suele siempre en aquella provincia [i. e., Córdoba] preceder a las fiestas» (*EDC* 66).

585. *poleo:* «jactancia y vanidad en el andar o hablar» (*Aut*). Cf. «Derramar xunzia. Derramar poleo. Dízese de los ke hablan kon alegría i plazer, i xatan de huelgas, i dizen kosas gloriosas» (Correas 689a).

P. Aunque en muchos sentidos la imagen de Andrés está cuajada de estereotipos villanescos, es notable la semejanza que existe entre el carretero y Dorotea, que primero aparece disfrazada de mozo, en el *Quijote*, I, 28. Cf. «Suspendióles la blancura y belleza de los pies, pareciéndoles que no estaban hechos a pisar terrones, ni a andar tras el arado y los bueyes, como mostraba el hábito de su dueño; y así, viendo que no habían sido sentidos, el cura, que iba delante, hizo señas a los otros dos que se agazapasen o escondiesen detrás de unos pedazos de peña que allí había, y así lo hicieron todos, mirando con atención lo que el mozo hacía, el cual traía puesto un capotillo pardo de dos haldas, muy ceñido al cuerpo con una toalla blanca. Traía ansimesmo unos calzones y polainas de paño pardo, y en la cabeza una montera parda. Tenía las polainas levantadas hasta la mitad de la pierna, que sin duda alguna de blanco alabastro parecía. Acabóse de lavar los hermosos pies, y luego, con un paño de tocar, que sacó debajo de la montera, se los limpió; y al querer quitársele, alzó el rostro, y tuvieron lugar los que mirándole estaban de ver una hermosura incomparable» (*DQ* 318). *Montera:* véase acot. C n. «POLAINAS. Medias calças de labradores sin soletas, que caen encima del çapato sobre el empeine» (Cov). *Capote:* aquí y más adelante (v. 2212, acot. Mm), casquilla hueca, abierta por los costados hasta abajo y cerrada por delante y por detrás, con una abertura en medio para meter en ella la cabeza. Era prenda rústica, pero de cierta gala. *Coleto:* casaca o jubón de piel, por lo común, de ante.

597. *mear la pajuela:* «Aventajarse, sobresalir y exceder a otro en la execución de alguna cosa» (*Aut*, s. v. «mear»). «Es uso de los muchachos, kuando luchan i trebexan, ke alguno desafíe a otro a tres caídas, de donde se dixo también: 'A las tres va la venzida', ke es: la vitoria. Si el provado es kovarde i no sale al desafío, el desafiador toma una paxuela del suelo i la mea kon sus propios orines, i llégase al otro disimulado, y ansí moxada se la pasa por la boka de rrevés, kon ke le dexa afrentado, i él keda vitorioso, komo venzedor i superior. De akí se aplika a otras kosas entre maiores» (Correas 747a). Cf. *Los novios de Hornachuelos,* vv. 2963–70:

ENRIQUE.   ¿Sois vosotros los malcontentos novios que Estrella casó?
BERRUECO.   ¿No os paruece que tenemos razón entrambos?
ENRIQUE.   Y mucha.
BERRUECO.   Pues otros hay en el puebro que *nos mean la pajuela* a *Marina y a mí* en eso.

El Diablo Cojuelo, Tranco IV: «Y diciendo y haciendo, se metió por esos aires como por una viña vendimiada, meando la pajuela a todo pajarote y ciudadano de la región etérea» (*EDC* 45).

598–99. Cf. *«Hazer nonbre de Dios; o ennombre de Dios.* Por: Komenzar i dar prinzipio, i estrenar» (Correas 759a).

601. *so maeso:* señor maestro. También más adelante, v. 1870. La escansión del octosílabo supone que «maeso» sea trisilábico.

604–05. La escansión métrica y la rima de la redondilla requieren que se desplazca el acento tónico a la sílaba final.

606–07. Frase proverbial. Véase Requena Marco 512.

608. *estrena:* «Es el aguinaldo y presente que se da al principio del año, de aquellas cosas que son de comer, y se aperciben entonces para la provisión del año, y porque esto se haze en reconocimiento de superioridad, como el vassallo al señor, el cliente a su patrono, llamaron los latinos a los hombres principales señores y varones estrenuos, porque los demás inferiores y vassallos los estrenan, trayéndoles estos presentes en reconocimiento» (Cov).

609–10. Aquí y más adelante (vv. 699–700), «Nótese —apuntan Menéndez Pidal y Goyri (165–66)— [...] la sucesión de tres frases consagradas al comenzar la esgrima: 'Toquen casco — Dorabuena — Limpio.' Esta última alude a 'jugar limpio'. 'Tocar casco' aparece como frase consagrada en Tirso de Molina, *Santo y sastre,* sirviendo para un juego de palabras, a propósito de dos que encontrándose rompen sendos cántaros que llevan:
—¿Qué has hecho?
—Cascos, y no de membrillos.
—En los míos a lo menos
tocaste en casco[.]

612. *borrachera:* «se toma por desatino, disparate, y cosa sin fundamento ni probabilidad» (*Aut*).

T. En esta segunda aparición de la protagonista, Gila y su prima Madalena se presentan vestidas en la indumentaria típica de la región, con *rebozos,* o mantos, *sombreros de palma* y *ferreruelos,* o capa, con solo cuello, sin capilla, y algo largo. La imagen subraya su identidad y raíces tradicionales—aquí coincidirían los vestidos teatrales y los que llevaban los verdaderos campesinos de la época (cf. José Ruano de la Haza, *Los teatros comerciales del siglo XVII,* 300)—, pero como salen arrebozadas, es decir, de medio ojo, no se pierde el cosquilloso erotismo que Gila proyectó inicialmente. En la vida cotidiana así como en el teatro, la costumbre de taparse la cara en público, practicada igualmente por prostitutas, moriscas, tipos orientales y cortesanas, evocaba motivos de sexualidad y exotismo. Véase José María Díez Borque, «Aproximación semiológica a la 'escena' del teatro del Siglo de Oro español», en *Semiología del teatro,* ed. José M.ª Díez Borque y L. García Lorenzo, 68–74, y en particular, 71.

621. «La frase proverbial 'llegar a buen tiempo', que es propia de varios refranes, por ejemplo, 'A buen tiempo llegamos, si no nos dan de palos' (Correas 17a), se aprovecha aquí, fuera de su sentido figurado de 'oportunidad' para expresar la idea de rapidez» (Rossi 94).

622. *caminar por el viento:* correr, ir de prisa.

645. *punto en boca:* «Especie de interjección, con que se previene a alguno que calle» (*Aut,* s. v. «punto»).

664. *sentar:* aquí y más adelante (vv. 767, 799), asentar. Cf. «ASSENTAR LA ESPADA. En el juego de esgrima, es dexar el juego, y poner la espada en el suelo (*Aut,* s. v. «assentar»).

665. *dempués:* aquí y más adelante (vv. 864, 881, 1099, 1105, 1178), rusticismo, después.

Y. *montante:* aquí y más adelante (vv. 809, 832), «espada de dos manos, arma de ventaja y conocida; de montar, palabra italiana que quiere decir subir, o porque el montante excede la estatura del hombre, o porque se juega por lo alto» (Cov); «Espada ancha y con gavilanes muy largos, que manejan los maestros de armas con ambas manos, para separar las batallas en el juego de la esgrima» (*Aut*). Cf. acot. b n.

668. *guardar los pies:* retirarse.

671. Sobrentiéndese 'la moneda', es decir, el cuarto que Gerónimo echó en el casco (cf. acot. Y).

673. *mohína:* aquí y más adelante (v. 803), pronunciado con la *h* aspirada, cuidado, enfado. Cf. *Diálogo de la lengua:* «Es bien verdad que tomamos algunas vezes mohino por desgraciado o desdichado en el juego, y assí dezimos que uno stá mohino quando pierde, y dezimos que se amohina quando toma alguna cosa por agüero» (ed. cit., 149).

678. *tener hígados:* cf. «Tener hígado, tener brío, ánimo y valor» (Cov, s. v. «hígado»).

682. *cargar la espada:* cf. Jerónimo Carranza, *Philosophía de las armas,* fol. 77: «tomad essa espada, dixo el maestro [...], tended por alli conmigo, bolved la mano uñas abajo [...], desvíaos de mi, sacad, tornad, cargad, tened queda la espada [...], *cargad la espada* por la mía».

684. *mandoble:* «cuchillada grande, como dada con las dos manos» (*Aut*).

693. *ahíto:* aquí, pronunciado con aspiración, fastidiado, enfuciado, harto de una persona.

694. *payo:* aquí y más adelante (v. 747), aldeano, campesino ignorante y rudo.

697. «Puede ser que sólo se trate de una creación poética de la fantasía de Vélez de Guevara, pero también podría tratarse de una frase proverbial. La significación del cuervo

es clara: 'Clérigos y cuervos hólganse con los muertos' (Rodríguez Marín 57.067), 'Cuando los cuervos vuelan, carne barruntan' (J. M. Iribarren, *Vocabulario navarro*, 558). En Cervantes encontramos una expresión semejante: 'El fiero general de la atrevida / gente, *que trae un cuervo en su estandarte,* / es Arbolanches, muso por la vida' (*El viaje del Parnaso*, VII), pero no tiene un sentido figurado, sino real, como se echa de ver más adelante: 'Del cuervo en esto el lóbrego estandarte / cede al del cisne, porque vino al suelo, / pasado el corazón de parte a parte'» (Requena Marco 512).

699–700. Véase vv. 609–10 n.

715–16. Cf. «*Dar un pan komo unas nuezes.* Ironía: metáfora: kastigar a uno kon palos o golpes; ¡se traslada a: dezirle pesadunbres» (Correas 677a). «Menéndez Pidal y Goyri señalan la frase proverbial 'Dar un pan como unas nueces', por 'palos, golpes y pesadumbres' con el sentido figurado de 'dar una zurra' (cf. ibíd., 574a). No creo de más señalar también las comparaciones 'Un pan komo unas nuezes, komo unas kandelas, komo unos piñones, komo dientes de la boka' (ibíd., 644b), que aluden al sentido rector del 'pan de trigo'» (Rossi 93).

724–25. *her que me sueñe:* cf. «Vos me soñaréis. Amenaza» (Correas 743b). «En Andalucía, por lo menos en Granada y Málaga, se conserva esta frase: '¡me va a soñar!', significando '¡haré que se acuerde del mal que me ha hecho!, ¡me vengaré!'» (Menéndez Pidal y Goyri 168). Cf. *El Caballero del Sol,* vv. 2281–88:

ROQUE.   ¡Mágico desmesurado,
                   o xanco o cíclopes, presto
                   veréis si entre sueños hablo,
                   y si saco el limpio acero,
                   que me soñéis haré y todo,
                   porque a tales caballeros
                   como yo, no se responde
                   groseramente!

La montañesa de Asturias, vv. 965–69:

RAMIRO.   Dadme a besar esta mano.
PELAYA.   Mirad que *tengo un hermano*
                   que le soñaréis si viene.
RAMIRO.   Quien se mira tan perdido,
                   nada tiene que temer.

727–29. «Mingo, después del golpe recibido en la cabeza, la siente hueca como una cala-baza; igual 'pago de vacío en los cascos', que, además, puede referirse a dicho popular o refrán» (Rodríguez Cepeda).

730–31. *No más:* véase v. 2201 n. *Chinchón:* juego entre el nombre de la villa y *chichón.* El mismo juego ocurre en Calderón de la Barca, *El reloj y genios de la venta,* ed. María-Luisa Lobato, vv. 55–58, donde *chichón* se aplica a los numerosos bultos que adornan las camas de la venta:

                   Los manteles son de jaspe,
                   todos de colores varias.

Las camas son de *Chinchón*
y la ropa de la Mancha.

De modo que *gente de Chinchón* aquí expresa traslaticiamente la idea de gente bruta.

744. *dar el cahiz:* se refiere a los doce del reloj, pues *cahiz* es «Cierta medida que en unas partes haze doze hanegas» (Cov). La escansión métrica supone que se pronuncie con *h* aspirada. Cf. Tirso de Molina, *Bellaco sois, Gómez*, ed. Blanca de los Ríos, 3: 1399a: «GREGORIO. ¿Qué hora es? MONTILLA. Todo el cahiz / conté menos una hanega».

745. *Aldonza:* mujer vulgar. Cf. los refranes y dichos, *A falta de moza, buena es Aldonza; Moza por moza, buena es Aldonza; Aldonza, con perdón; Aldonza sois, sin vergüenza.* Véase Howard Mancing, «The Comic Function of Chivalric Names in *Don Quijote*», *Names* 21, 4 (1973): 223. *Beatriz:* mujer ideal, por alusión a la Beatrice de Petrarca. La escansión del octosílabo supone que «Beatriz» se pronuncie con sinéresis.

752. *¡por ell agua de Dios!* «Menéndez Pidal y Goyri, citando el texto de *El aldegüela* y *El valiente Céspedes*, ambos de Lope [...], especifican que el juramento se hace por el agua bendita. También hay que anotar cierta analogía léxica con los refranes '¡Agua, Dios, que se quema la casa!' (*Aut*, s. v. 'agua') y '¡Agua, Dios, agua, ke la tierra lo demanda!' (Correas 65b)» (Rossi 93). Sobre la forma del artículo *ell* que se usa aquí y más adelante (vv. 2189, 2802), véanse Ramón Menéndez Pidal, *Manual de gramática histórica*, §100.2, y Carmen Pensado, «El artículo *ell* y otras formas con *-ell* final en castellano medieval», *BRAE* 178 (1999): 377–406.

755. *carro o carreta:* alusión al refrán recordado por Correas (216b) y explicado así por Covarrubias: «'Lo que ha de cantar el carro canta la carreta»; ya hemos dicho que la carreta es para poco servicio, y no para tanta carga ni tanto camino como el carro; y con todo esso, quando camina, va chirriando, y haziendo sones ya altos ya baxos, aunque lleve poca carga» (s. v. «carro»).

758. *Plega:* Plazca. Cf. Andrés Bello, *Gramática de la lengua castellana, con las Notas de Rufino José Cuervo*: «Lo más notable ha sido la conversión de *plega* en *plegue*, como si el verbo pasase de la segunda conjugación a la primera» (1: 408, n. 561). Cuervo añade al respecto en su nota: «El antiguo subjuntivo *plega* se usa todavía. Se ha formado sobre la base del pretérito (*plogue:* *plágia > *plega*). La variante *plegue* se deriva de *pleg'a Dios* con ingerencia de *pese*» (n. 84).

758–60. Requena Marco percibe aquí, creemos correctamente, una clara alusión a un refrán, del que se encuentran en Correas algunas variantes: «Entrá donde podáis salir» (139a); «No se an de meter las xentes sino adonde puedan salir» (251a); «Vamos y vengamos. Ke se aseguren la buelta; o llevando poka karga; o prevenzión de seguridad» (516a); «*Onbre ke sabe entrar i salir*. Es alabanza de la kordura i buen espediente» (643a); «*Ni sabe entrar ni salir*. Del ke sabe poko de negozios» (625a).

765. *aunque:* aquí, con valor concesivo. Véase Keniston §28.44. *Fue Tajo y fue Duero:* juego de palabras con *duro tajo,* golpe.

767. *sentar:* véase v. 664 n.

768. *entrampar:* aquí, «Enmarañar y enredar un negocio de modo que no sea fácil desenredarlo y ponerlo corriente, sólo a fin de engañar y hacer daño y perjuicio a otros» (*Aut*).

777. *San Rorro:* Rodríguez Cepeda entiende una posible alusión a un pretendido santo de la infancia. Cf. «ARRULLAR. Adormecer el niño con cantarle algún sonecito, repitiendo esta palabra: ro, ro» (Cov).

778. *doblar:* aquí, «tañer a muerto con las campanas dobles» (Cov).

779–80. *Jugar y callar parece mucho mejor:* Rodríguez Cepeda anota estos versos como un dicho popular o parte de un refrán. Rossi, en cambio, no encuentra en ningún refranero la correspondencia *jugar-callar.* «Típica del ámbito paremiológico sí es la pareja correlativa con el verbo *callar.* Cf., por ejemplo, el refrán 'Ponme de barva, hila y kalla' (Correas 481b) y las frases proverbiales 'Komer y kallar', 'Hazer i kallar' (ibíd., 711b, 758b), cuya estructura se repite aquí» (95).

788. *maese Juan:* según Rodríguez Cepeda, puede ser referencia al célebre espadero, *Juan* o *Juanes de la Horta,* que en el siglo XVI tenía fábricas en Toledo y en Valencia. Firmaba sus productos, *Johannis me fecit,* Juan me hizo, marca que se hizo proverbial y aun sinónimo de *espada.* Véase Francisco Rodríguez Marín, *El Loaysa de «El celoso extremeño»,* 153–54, n. 79. Por otra parte, aunque el grupo vocálico *ae* es por lo general bisilábico —cf., por ejemplo, «Maestre» (passim)—, aquí y más adelante (v. 2636) la escansión métrica supone que «maese» se pronuncie con sinéresis.

789. *reconocer:* aquí, enterarse.

b. *meter el montante:* aquí y más adelante (acot. c), «Phrase que además del sentido recto, usado en la esgrima, vale ponerse de por medio en alguna disputa, o riña, para cortarla o suspenderla» (*Aut,* s. v. «montante»). Cf. acot. Y n.

799–800. Juego de palabras entre los verbos *sentir* y *sentar.* Cf. v. 664 n.

803. *mohína:* aquí, en el sentido de enfados, problemas. Véase v. 673 n.

810. *¿Al maestro, cuchillada?* Cf. el refrán recordado por Correas, «Al maestro, kuchillada, sobre buena rreparada» (46a).

811. *Por esto se dijo:* «Esto anteponen a un rrefrán ke viene a propósito, o a una palavra i vokablo o sentenzia, i dízenlo tras ello» (Correas 723a).

815. Aquí y más adelante (vv. 835, 1521, 2521, 2589, 3032), los mandatos que se terminan en *-aos* se pronuncian con sinéresis. Es un principio ortoépico de Vélez que es más o menos constante. Véase Wade 465.

819. *bordón:* bastón para caminar.

829. *Como a toro me han dejado:* esto es, por miedo se han apartado de Gila. El toro es una proyección simbólica del furor, el temperamento y la fuerza de la Serrana; el mismo

símbolo aparece en el teatro del siglo XVII con diversas interpretaciones. Véanse, por ejemplo, Edward M. Wilson, «Imágenes y estructura en *Peribáñez*», en *El teatro de Lope de Vega*, ed. José Francisco Gatti, 85; Gustavo Correa, «El doble aspecto de la honra en el teatro del siglo XVII», *HR* 26 (1958): 102–03, n. 14.

836–37. «Es evidente la referencia al refrán 'El karnero enkantado, ke fue por lana i bolbió treskilado' (Correas 99b), cuya clave narrativa nos proporciona el apólogo de la *Primera Crónica General*, ed. R. Menéndez Pidal, 410a» (Rossi 92).

843–44. *arrojar la barra:* véase v. 138 n. Contraste metafórico con el *pensamiento*.

h. *atabalillo:* tambor.

858. «Corredor. Especie de galería cubierta u descubierta, que se hace en las casas alrededor, o en parte de los patios o jardines para tomar el Sol, u divertirse con las vistas que ofrece» (*Aut*).

861. *helles:* hacerles.

867–68. *como hiedra y olmo:* variante del tópico de la vid y el olmo. Cf. el documentado artículo de Aurora Egido, «Variaciones sobre la vid y el olmo en la poesía de Quevedo: *Amor constante más allá de la muerte*», en *Homenaje a Quevedo*, ed. Víctor García de la Concha, 2: 213–32.

882. *granate:* «Piedra preciosa, de especie de rubí […] Díxose granate por tener el color del grano de la granada» (Cov).

884. *divina amazona: divina* por cristiana, *amazona* por belicosa y valiente.

893. *vueso, vuesa:* aquí y abajo (v. 898), vuestro, vuestra.

896. *vos:* Rodríguez Cepeda anota que se trata de un cultismo, pero más adelante (vv. 1329–30) el mismo Vélez constata que «vos» en boca de un hidalgo da pesadumbre. Aquí, y también en el v. 1669, más bien se usará para dar un aire arcaizante al diálogo de los Reyes y don García. Cf. Juan de Valdés, *Diálogo de la lengua*, ed. cit., 67:

«MARCIO.—¿Tenéis por bueno lo que algunos hazen, especialmente scriviendo libro, poniendo una v que parece superflua, donde por dezir: *yo os diré* dizen: *yo vos diré;* y dizen también: *porque vos hablen* por: *porque os hablen?*

«VALDÉS.—Si lo tuviese por bueno, usaríalo, pero por esso no lo uso, porque no lo tengo por tal; y escriven bien en prosa, bien que, a la verdad, yo creo sea manera de hablar antigua».

897. *entrambos a dos:* cf. v. 181 n.

l. *bragas:* calzones anchos.

911–14. Entiéndese, 'No temí de estar en balde, pues en el coso pude temer esto sin saber asegurar la trasera'.

915. *redina:* rueda de madera que hay en los telares de terciopelo. La metáfora está muy a propósito para reforzar la imagen cómica de Mingo, quien sale a toda prisa, «desbragado», es decir, con los pantalones caídos, huyendo del toro. Cf. *El Lucero de Castilla y Luna de Aragón,* vv. 1424–31, donde Vélez emplea la misma metáfora para expresar la actividad del gracioso Gavilán, que a petición del villano, el conde de Santorcaz, 'teje una red de Aldonzas', esto es, le redacta un elenco de todas las Aldonzas en Valladolid:

GAVILÁN.   ¡En mí
              ha dos horas que no estoy,
              buscándote por palacio
              y por Burgos muy de espacio
              te estoy, cuando yo te voy
              contraminando el lugar,
              hecho *redina* y peonza
              de una Aldonza en otra Aldonza!

Es de recordar también que *Redina* es el nombre de uno de los corchetes demónicos que en *El Diablo Cojuelo* persiguen al Cojuelo y su compañero, el estudiante don Cleofás.

918. *melecina:* enema, lavativa.

921. *que:* aquí, en sentido causal.

922. *medir el suelo:* frase figurada, tender el cuerpo en él para descansar.

945–46. En la reseña citada arriba, Góméz Ocerín (412) puntualiza que estos versos repiten un estribillo popular, recogido por Francisco del Rosal, en la segunda parte de su *Vocabulario de refranes,* fol. 53: «Y fue tan común nombre este [i. e., Gil], que se tuvo por común de pastores y rústicos en el tiempo que se dixo aquella copla pastoril: Llámome Gila Gilada [*sic*] / hija de Gilaldo [*sic*] Gil». Gómez Ocerín continúa atestiguando la antigüedad del estribillo por este pasaje de Gil Vicente: «Me llamo Gila Giralda, / hija de Giraldo Gil». Cf., además, Margit Frenk Alatorre, «El cancionero sevillano en la Hispanic Society (*ca.* 1568)», *NRFH* 16 (1962): 388, núm. 552:

Soy hermosa y agraciada,
tengo gracias más de mill,
llámanme Gira [*sic*] Giralda,
hija de Giraldo Gil.

La vulgaridad del nombre fue consagrada incluso por la lexicografía. Cf. «GIL. Este nombre en lengua castellana es muy apropiado a los çagales y pastores en la poesía. Quedó en proverbio un verso castellano de un soneto 'Que nunca falta un Gil que nos persiga'. Dando a entender que aunque desista un émulo, no faltará otro que se substituya en su lugar» (Cov). Véase al respecto Rodríguez Cepeda, «Sentido de los personajes», 174, y desde una perspectiva más general, Salomon 122–28.

949–50. *Rodrigo Girón, maestre de Calatrava:* vale notar el anacronismo. La acción se desarrolla en 1491, antes de la toma de Granada por los Reyes Católicos (cf. vv. 879–80, 1637–44), pero el maestro de Calatrava ya había muerto en el sitio de Loja en julio de 1482. Sin embargo Vélez le hace salir a anunciar la muerte del Príncipe don Juan, que no ocurrió hasta 1497. Además, desde 1489 el maestrazgo de Calatrava quedó incorporado a la Corona.

952. Como señalamos arriba (v. 788 n.), el grupo vocálico *ae* en posición tónica por lo general es bisilábico. Excepción más o menos constante a este principio ortoépico son las formas del verbo *traer*, que aquí y más adelante (vv. 1783, 2581, 2741) se pronuncian con sinéresis. Véase Wade 465, 467.

q. *ropilla:* vestidura corta, con mangas y brahones, de los que penden otras mangas sueltas o perdidas.

962. Otro anacronismo, pues el descubrimiento de América es posterior a la conquista de Granada.

972. Evocación de los romances que se cantaban por las hazañas de don Rodrigo de Lara, maestre de Calatrava. Cf. *Romancero general,* núms. 665–67, BAE, 10: 439–42.

981. Anacronismo. El maestre de Calatrava acudió con el duque de Medinaceli a socorrer Alhama en el año 1482.

988. *alarde:* aquí, «La muestra o reseña que se hace de los soldados, la cual ejecuta el comisario destinado para este efecto—aquí, el Príncipe don Juan—a fin de reconocer si está completo el número que cada compañía debe tener, y si tienen las armas limpias y bien acondicionadas, y todo lo demás de su uso en buena disposición. Y en esta consideración antiguamente expresaba esta voz algo de ostentación, gala y lucimiento, por el que los soldados ostentaban en esta función» (*Aut*). En el presente contexto se subrayan estas últimas connotaciones.

991. *polaco:* sobrentiéndese 'caballo', que por su barbaridad y brío indomado se merece el epíteto despectivo. El sentido de esta voz aquí se hace claro en los siguientes versos de *Los Benavides,* de Lope:

[...] es más villana Sol
que el más desnudo asturiano,
que el indio, o negro, más tosco
que el más bárbaro *polaco.*

992. *faiciones:* facciones.

994. *clin:* crin.

995. *linaza:* semilla del lino, dura y brillante de color gris.

996. *moscas:* metafóricamente, pintas, manchas. Cf. *El rey en su imaginación,* vv. 1866–71:

MARCIO.   De una mal peinada yegua,
si bien hermosa y veloz,
nieve escrita a moscas negras,
a la puerta de palacio
en este punto se apea
un anciano labrador,

999. *bucéfalo:* «Nombre que se dio a un caballo de Alejandro Magno, llamado assí, porque la cabeza que en los demás caballos tiene alguna similitud con la del carnero, tenía semejanza con la del buey; pero el uso ya freqüente ha hecho hacer de este nombre propio un apelativo, con que a todo caballo brioso y fuerte le llaman Bucéphalo. Es voz puramente Griega» (*Aut,* s. v. «bucéphalo»).

1001. *cano:* «[D]e color casi del todo blanco» (*Aut*).

1011-14. «Se está expresando aquí, libre pero claramente, el proverbio 'Vox populi, vox Dei'. Correas recoge las siguientes variantes: 'La boz del pueblo, boz de Dios' (190a), 'boz del pueblo, boz del zielo' (358b). Nótese también esta variante: 'Lo que el pueblo quiere, Dios lo quiere' (Rodríguez Marín 53.457)» (Requena Marco 519).

1017. En esta secuencia Vélez confunde la muerte del Príncipe don Juan y la del Príncipe don Alfonso de Portugal. Según Menéndez Pidal y Goyri, procede de una confusión entre las circunstancias que concurrieron en la muerte de cada uno: «Ambas muertes prematuras, ocurridas con poca diferencia de tiempo en los años 1491 y 1497, afectaron profundamente a España en la misma sucesión al trono, y se comprende que se confundiesen pronto en la memoria popular. Las versiones del romance del príncipe D. Juan confunden ya la suerte de la viuda de este con la de la viuda del príncipe D. Alfonso. Acaso la versión conocida por Vélez contenía también la otra confusión que hoy descubrimos en la versión de Riaño [León]: la caída del caballo. No obstante, bien pudo cometerla por sí mismo Vélez, que tan poco versado en historia se manifiesta siempre» (158–59).

1018. *el arena:* aquí y más adelante (*el aspereza* v. 1302), la forma antigua del artículo femenino, de la forma latina *illa* > *ela* que se reducía a *el* ante cualquier vocal. En la lengua de los siglos XVI y XVII, *el* como femenino solo queda delante de palabras que empiezan por la vocal átona *a*. Véase Keniston §18.123.

1032. *avisar:* aquí en el doble sentido de participar, dar noticia a otro, y amonestar, advertir.

1033. *alarbe:* aquí y más adelante (v. 1042), «Vale tanto como hombre bárbaro, rudo, áspero, bestial, o sumamente ignorante. Dícese por comparación a la brutalidad y fiereza que se experimentó en los Arabes o Alárabes que posseyeron a España de suerte que Alarbe es una syncopa de Alárabe» (*Aut*).

s. *mancera:* esteva del arado. Véase la ilustración en Caro Baroja, 299. *Aguijada:* aquí y abajo (v. 1059), «La vara que en su extremo tiene una punta aguda de hierro, que sirve a los boyeros y labradores para picar a los bueyes, o mulas que están remisos en el trabajo» (*Aut*).

1055. *Naranjo, Bragado:* los sobrenombres de los bueyes se refieren a a su color, el primero de un castaño rojizo sin llegar a ser muy encendido, el otro de color distinto en la bragadura. Ambas cualidades se asociaban con los toros bravos.

1056. *adivas:* inflamación en la garganta de los caballos, pero recuérdese que aquí se trata de bueyes.

1057. *cejar:* «Volver atrás con el carro de bueyes o mulas» (Cov, s. v. «cexar»).

1065. *picar:* aquí y más adelante (vv. 1304–05, 1835, 2034), figuradamente, desazonar, inquietar, mover, estimular. «El sentido figurado es el mismo que el de la frase proverbial 'Dar de espuelas' (Correas 678b)» (Rossi 100). Rodríguez Cepeda anota este verso como refrán o dicho.

1068. *respingar:* «movimiento que hace la bestia al tirar coces» (*Aut*).

1073. *merar:* templar.

1076. Dicho proverbial o parte de refrán, según Rodríguez Cepeda.

1077–81. Aquí y más adelante (vv. 2652–54), según Requena Marco (520), alusión a algún refrán. Cf. «Duras de cabeza son tres criaturas: la mujer, la cabra y la burra» (Rodríguez Marín 43.825); «No hay mujer flaca en su intento» (ibíd., 43.824).

1097. *mucha noche:* mucha oscuridad, por faltar la luz y la «belleza» de Gila, ya que sin ella «en el lugar no amanece» (v. 1100).

1099–1100. El sol como parangón de la belleza femenina era un tópico común en la Comedia Nueva que se evocará de nuevo más adelante (vv. 1205–8). Vélez plantea el tópico brevemente en los primeros versos de *Virtudes vencen señales*, donde el embajador de Sicilia, Dionisio, al ver a la princesa de Albania por primera vez exclama aparte, «¡No hay luz que iguale / a tanto sol encendido / en la hermosura que ofrece!» (vv. 3–5). Más tarde en la misma obra (vv. 695–718), vuelve al motivo y lo desarrolla por extenso:

FILIPO.   Y hoy ha sido el primer día
que el sol he salido a ver,
y hasta encontrarte, mujer,
sol el sol me parecía.
     El día me pareció,
en estos hermosos prados
de sus rayos coronados,
alma que el cielo le dio
     al mundo. El sol, que en el mar
y en el celeste zafir
dos espejos al salir
quiso hacer para mirar
     su beldad, una alegría
infundió notable en mí;
pero después que te vi,
miente el sol y miente el día.
     En ti solamente creo
que se cifra el bien humano,
en ti el cielo soberano,
en ti el amor y el deseo,
     y tanto pudiste en mí
después de vernos los dos,

que a no conocer a Dios,
le conociera por ti.

Véase Lore Terracini, «Un motivo stilistico: L'uso dell'iperbole galante in Alarcón», en *Il teatro de Juan Ruiz de Alarcón,* 94–105. Debido a la frecuencia con que se empleaba, dicho motivo se prestaba fácilmente a la sátira, y Vélez mismo lo parodió a su modo. En *Los amotinados de Flandes* (vv. 1002–07, 1096–1104), por ejemplo, repite la estereotípica fórmula metafórica para desvirtuarla luego con unas pocas palabras literales:

DIEGO.   Tan bella estás de villana,
                cuando disfrazar te intentas,
                que al sol más envidia aumentas
                y más luz a la mañana.
                ¡Dichoso mil veces yo
                porque a tu amor correspondo!
                [...]
DIEGO.   Al fin,
                guiado de mi desatino
                cuando la guerra formaba
                treguas del ocioso olvido,
                iba a ver al sol que adoro,
                a ver el ángel que sirvo.
CONDE.   ¿De qué sirve que traigáis
                planetas ni paraninfos?
                Decid clara vuestra historia,

En *A lo que obliga el ser rey* (vv. 151–213) desarrolla el tópico por extenso, convirtiéndolo en eje de una sátira social:

JIMÉN.   [...] me parece que dormida
                contemplo a Hipólita bella
                sobre una silla. ¿Qué hará
                a estas horas tan compuesta?
ABRIL.   Debe de esperarte a ti.
JIMÉN.   Abril, no me desvanezcas,
                que haré locuras. Abril,
                a ver dormir el sol llega;
                mira cómo duerme el sol.
ABRIL.   ¿Qué te admira que el sol duerma?
                Debe de tener modorra,
                que me espanto que no tenga
                de tantos caniculares
                algún dolor de cabeza;
                que no ha dormido otro tanto
                después que al mundo da vuelta
                en su noria celestial,
                con su cara de trompeta,
                siempre hinchados los carrillos,
                siempre rubio, sin que apenas
                tenga una cana, una arruga,
                con saber que es esta seta

de los planetas y signos
cinco mil años.

JIMÉN.   ¡Qué necias
vulgaridades te obligan
que dormido al sol no veas!

ABRIL.   ¡Y en qué notable rüido
mete al mundo cuando empieza
a esparcir sus rayos de oro!
¡Qué de cuidados despierta,
qué de espuertas a la plaza
por pan y carne navegan!
¡Qué de bolsas que suspiran,
qué de talegos bostezan!
¡Qué de angustias de casados
solicitan sus despensas!
¡Qué de escaramuzas de ollas,
de sartenes y cazuelas!
¡Qué de envidias, qué de pleitos,
qué de pretensiones sueltan
la presa que detenida
estaba por las tinieblas!
¡Qué de trampas que se arrojan
a volar! ¡Qué de quimeras,
de fulleros, de arbitristas,
de mohatras, de pendencias,
hasta que llega la noche
y esta inquietud se sosiega,
y el sol levanta en las Indias
otra tanta polvareda,
sin que haya sido persona
que haya parado hora y media
después que le hizo Dios,
sino es el tiempo que, a fuerza
de mandárselo Josué,
tiró una instancia la reina!
Déjame, que estoy con él
como un cura de mi tierra,
que el verano no salía
de la estancia de una cueva
hasta que le daba un ama
que era del sol centinela
nuevas de su ausencia.

1110. *enquillotrarse:* aquí y más adelante (v. 1182), «Mudarse una cosa en otra, y en cierta manera transformarse y passar de un estado u calidad, a otra diferente. Es término bárbaro y rústico, de que usan los Labradores de Sayago y otras partes, para dar a entender que las cosas se han mudado y no son las que solían [...] Se toma también —[como aquí]— por enamorarse: y entre los Labradores es mui freqüente» (*Aut*). Véase M. Romera Navarro, «'Quillotro' y sus variantes», *HR* 2 (1934): 117–25; Maria Grazia Profeti, «Note critiche sull'opera di Vélez de Guevara», *MSI* 10 (1965): 84 n.

1115. *a la he:* con la aspiración rustica de la *h*, a la fe.

1131. *fray Juan Guarín:* alusión al ermitaño que a finales del siglo IX hacía áspera penitencia en los peñascales de Monserrate. Cantó su vida Cristóbal de Virués en *El Monserrate.* J. L. Alborg resume la historia así: «[El] ermitaño, Juan Garín, deshonra y mata a la hija del Conde de Barcelona, Wifredo. En demanda de perdón marcha a Roma, [...] y cuenta sus delitos al pontífice y éste le ordena que regrese a España a cuatro pies, como los animales; dantesco castigo que cumple Garín atravesando Italia y Francia. Al llegar a Cataluña es apresado por el conde, a quien confiesa su doble crimen. Al desenterrar a la joven —hecho que la recién descubierta imagen de la Virgen inspira a Garín— la encuentra viva, y el conde perdona al pecador» (*Historia de la literatura española*, 1: 944). Véase Ángel González Palencia, «Precedentes islámicos de la leyenda de Garín», en *Historias y leyendas*, 77–108. Cf. Quevedo, que retuerce los aceptados lugares comunes que solían usarse para retratar al renombrado ermitaño para acusar con grotesca hilaridad la 'heterodoxia' poética de Góngora en la «Respuesta de don Francisco de Quevedo a don Luis de Góngora» (núm. 828, *Obra poética*, ed. José Manuel Blecua, 3: 236, vv. 109–16):

> Gongorilla, Gongorilla,
> de parte de Dios te mando
> que, en penitencia de haber
> hecho soneto tan malo,
>   ande como *Juan Guarín*,
> doce años como gato,
> y con tu soneto al cuello,
> por escarmiento y espanto.

1135–38. Posible alusión a un refrán, según Requena Marco (511).

1139–58. El cuento del rey presuntuoso que descubre a su reina *in fraganti* era muy conocido. El cuento, «tan semejante al cuento proemial de *Las mil y una noches*», según Menéndez Pelayo (*Orígenes de la novela*, 3: 82), pasó al teatro español principalmente a través del *Orlando furioso* (Canto 28) y *El patrañuelo* de Timoneda (Patraña Octava). Hay también alusión a él en *La Celestina* (Acto I), que muestra lo arraigado que estaba en la conciencia popular:

«SEMPRONIO. Dije que tú, que tienes más corazón que Nembrot ni Alejandre. Desesperas de alcanzar una mujer, muchas de las cuales en grandes estados constituidas se sometieron a los pechos y resollos de viles acemileros y otras a brutos animales. ¿No has leído de Pasife con el toro, de Minerva con el can?

«CALISTO. No lo creo; hablillas son.

«SEMPRONIO. Lo de tu abuela con el ximio, ¿hablilla fue? Testigo es el cuchillo de tu abuelo.

«CALISTO. ¡Maldito sea este necio; y qué porradas dice!

«SEMPRONIO. ¿Escocióte? Lee los historiales, estudia los filósofos, mira los poetas. Llenos están los libros de sus viles y malos ejemplos» (ed. Bruno Mario Damiani, 61–62).

1169–70. Evocación de una idea popular, general en su tiempo, acerca de los órganos sexuales de las llamadas hombrunas y viragos. Como Gila no está inclinada al amor, la gente común dice que, acaso, no tenga los órganos propios de su sexo. Véase al respecto la nota de Alonso Zamora Vicente a los vv. 182–85 de su edición de *Peribáñez y el comendador de Ocaña.*

1176–77. Sobre el amor de los animales, cf. *El diablo está en Cantillana,* vv. 398–401:

PERAFÁN.   Amor debe de ser, que en la edad vuestra
              Naturaleza misma lo declara,
                 que hasta en los brutos es común maestra
              y enseña a amar las fieras y las plantas,

1193. *requiebro:* aquí y abajo (vv. 1203, 1212, 2103), «dicho o palabra dulce, amorosa, atractiva, con que se expressa la terneza del amor» (*Aut*); «metafóricamente se dize requebrarse el galán, que es tanto como sinificar estar desecho por el amor de su dama. Dezir requiebros es sinificarle sus pasiones, loar su hermosura y condenar su crueldad» (Cov, s. v. «requebrar»).

1209–10. La media luna es la señal del moro; de ahí, «No es de cristianos». «También aquí sería posible la alusión a un refrán, o dicho. Nótese 'Tiene más mudanzas ke la luna' (Correas 499a)» (Requena Marco 511).

1219. *ha que:* aquí y más adelante (v. 1872), hace que. Vease Keniston §28.56.

1229–30. *ortiga:* aquí y más adelante (v. 2753), cf. «Ser como unas *ortigas.* Phrase con que se explica que una persona es áspera y desapacible» (*Aut,* s. v. «ortiga»). *Meseguero:* el que guarda las mieses. O sea, las ortigas, como mesegueros, guardan las flores y su olor, para que nadie deje el campo «perfumado» (v. 1226), según la clara y sucia alusión de Mingo.

1252. *boca penada:* cf. «Copa penada, la que da la bebida con dificultad» (Cov, s. v. «copa»).

1258. *orejas de Corinto:* el capitel corintio en la arquitectura griega era el más adornado y rico, con sus hojas de acanto y caulículos. Con Cepeda, creemos que el concepto se refiere también al material empleado, alabastro o piedra, o a la blancura del mármol.

1261. «ALANO. Especie de perros mui corpulentos, bravos, y generosos, que sirven en las fiestas de toros, para sujetarlos, haciendo pressa en sus orejas» (*Aut*). La ruptura de este juego catacrésico es doble. Por una parte, se acentúa la disyunción semántica, pues las «orejas» en cuestión ya son graciosamente figuradas (v. 1258) y tornan a ser literales en los versos que siguen, pero, claro está, con alusivas connotaciones. Por otra, la ruptura es sintáctica, pues «alano» no funciona aquí como sustantivo, sino como adjetivo. Cf. Lope de Vega, *Los nobles como han de ser,* Ac.N., 8: 129a:

REY.   Esta es la hora de audiencia;
                 ¡hola!, abran esas puertas;
                 estén patentes y abiertas;
                 haya general licencia

MARQUÉS.

para el pobre y para el rico;
huya la envidia y malicia,
que en los actos de justicia
es igual el grande al chico.
Eso es reinar, y cumplir
con la obligación de Rey,
es justa y precisa ley
el remediar y el oír
de sus vasallos las quejas,
que por eso al rey pintaron
los que aquesto me ensañaron
rodeado todo de orejas.

ALANO.

Pues tantas orejas tienes,
¿hay alguna para Alano?
O si no, diré que en vano
tantas orejas previenes.

1269-70. La «condición» del amor y del fuego es no tener medida. Por eso el dicho, «más se tiene, más se quiere», de ahí que Gila le repruebe a Mingo por no quedar satisfecho con los mordiscos mariposeadores (cf. vv. 1263-67).

1271-76. Aquí y más adelante (vv. 1507, 1886-87, 1996-97), «Es [...] el beso señal de reverencia, reconocimiento, obediencia y servitud» (Cov). Más específicamente, «BESAR LA MANO. Locución expresiva del obsequio, atención, amistad, cariño, amor y afecto —[y desde luego, agradecimiento]— que a uno tiene: y esta demostración es en dos maneras: si es por escrito se especifica y declara con las palabras dichas, Beso las manos o la mano de V.m. V.E. &c. Y si es personalmente, el modo es extender uno su mano hacia el otro, y luego volverla para sí y besarla» (Aut, s. v. «besar»). «BESAR LOS PIES. Phrase común introducida por la urbanidad y cortesía en obsequio de las Damas, que quando es por escrito en carta, o billete no excede de las palabras dichas Besar los pies; pero si la ceremonia se hace personalmente, se reduce a decir las mismas palabras acompañadas de profunda reverencia. Suele también usarse de esta locución con los superiores principalmente Eclesiásticos de alta esphera, y aun con los que no lo son» (ibíd., s. v. «besar).

1273. irse a los pies: cf. «Irse por pies. Phrase con que se explica que alguno debió a su ligereza el ponerse en cobro, o escapar de algún riesgo u peligro» (Aut, s. v. «pie»).

1278. ¿Tanto bien puede hacer mal? «Este verso suena a máxima con su juego antinómico. Cf., por ejemplo, el refrán 'Del grand mal, bien; et del bien, gran mal' (O'Kane 149b)» (Rossi 94).

1289. güesos: huesos, aquí en el sentido literal, y también familiarmente, mano, lo que se sobrentiende desde los vv. 1270-79. Cf. A lo que obliga el ser rey, vv. 2497-2518:

LAURA.

¿Equivoquitos conmigo,
y pullas? ¡Si asgo una estaca,
yo le haré hacer cabrïolas
si le doy en las espaldas!

ABRIL.   ¡Leona, *toca esos güesos!*
LAURA.   ¡No son sino pulpa y alma,
                y nieve y cristal de roca!
ABRIL.   ¿Manos? Son tus manos blancas
                de un menudo de los cielos,
                manos humanas que manan
                maná y manojos de mirra
                con que se purgan las almas,
                manos que en los almireces
                de amor la vida machacan,
                manos que, todo en su mano,
                a todas de mano ganan,
                manos que dan por remate
                de las manos a manadas
                a la jineta vestidas
                de verde y flores de plata,
                verde y flores que prometen
                verde y florida esperanza.

1291. *pesia mí:* exclamación coloquial y rústica.

1301. *tenaza en morder:* «A esta comparación tan transparente le corresponde la frase proverbial 'hacer tenazas', que expresa propiamente la acción de 'asir mordiendo' y que está relacionada con la otra 'Las tenazas de Nikodemus' (Correas 212a) procedente de las figuraciones del Descendimiento» (Rossi 100).

1302. *en el aspereza rallo:* rallador, «Instrumento con que se rae el queso» (Cov). Según Rossi (100), el mismo término de comparación aparece en *Amar, servir y esperar* de Lope, aunque como parangón concreto de la cara: «La tez [...] / [...] / más áspera que un rallo».

1303. *albarda en matarme:* «Viene obvia la metonimia de albarda por carga, que se aclararía con el refrán 'No mata la carga, sino la sobrecarga' (*Aut*, s. v. 'carga'), aparte la diferencia de *carga* y *sobrecarga*» (Rossi 97). Cf. vv. 2362–63 n.

1305. «Rodríguez Cepeda anota este verso atribuyendo la mentira de los sastres a su condición de conversos. ¿Habrá de atribuírsela simplemente a su oficio como se deduce del refrán 'Alfayate de las mentiras, todo paño hace tiras' (Correas 50a), que advierte contra la falsedad del sastre que para robar el paño—'El sastre ke no hurta, no es riko por la aguxa' (Correas 92b)—dice que es poco, sólo tiras? Parecen comprobarlo dos refranes más: 'En casa del sastre, hasta los ratones roen paño' y 'Aun dando pesado el paño, no estás libre de engaño' (Martínez Kleiser 57.649 y 57.648)» (Rossi 97). Cf. vv. 2337–8 n.

1306. «El significado del lexema culto nos deja algo perplejos. Aunque la pareja de animales aparece en el refranero, por ejemplo, 'El lobo y la gulpeja / siempre son de una conseja' (O'Kane 144a), no podemos decidirnos entre la acepción entonces corriente de 'engaño, maña' y la etimología de 'precaución'. Acaso nos encamine hacia una solución de conjunto el refrán 'La mujer y la raposa, astutas y engañosas' (Martínez Kleiser 43.718)» (Rossi 97).

1307. *mujer en arrepentirte:* cf. *La montañesa de Asturias,* vv 1908–10:
[...] que fembras
y el mar tien a cada paso
mil mudanzas y revueltas.

1308. *escribano en apretar:* «Muchos refranes invitan a ser precavidos hacia los escribanos, pero en ninguno encuentro el lexema *apretar,* que, sin embargo, figuradamente resume toda connotación negativa de tanta literatura refranera. Si es válida la correlación *alcalde-escribano* ('Dios te libre de alkalde nuevo i de eskrivano viexo' [Correas 327a]), podríamos citar 'Alcaldes y zapatos nuevos, pasados los primeros días, aprietan menos' (Martínez Kleiser 2.247)» (Rossi 97–98).

1309. *cebolla en herme llorar:* «Sobre efecto tan obvio huelga citar el refrán 'Quien parte cebolla, sin pena llora' (Martínez Kleiser 37.465), como el más cercano al término de parangón empleado en este verso» (Rossi 98).

1310. *vestido viejo en reírte:* «La comparación es análoga al refrán «Lo reído, raído' (O'Kane 202a). La acepción de reírse 'estar roto' sigue corriente en el habla familiar» (Rossi 98).

1311–12. *suegra en mostrarme rigor, en la voluntad, cuñado:* «Basta el refrán 'A kien tiene suegra, zedo se le muera' (Correas 21a), para ilustrar los muchos que tienen como protagonista negativo a la suegra. [...] Asimismo abunda la literatura paremiológica acerca del cuñado, y bien la resume el refrán 'Ermano aiuda y kuñado akuña' (Correas 82b), donde, por supuesto, *acuñar* es 'meter cuñas'» (Rossi 98–99).

1313. *en la ingratitud, crïado:* «El verso sólo coincide con el mensaje de una parte de los refranes sobre el criado, o sea, con los negativos que aluden al cese ('San Xuan es venido, mal aia kien bien nos hizo' [Correas 269b]), o que genéricamente advierten que 'Kien á kriados, á enemigos no eskusados' (ibíd., 389)» (Rossi 99). La escansión del octosílabo supone que «criado» se pronuncie con hiato.

1314. *en las promesas, señor:* «Ningún refrán avisa contra las promesas de los dueños. Lo hace, pero bajo cierta condición, el refrán 'A mozo alcucero, amo roncero', que Sebastián de Horozco glosa: 'Menster es roncear / con mozo que mucho pida, / [...] Acortar en el dinero / y alargar en prometer'. ¿Acaso ciertas leyes sociales no pueden romperse 'proverbialmente'?» (Rossi 101).

1315. *memoria en atormentarme:* «Esta comparación, acaso de arraigo literario, por lo demás transparente, es la otra cara del concepto que priva en muchas variantes del refrán 'Lo que fue duro de pasar, pasado es dulze de membrar' (Correas 219b)» (Rossi 99). Cf. Lope de Vega, *El castigo sin venganza,* ed. A. David Kossoff, vv. 197–202:

Déjame, pensamiento;
no más, no más, memoria,
que mi pasada gloria
conviertes en tormento,

y deste sentimiento
ya no quiero memoria, sino olvido;

1316. *tiempo en burlarme sotil:* «El concepto es proverbial, referido tanto al tiempo cronológico como al atmosférico. Aunque no encuentro ninguna fórmula con el lexema *burlar*, podría citarse 'Fullerillo es el tiempo, y nos suele traer días ya usados por días nuevos' (Martínez Kleiser 60.493)» (Rossi 99).

1317. *marzo en la cola:* «La *cola* es una clave por abrir. Rodríguez Cepeda atina citando de Covarrubias el refrán 'Quando março buelbe el rabo, ni dexa cordero con cencerro ni pastor ençarramado', que ha de enmendarse con *buelbe de rabo* y *ençamarrado* (< *zamarra*), pero que aun así no me parece aclarar la comparación. Si Covarrubias lo glosa explicando que marzo 'es muy temido de los pastores' (s. v. 'março'), pienso que 'volver de rabo' es sinónimo de *marcear* (cf. 'Kuando febrero no febrerea, marzo marzea' [Correas 445a], que el mismo Correas aclara 'Rrebuelve el tenporal'). [...] Comprueba este significado el refrán 'En marzo, marzadas: aire, frío y granizadas' (Martínez Kleiser 41.127). De modo que el significado de 'trasquilar y quitar el pelo a las bestias' (*Aut, s. v.* 'marcear'), que en la comparación no vendría a cuento, es complementario, como puede verse por el refrán 'Cuando marzo vuelve el rabo [¿acaba?], no queda oveja con pelleja' (Martínez Kleiser 41.132). [...] Por lo tanto la mujer se parece a marzo por sus repentinos rigores y se le puede referir la frase proverbial 'volver de rabo' trocarse alguna cosa en contrario de lo que se esperaba' (*Aut, s. v.* 'volver')» (Rossi 98).

1317-18. *alguacil en prenderme y no soltarme:* «La pareja verbal aparece en 'Alcalde de aldea, prende y no suelta' (Martínez Kleiser 2.266), pero no la encuentro en el refranero atribuida al alguacil» (Rossi 99).

1319. *en mudanzas, baile y mar:* «La doble comparación coincide con el mensaje de dos clases de fórmula paremiológica, la de 'Kada ruin kiere entrar en la danza con su mudanza' y 'Asaz bien baila a quien la fortuna haze el son y la mudanza' (Correas 61b; Martínez Kleiser 59.343), y la de 'Como olitas de la mar, las cosas del mundo vienen y se van', 'Flujo y reflujo, en el mar y en todo el mundo' (Martínez Kleiser 8.874, 8.876)» (Rossi 99).

1320-22. *más tiesa en su parecer que de gorra suele ser el alcalde de su lugar:* «Esta comparación puede relacionarse con otra que reza 'Haz alcalde al villano, y le verás tieso como un ajo' (Martínez Kleiser 20.770)» (Rossi 99). «Posiblemente ya tiene la acepción de 'gorrón', desentendido o disimulado a una persona que no se le acepta su aptitud» (Rodríguez Cepeda).

1323. *en lo zaino, coz:* «Este término comparativo está en consonancia con la advertencia del refrán 'Apartarse de los pies de las bestias, ansí de las mansas como de las traviesas' (Correas 71b)» (Rossi 99-100). *Zaino:* «Argumento de ser traydor» (Cov).

1323-24. *mostaza en lo huerte:* «Para 'irritar' Gila sirve como la mostaza, cuyo efecto se ilustra por el refrán 'Guardaos no se me suba la mostaza a las narices' (O'Kane 169a) y se lexicaliza en *amostazar(se)*. [...] Vélez coincide con Lope en este uso metafórico de mostaza. [...] Cf. Carlos Fernández Gómez, *Vocabulario de Lope,* 1859» (Rossi 100).

1324–25. *en lo roín necio rogado, rocín en querer ser tu almohaza:* «las dos comparaciones [...] coinciden con la asociación léxica de la frase proverbial 'Bolver de rrozín a
rruín' (Correas 358b) que está lexicalizada sin el verbo 'De rocín a ruín' al par que la italiana 'Dalla padella nella brace'—(cf. los refranes 'Salir de llamas, y caer en brasas' [Mar-
tínez Kleiser 20.675], o 'Huir del fuego, y dar en las brasas' [*Aut,* s. v. 'brasa']; y en *Los
hijos de la Barbuda* del mismo Vélez de Guevara [v. 2080]: 'Fui del fuego e di en las brasas'). El significado de la primera comparación se aclara con el refrán 'El ruyn, mientras
más le ruegan, más se estiende' (O'Kane 205a)—(para el significado de *extenderse,* cf. el
refrán 'Vanse los gatos i estiéndense los rratos' [Correas 515b]). El [significado] de la
segunda [comparación] se aclara contextualmente gracias a la asociación de *almohaza* y
rocín, asociación que no tiene correspondencia en el refranero» (Rossi 98).

1327–28. *en el sacudirte, galgo, en maltratar pechos, tos:* «El sentido de ambas [compara-
ciones] es evidente, pero a ninguna le encuentro correspondencia en el refranero» (Rossi 101).

1329–30. *en dar pesadumbre, «vos» de la boca de un hidalgo:* «Vos, en el sentido de
que el voseo era tratamiento pesado en los hidalgos» (Rodríguez Cepeda), esto porque el
pronombre familiar enfatizaba la desigualdad de los interlocutores. Cf. «Vos [...] se puede
emplear como tratamiento que dan los superiores a los inferiores» (*Aut*). Cf. *El gran
teatro del mundo* (auto), ed. Ángel Valbuena Prat, vv. 1339–42:

> [LABRADOR.]   Soy a quien trata siempre el cortesano
> con vil desprecio y bárbaro renombre;
> y soy, aunque de serlo más me aflijo,
> por quien el *él,* el *vos* y el *tú* se dijo.

1331–32. *en tener vueltas, espada, y en nunca tenellas, vira:* «Ambas comparaciones estriban
en el lexema *vuelta,* que con el significado de 'inclinación o torcimiento' (*Aut*) entra en muchos
refranes, por ejemplo, 'Non hay espada sin vuelta, ni puta sin alcahueta' (O'Kane 112b)
(Rossi 100). Cf. vv. 2324–5. *Vira:* adorno y refuerzo del zapato.

1333. *en decirte, mentira:* «El parangón es evidente, ya que 'El mentiroso es poco
memorioso' (Martínez Kleiser 40.801)» (Rossi 100).

1334. *casamiento en ser pesada:* «Resumo con el refrán 'Hoy casamiento, y mañana can-
samiento' (Martínez Kleiser 39.609) la abundante literatura paremiológica que en el mensaje
coincide con el verso» (Rossi 100).

1376. *fruta de la Vera:* la Vera de Plasencia era renombrada por la abundancia de sus
cosechas, a las que Vélez vuelve a aludir más adelante (v. 2935). Nos da testimonio más o
menos cercano de ello Azedo de la Barrueza, en sus *Amenidades, florestas y recreos,* en un capítulo dedicado específicamente a «las muchas arboledas y regalados frutos que la tierra produce
y lleva». Aunque la cita sea larga, nos permitimos citar la extraordinaria relación dada por Azedo
—impresa, recuérdese, en 1667—, porque permite apreciar la vivencia del ambiente evocado
por la comedia. Conviene advertir que Azedo plagió descaradamente a Fray Gabriel de Talavera,
autor de la *Historia de Nuestra Señora de Guadalupe,* publicada en 1597, de modo que la colo-
rida descripción que transcribimos a continuación está aun más cercana cronológicamente a
la obra de Vélez:

«La diversidad y abundancia de árboles y plantas que el suelo de esta provincia cría y produce es innumerable; porque además de los que en las cercas se cultivan regalados para coger sus frutos, son infinitos los silvestres que de su propia naturaleza aborta la tierra, y se crían en los collados, campos y montes, con que sus desperdicios las fieras y otros animales se sustentan. [...] Aquí en la primavera, después de haber arrojado los árboles sus flores, tributan sus regalados frutos. Aquí se hallan las hermosas camuesas, las buenas bergamotas, con todos los demás géneros de peras que imaginar se puede. Aquí los olorosos membrillos, los duraznos, los melcotones [sic], las olorosas cermeñas, las granadas, los endrinos, los albérchigos, los niñeruelos, los nísperos y madroños, y asimismo grande multitud de morales y moreras, que esquilman mucha seda. Aquí se hallan los victoriosos laureles dedicados a Apolo, y palmas vencedoras; grandes castaños, altos cipreses, crecidos robles, gruesos loros, verdes alisos, amontonados fresnos y altísimos álamos, donde trepando las parras consagradas a Baco desde el tronco hasta su altura, los hermosean con sus frutos y frescas hojas, y ellos las sustentan con su firmeza. También fertilizan este suelo muchas olivas consagradas a Palas, símbolo de la paz; muchos naranjales, con grande abundancia de cidras, toronjas, ceotíes, limas y limones, con mucha abundancia de zamboas y membrillos. Aquí los avellanos, los quejigos con su flor como de peral, que nacen en las aberturas de los peñascos de los montes. Aquí los nogales, enebros, ojeranzos, los nísperos, los acerollos, los perejones, las servas, los castaños y robles. Aquí los incorruptibles tejos, de encendida y maravillosa madera, por criarse al desembarazo de los cierzos más fríos, acomodan también para esculturas, camas y escritorios. Aquí las trepadoras hiedras abrazadas con los muros, donde los pajarillos esconden sus nidales y cantan sus canciones; pasando en silencio otra grande multitud de árboles y plantas, que la vecindad del agua produce y engendra, con otros infinitos géneros de hierbas medicinales y odoríferas flores, que adornan y enriquecen el suelo desta amenísima provincia; siendo sus campos hermosos jardines, donde naturalmente, sólo con la agricultura del cielo que la labra, se crían hermosas flores, odoríferas rosas, castas azucenas, cárdenos lirios, peonias, tulipanes y de aguilón campanillas. Cógense a racimos las violetas; a montones los claveles, y los jacintos a puños. Aquí los arrayanes, dedicado a Venus, las murtas, los paraísos, las retamas, los jazmines, y naturales claveles que se topan en los campos, que trasladado todo a los claustros de los jardines, los enriquecen y hermosean haciendo de todo hermosos cuadros, revueltos lazos y entretenidos juguetes» (26–27).

1378–79. *vino que casi tiembla de edad:* como arriba (v. 697), puede ser que se trate de una creación poética de la fantasía de nuestro autor, pero también podría tratarse de un refrán proverbial.

1380–82. «Quizás se aluda a un refrán. Nótense los siguientes: 'Más latinas enseña una bota de vino que diez calepinos' (Rodríguez Marín 7.859) y 'El vino hace al hombre hasta latino' (ibíd., 7.861)» (Requena Marco 511). *Cencia:* esencia.

1389–93. *colgar del rollo:* figuradamente, pregonar, dar noticia a los del pueblo. Cf. «Tener su piedra en el rollo; es costumbre en las villas yrse a sentar a las gradas del rollo a conversación, y los honrados tienen ya particular asiento, que ninguno se le quita, y vale tanto como ser hombre de honra» (Cov, s. v. «rollo»)—«Honra para unos—comenta Caro Baroja (307)—, vergüenza para otros». Y agregaríamos, tema de chisme general.

1396. *plumas:* aquí, adorno, pompa, magnificencia. Cf. Francisco de Borja, «Al sepulcro de Luis Vélez»:

En corto espacio de tierra,
y en hospedaje tan breve,
a Luis Vélez será leve
el sepulcro que le encierra.
la Muerte injusta destierra
el cuerpo, mas no la gloria.
Y cuando alcanzar vitoria
de su memoria presuma,
la memoria de su pluma
es la *pluma* de su memoria.

1398. *rodela:* escudo redondo que cubre el pecho.

1402. *dar plumas:* aquí, pasear con aire pomposo. Cf. v. 1396 n. *Hacer piernas:* dilogía, que por una parte juega con la frase figurada que se dice de los caballos cuando se afirman en las piernas y las juegan bien, y por otra, con el giro figurado se dice de los hombres que presumen de galanes y bien formados.

1403. *alabarda:* arma ofensiva, que consta de una cuchilla transversal, aguda de un lado y de figura de media luna por el otro, puesta al extremo de una asta larga.

1409. *pendón:* «Llaman vulgarmente a los pedazos de tela que quedan a los Sastres de las obras que les dan a hacer» (*Aut*).

1423. *de camino:* véase v. 340 n.

1425–26. Graciosa comparación que asemeja las soldaderas, exageradamente *afeitadas de cara,* y *una casa de aldea,* que se caracteriza por la blancura de su exterior encalado. Cf. «AFEITAR. Aderezar, adobar, componer con afeites alguna cosa, para que parezca bien: lo que particular y freqüentemente se dice del rostro, y hacen cada día las mugeres para su adorno y hermosura en cara, manos y pechos, para parecer blancas» (*Aut*). Vélez traza parecida imagen grotesca de la mujer emblanquecida en la sarta imprecatoria que el bufón de *Los novios de Hornachuelos,* Berrueco, tira a su doble femenino, Marina (vv. 2235–50):

¡Un Barrabás sos vestido,
una fantasma calzada,
una arpía bautizada
y un camello con marido!
¡Espantajo de la viña
que Bercebú ha rebuscado,
langosta que ha profesado,
espetera con basquiña,
sastre de coser contiendas,
lechón de medio ojo hilván,
avestruz con solimán,
gallo de Carnestolendas,
Longinos a pie, Gaifás,
capón molde de hacer monas,

Judas de las amazonas,
y trecientas cosas más.

Y, desde luego, no faltan similares láminas burlescas en Quevedo, como el romance, «Reformación de costumbres no importuna», núm. 743, ed. cit., 2: 495:

Cara de mujer morena
con solimán por encima,
aunque más grite el jalbegue,
puede pasar por endrinas.

Véase Amadée Mas, *La caricature de la femme, du mariage et de l'amour dans l'oeuvre de Quevedo*, 34–35.

1432. *falsa:* sobrentiéndese «puerta» (v. 1431). *Puerta falsa:* «La que no es la principal de la casa, y suele salir a otra calle excusada, que sirve regularmente para el manejo de los menesteres ordinarios de las casas» (*Aut*, s. v. «falso»).

1444. *reja:* hierro del arado. Véase acot. s n.

1445. *cortijo:* pedazo de tierra pequeño y cercado, inmediato al pueblo o casa de campo, en donde se cría y planta hierba, o se guardan aperos de la labranza.

x. *caja:* tambor.

1454. *que:* en sentido causal.

1458. *de mano en mano:* antiguamente, de una persona a otra.

1462. *Alzad:* según Rodríguez Cepeda, un saludo entre iguales. Pero el saludo más bien servía para mitigar la desigualdad que existía entre dos personas, rey y vasallo, o, como aquí, noble y villano. Son innumerables los ejemplos en el teatro aurisecular.

1468. *sacar las puertas por los quicios:* abrir las puertas forzándolas.

1475. *y todo:* aquí y más adelante (v. 2596), también. Véase A. Castro y S. Gili Gaya, «. . . y todo», *RFE* 4 (1917); 285–89.

1509. «Acaso sea una alusión a que los Carvajales iban a menos y estaban perdiendo entonces sus haciendas» (Rodríguez Cepeda).

1521. La escansión del endecasílabo supone que «hágaos» se pronuncie con sinéresis. Cf. v. 92 n.

1524. *amonestaciones:* cf. *correr las amonestaciones*, publicar en la iglesia los nombres de las personas que quieren contraer matrimonio.

1527. *deudo:* aquí, pariente.

1529. *dar los brazos:* cf. «los brazos / señal de amistad son» (vv. 1550–51).

1537–40. Alusión al caudillo Wamba (siglo VII), que abandonó el arado para ser rey.

1561–2. *Preste Juana de las Indias:* cf. *Preste Juan,* «Título que se da al Emperador de Los Abyssinios. Es voz compuesta de Preste y Juan, que en su lengua vale Rey, porque antiguamente eran Sacerdotes estos Príncipes» (*Aut*). Cf. *A lo que obliga el ser rey,* vv. 951–67:

[ABRIL.]	[...] soy ministro y hechura
	de un privado muy de bien!
VIOLANTE.	¿Qué privado?
ABRIL.	Don Jimén,
	que está en la mayor altura,
	de anoche acá, que se vio
	nadie de Seyano acá.
	Mayor Camarero es ya,
	Marqués, Conde, y qué sé yo
	cómo se llama otra cosa;
	que, con ser de gentil talle,
	es menester espumalle,
	y es persona tan dichosa,
	que, sobre todo, le casa
	el Rey con una mujer...
VIOLANTE.	Di.
ABRIL.	...que lo pudiera ser,
	aunque es alabanza escasa,
	del *Preste Juan* del Sofí.

1584. *que:* causal.

1589–1601. Nótese la semejanza entre estos versos y *Los novios de Hornachuelos,* vv. 1411–26:

Tocáronla en almirante
tan alto, que parecía
el copete campanario,
y la campana Marina,
porque llevaba más ancho
que una conciencia en las Indias
un verdugado sin saya
encima de la camisa.
Para Berrueco, que estaba
de ser novio con mohína,
quedó la novia picota
en los chapines subida,
regañando y tropezando,
él abajo y ella arriba,
que era menester dar voces
para oír lo que decían.

«CHAPIN. Calçado de las mujeres, con tres o quatro corchos; y algunas ay que llevan treze por dozena, y más la ventaja que levanta el carcañal [...] En muchas partes no ponen chapines a una mujer hasta el día que se casa, y todas las doncellas andan en çapatillas» (Cov). Donde el chapín se emplea aquí como antonomasia bufonesca del matrimonio, en *A lo que obliga el ser rey* (vv. 1323–43) se emplea para satirizar las vivencias de la vida cotidiana en el palacio:

LAURA. Guarde Dios a vueseñoría,
     que a fe, que el mudarme me cuesta,
     de traje, enfados notables
     con los pajes que a esas puertas
     de tanta mujer casada
     a darme recados llegan:
     «¿Si cenó?» «¿Si bostezó
     mi señora?» «¿Cuándo almuerza?»
     «¿Qué se viste?» «¿Qué se calza?»
     «¿Cómo se toca?» «¿Qué sueña?»
     «¿Si tiene faltas o sobras?»
     y otras mil impertinencias,
     conque me tiene mayor
     que palacio la cabeza.
     Pues, *dormir sobre un chapín,*
     ¿a qué posta o centinela
     le puede haber sucedido?
     ¡Dios de su mano me tenga!,
     que pienso que he de morir
     de la enfermedad de dueña,
     que es peor que tabardillo.

Entiéndase que en esta cita *dormir sobre un chapín* se emplea en el sentido de 'pensar en el matrimonio', pues *dormir sobre* vale, tomarse tiempo para meditar o discurrir sobre una cosa. Cf. *poner en chapines,* «poner en estado a una muger, casándola, y dándola diferente nombre, o empleo de mera doncella: y assí en lo antiguo equivalía esta locución a lo mismo que casarse» (*Aut,* s. v. «chapín»). Acerca del calzado mismo, véase Miguel Herrero García, *Oficios populares en la sociedad de Lope de Vega,* 210–20; Ruth Matilda Anderson, «El chapín y otros zapatos afines», *Cuadernos de la Alhambra* 5 (1969): 17–32; Carmen Bernis, «La moda en la España de Felipe II a través del retrato de corte», en *Alonso Sánchez Coello y el retrato en la corte de Felipe II,* ed. Santiago Saavedra, 97–98. *Verdugado:* «es una saya a modo de campana, toda de arriba abaxo guarnecida con unos ribetes que por ser redondos como los verdugos del árbol y por ventura de color verde dieron nombre al verdugado» (Cov, s. v. «verdugo»). Cf. Bernis 88–91. «LECHUGUILLAS. Los cuellos o cabeçones, que de muchos anchos de olanda, o otro lienço, recogidos quedan haziendo ondas semejando a las hojas de lechugas encarrujadas. Estas han tenido y tienen diferente proporción, porque al principio fueron pequeñitas, y aora —[1611]— han crecido tanto, que más parecen hojas de lampaço que de lechugas» (Cov). Véase también Bernis 99–100.

1601. El nombre Gila era propio de gente rústica o sirvientes. Cf. v. 945–6 n. Véase también S. Griswold Morley y Richard W. Tyler, *Los nombres de personajes en las comedias de Lope de Vega,* 1: 228.

1611–12. *Semíramis:* según la leyenda griega, fue reina de Asiria y fundadora de la ciudad de Babilonia. Pasó a la literatura como símbolo de la mujer guerrera. Sobre sus leyendas construyó Calderón su obra, en dos partes, *La hija del aire*. *Evadnes:* mujer de Capaneo, uno de los siete jefes argivos que sitiaron a Tebas. Simboliza la mujer valiente por razón de que se murió lanzándose a la pira funeral de su marido. Cf. *A lo que obliga el ser rey,* vv. 631–34:

> ALFONSO.   (*Ap.:*   ¡Qué insigne mujer! ¡Qué heroica,
> qué invencible, qué eminente!
> ¡De Semíramis y Evadnes
> la eterna fama escurece!

Palas: Palas Atenea, o Minerva, diosa de la ciencia, la sabiduría y la guerra.

1620.   *albricias:* recompensa, premio que se da al que es portador de buenas noticias.

1623.   *estado:* matrimonio. Cf. v. 2974.

BB.   *de camino:* véase v. 340 n.

1637.   Véase v. 1017 n.

1642.   Otro anacronismo. El Príncipe don Juan murió, en 1497, cuando ya hacía más de cinco años que estaba conquistada Granada.

1645–46.   *Siete dotores lo curan:* estos y los vv. 1653, 1661–62 están tomados del romance de «La muerte del Príncipe don Juan», editado por primera vez por María Goyri de Menéndez Pidal, en *BHi* 6 (1904): 29–37. El *Doctor* [Juan] *de la Parra* fue un prestigioso médico en la corte de los Reyes Católicos y al parecer formó parte del consejo de médicos que atendió al príncipe en su última enfermedad. El que Vélez recalca que la presencia de aquel personaje al repetir su nombre dos veces más en la relación de don García (vv. 1651, 1678) refuerza la impresión de inmediación histórica. Pero el hecho mismo de su énfasis onomástico revela la intencionada licencia poética que Vélez tomaba con su fuente popular, porque el tal doctor no ocupa lugar tan prominente en ninguna versión del romance documentada hasta la fecha. De hecho, «el Doctor de la Parra» parece constituir una de las llamadas «aperturas» en la reproducción tradicional del romance, pues se nota una tendencia a disminuir su presencia. Se refiere al personaje como «el sabio Doctor de la Parra» o «el Maestro de la Parra» en algunas de las treinta y tres versiones recordadas en el *Catálogo general del romancero;* en otras, tanto el título como el apellido desaparecen, y el tipo se hace «un venerable doctor», «el más sabio de ellos»—i. e., de «los siete doctores»—, «confesor» y «tío» (ver *Catálogo general del romancero,* ed. Diego Catalán et al., 3: 368, 376, 587–88). Esa tendencia reductiva se prolonga en testimonios más recientes, en los que el título y nombre del Doctor de la Parra no constan sino esporádicamente (ver *Voces nuevas del romancero castellano-leonés,* ed. Suzanne H. Petersen et al., 1: 11–21, 2: 178–80). Al reproducir la «única versión cabal antigua conocida» de «La muerte del Príncipe don Juan», Paloma Díaz-Mas observa este mismo fenómeno con respecto al Doctor de la Parra, notando alguna correspondencia entre su innominación y la difusión geográfica del romance (*Romancero,* ed. Díaz-Mas, 1767–67. Ver también su nota bibliográfica, p. 427). En fin, el énfasis dado aquí al Doctor de la Parra no tiene precedente en las fuentes romanceriles; la apariencia de puntualidad histórica es un recurso con que Vélez acentúa el dramatismo del momento.

1647. *Galeno:* Claudio Galeno, famoso médico griego (¿131–201?), que realizó importantes descubrimientos en anatomía y escribió numerosos tratados de medicina.

1648. *Esculapio:* también Asclepios, hijo de Apolo y Coronis, dios de la medicina. No contento con curar a los enfermos, hasta resucitaba a los muertos. El gallo, emblema de la vigilancia, y la serpiente, símbolo de la prudencia, estaban consagrados a Esculapio.

1657–60. «La misma sentencia, adaptada, aparece en boca de Mingo: 'como si fuera la muerte / nadie quiere perdonar' (vv. 2164–65). En boca de García aparece literal, tal como la encontramos en los refranes 'La muerte a nadie perdona' (Correas 203a) y 'La muerte a nadie perdona: ni a tiara ni a corona' (Rodríguez Marín 42.354)» (Requena Marco 519).

1665–68. Según Requena Marco (520), posible alusión refraneril.

1669. *sin herederos:* históricamente, a la muerte del príncipe, su mujer doña Margarita quedaba embarazada. Además, el príncipe dejaba cuatro hermanos, no tres, como dice más adelante (v. 1684).

1698. *cuatro especies:* los órdenes de la arquitectura griega, que Vélez nombra a continuación en los vv. 1701–02.

1700. *Efesio:* Éfeso, ciudad principal de Asia Menor, cuyo templo de Diana era tenido por una, por las señas, la primera, de las siete maravillas del mundo antiguo. *Acaya:* el conjunto de Grecia.

1703. *mauseolo:* metátesis, mausoleo.

1705–20. Este registro de léxico arquitectónico nos impresiona como un artificioso ejercicio en el que Vélez muestra su precocidad poética al rimar cuarenta términos cuyo valor lírico sería en sí absolutamente nulo. Rodríguez Cepeda resume el léxico ejercitado por el dramaturgo: «*Basa* es el asiento de la columna; *pedestal* es el cuerpo de la columna con basa y cornisa; *basamento:* basa y pedestal unidos; *contrabasa:* igual al pedestal, pero femenino: molduras las siguientes: *bocel, equino, lengüeta, escita, zanja, nacefa, filete, troquilo, plano, talón, armila, gula;* otros ornamentos: *murecillo* (anatomía muscular), *corona* (cercos), *casetos* (casetones, adornos de moldura y florón), *gradillas* (escalerillas o soportes). De la arquitectura general de cada orden griega tenemos *arquitrabe* (parte superior de la cornisa), *banda* (encima del capitel, parecido al arquitrabe), *frontispicio* (frente), *cornisa* (coronamiento o remate), *friso* (parte del remate, entre arquitrabe y cornisa), *triglifos* (endiduras del friso dórico), *metopa* (en juego con el triglifo), *gota* (adorno que va debajo del triglifo), *témpano* (espacio triangular entre dos cornisas), *balaustres* (pequeñas columnas que soportan escaleras o balcones), *armas* (por armadura) y *eje* (por simetría). *Jamba* y *lintel* —dintel— son la estructura de la formación de puertas y ventanas». Ver además Fernando García Salinero, *Léxico de alarifes de los Siglos de Oro,* qq. v.

1721. *capelardente:* «CAPILLA ARDIENTE. El túmulo que se levanta en forma pyramidal lleno de luces, para celebrar las exequias de algún Príncipe o Persona de grande calidad. Debióse de llamar assí, porque suelen ser en forma de un tabernáculo o capilla, que con la copia de luces resplandece mucho. Es voz usada en Aragón, y muchos le llaman Capel-ardente» (*Aut*).

1724–25. Cf. «[S]acó el marqués de la Terça, Juan Bautista de Azzia, según refiere el Dolce, un águila que la estava picando en el pecho una sierpe o vívora, con el mote *Semper ardentius;* por la propiedad que dizen tener el águila de mirar al sol de hito en hito, y también de remontarse a lo más alto del ayre, hasta abrasarse las plumas. Tomó Curcio Gonçaga la empresa del águila tendidas las alas y medio desplumadas, debaxo del carro de Febo, con el mote *Purche godam gli occhi, ardan le piume,* a fin que gozen los ojos, ardan las plumas, dando a entender que, aunque de la vista de su dama le tirava amor flechas encendidas en su fuego, con que le atormentava, la llevava en paciencia a trueco del contento que recebía en mirarla. [...] Único Accolto Aretino, señor de Iepe, tomó la empresa de un águila que tiene entre sus garras un de sus pollos y le experimenta, bolviéndole a los rayos del sol, y si no los mira de hito en hito le desecha, con el mote *Sic crede*» (Cov, s. v. «águila»).

1729–32. Cf. «Hanse formado varios y diferentes hieroglíficos del águila [...] El águila que tiene su nido en un alto risco sinifica el príncipe retirado, que no da audiencia a sus vassallos» (Cov, s. v. «águila»).

1733. *doce:* Lope, en *La dama boba,* dice que *doce* «es número de interés» (v. 668). Según Schevill y Zamora Vicente, en sus respectivas notas al verso, su interés estriba en la gran cantidad de evocaciones que despertaba, agrupadas en ese número: los doce Pares de Francia (cf. v. 241), las horas (cf. v. 744), y—como aquí—los Consejos de la Adminis-tración. También se podría añadir en el presente contexto la evocación de las doce tribus de Israel. Luis Zapata le dedicó un capítulo al número doce en su *Miscelánea.*

1756. *armas blancas:* de acero. Véase v. 1852 n.

1763. *obsequias:* exequias, «honras a los muertos» (Cov).

1765. *montero de Espinosa:* «Oficio honorífico de la Casa del Rey. Antiguamente era su cargo la guarda de las Personas Reales, en qualquier parte que se hallassen de noche y de día; pero desde el Reinado de Phelipe I. no exercen su empleo sino de noche, durmiendo en una pieza immediata a la Cámara del Rey, a quien assisten al tiempo que se desnuda, y cierran la puerta del dormitorio, y guardan la llave: y después de haver visitado todo el Palacio (prendiendo a los que hallaren dentro dél, o matándolos, si se resisten) velan quatro de ellos toda la noche por turno, hasta el día, que abren las puertas. En el quarto de la Reina assisten en una antecámara, recibiendo de mano de la Azafata (que cierra la puerta) las llaves, y hacen vela toda la noche en la misma conformidad. [...] Tuvo principio este honroso empleo en los tiempos de Don Sancho Fernández, Conde de Castilla, quien por la lealtad grande que tuvo un Escudero suyo, avisándole de una traición, que se trataba contra su vida, le heredó en Espinosa de los Monteros, dándole este privilegio, en el qual sucediessen todos sus descendientes: y como en aquellos tiempos hiciessen con el oficio de guardas el de Monteros, fueron llamados Monteros de Espinosa. Para obtener este empleo necessitan probar ser naturales de aquella Villa, y descendientes de aquel Escudero, y hacer información de Hijosdalgo, limpios de toda raza, con la qual se recurre al Mayordomo mayor, y se le assienta en lo libros de la Casa» (*Aut*).

1774. Anacronismo. La Infanta doña Juana no fue jurada hasta el año 1500, después de la muerte del Príncipe don Miguel, hijo de la Infanta doña Isabel y de don Manuel de Portugal.

1778. *Toda esta vida es desgracias:* por su forma sentenciosa, esta expresión podría considerarse como refrán, «o podría tratarse sólo de una fórmula estereotipada de la lengua, que puede dar cabida a múltiples aplicaciones, de acuerdo con cada situación concreta, y que sería semejante a 'Todo este mundo es errar' (Tirso de Molina, *El burlador de Sevilla*, III)» (Requena Marco 511).

1793. *motilona:* muchacha de servicio, doméstica.

1803. *ciegayerno:* «Ciega *hiernos.* Se llaman aquellas cosas que teniendo alguna apariencia, son de poca substancia o valor: aludiendo a aquellas alhajas semejantes con que suelen engañar en los dotes a los incautos» (*Aut,* s. v. «hierno»). Cf. *Los novios de Hornachuelos,* vv. 2865-70:

MARINA.   Más valen los asadores,
              el caldero y la espetera,
              Berrueco, que truje yo
              que vos.
BERRUECO.   ¡Eso sí, engreíos!
              ¿Y los *ciegayernos* míos
              son barro?, decí.

1807. *capón:* pollo castrado y cebado, manjar muy exquisito.

1810. *torcaza:* paloma torcaz, de tamaño grande.

1811. *sisón:* ave zancuda, de carne comestible.

1822. *si no me engaña:* giro condicional que se repite en los vv. 2490, 2536, 2926.

1823. *maginación:* por apócope, imaginación.

1834. *socorro:* «La paga del soldado» (*Marginalismo*)

1840. *trocada:* vuelta, esto es, en la rueda del juego.

1842-43. Aunque Rodríguez Cepeda ve un refrán aquí, Rossi no encuentra ninguno que se parezca a estos versos. «Al contrario —dice—, puedo señalar dos que expresan la idea opuesta, aunque no necesariamente relacionada con el juego: 'La fortuna no gusta de ser adamada, sino forzada', y 'Contra mala suerte, poca vergüenza; y torpe el que no venza' (Martínez Kleiser 59.266 y 59.466). Aquí del refrán se repite más bien la forma con la doble función sintáctica del pronombre absoluto. Para el sentido, estos versos pueden relacionarse con el refrán que señalamos *ad* v. 2234» (Rossi 95).

1852. *espadas negras y blancas:* «llamamos espadas blancas las azeradas con que nos defendemos y ofendemos; a diferencia de las de esgrima—[i.e. las *negras*]—, que son de solo hierro, sin lustre, sin corte y con botón en la punta» (Cov, s. v. «espada»).

1857. *chirlo:* «Herida en el rostro prolongada, como la que hace la cuchillada, y la señal, o cicatriz que dexa después de curada» (*Aut*).

1870. *so:* como arriba (v. 601), señor.

1874. *sora:* señora

1878. *frasco:* aquí y más adelante (v. 2219), «La cajuela en que el arcabucero lleva la pólvora» (Cov).

1889. *vuacé:* aquí y abajo (*voacé* v. 1893), rusticismo, vuestra merced. Véase José Pla Cárceles, «La evolución del tratamiento de 'Vuestra Merced'», *RFE* 10 (1923): 252–62.

1893. La escansión del octosílabo supone que «voacé» se pronuncie con sinéresis.

1904. *no más:* véase v. 2201 n.

1914. *el Conde, nuestro hermano:* refiérese al conde de Ureña, don Alonso Téllez Girón, hermano gemelo del Maestre.

1917. Posiblemente hay en el binomio de este verso otra alusión, muy solapada, a la tensión sostenida a lo largo de la comedia entre los Carvajales y los Girones. *Archidona:* «Fue ganada Archidona por los cristianos que capitaneaba el maestre de Calatrava, operando combinadamente con el adelantado por los años de 1493. [...] Los reyes católicos concedieron a esta villa grandes privilegios» (Madoz 2: 494a). De ahí, posiblemente, la alusiva interrupción a continuación, cortés pero abrupta de doña Isabel, «El Conde es un gran soldado» (v. 1919). *Morón:* esto es, Morón de la Frontera, por estar situado en los límites de la frontera de Granada y Sevilla. Durante más de dos siglos era famoso por su castillo, «no sólo por su posición escarpada, sino por la solidez de su arquitectura y espacioso recinto, circunvalado de torres y murallas triples, que comprendía dentro de sí todo el pueblo» (Madoz 9: 613b). El local estratégico y la solidez de la fortaleza la hicieron servir de baluarte y como una de las primeras plazas cristianas de la Reconquista en Andalucía—fue tomada en 1259. Sirvió de palacio a los condes de Ureña—es decir, los Téllez de Girón—, que hicieron en ella magníficas obras, si bien cuando se mudaron a Osuna, se llevaron las más importantes.

1928–30. *Evadnes, Semíramis:* véase v. 1611 n. *Fenis:* aquí, «Se llama a todo aquello que es singular, raro, exquisito o único en su especie: como Phénix de los Sabios» (*Aut*, s. v. «phénix»).

1936–7. Esta alusión a los bandos de Granada debe de proceder de la descripción de Pérez de Hita, *Guerras civiles*, pt. 1, caps. 13, 14, 16.

1940–44. Los Pidal y Rodríguez Cepeda unánimemente miran esta enumeración de nobles como un caprichoso floreo retórico. Cepeda —muy acertadamente, a nuestro modo de ver—, reconoce cierta semejanza con compromisos y prácticas en memoriales que Vélez repite, aunque de modo diferente, en *El Diablo Cojuelo. El gran Ribera* (v. 1942) es Diego de Ribera, que murió en el cerco de Álora el año 1434. El adelantado que intervino en las conquistas del reino de Granada fue don Pedro Enríquez, muerto en febrero de

1492. *El* [conde] *de Palma* es don Luis Portocarrero, que se halló en el sitio de Málaga y en el de Baza.

1973. Rodríguez Cepeda anota este verso como parte de dicho o refrán.

1992. *Estúñiga:* «apellido de casa ilustrísima de los duques de Béjar» (Cov).

2018. *coger:* aquí y a continuación (v. 2023), alcanzar.

2030. *tascar el freno:* «se dize del cavallo que acaba de comer en la talega» (Cov). Aquí, figuradamente, cansarse de comer, esto es, del amor.

2032. *enima:* enigma.

2042–44. «Quizás aquí, más que a un refrán, se esté aludiendo al modismo 'pikar la moska, por: tomar priesa, o enamorarse' (en el segundo significado), como comenta Correas bajo 'Pikóle la moska' (470a)» (Requena Marco 520).

2049. *Yo llegué, engañé y vencí:* paráfrasis del famoso dicho de Julio César, *Veni, vidi, vici.* Vélez se sirve ampliamente del mismo en *El Ollero de Ocaña,* vv. 1061–89:

BLANCA. Vuestra vitoria me ofrece
         vuestro natural valor.
           ¿Escusado es preguntar
         si a aquel villano mataste?
         Decid, señor, si le hallaste.
         ¿Qué es lo que puede dudar
           mi dicha, que en la venganza
         de mi honor, estando a cuenta
         vuestra, el valor, me presenta
         tan colmada la esperanza?
           Que yo, en esta breve ausencia,
         por lo que me prometistes
         sólo en saber que salistes
         hice la duda evidencia,
           tanto, que *podéis quitar,*
         yendo a defenderme a mí,
         a César lo del vencí,
         dejando el ver y el llegar,
           pues el alma acreditando
         el bien que en vos comprehendo,
         sé que le vencistes viendo,
         y le matastes llegando.
SANCHO. *Más que César prometí,*
         pero en el vencí falté,
         señora, porque llegué
         y vi, pero no vencí.
           Hallé en el campo un villano

que su culpa confesó.
BLANCA.   ¿Matástele?
SANCHO.   Blanca, no.

2084. El antecedente de «ella» es «la mano» (v. 2080).

2087. El antecedente de «suya» es «alma» (v. 2084).

2108–11. Alusión a los famosos personajes del *Orlando furioso,* de Ariosto (canto X, 22–26). Dado el ambiente casi costumbrista y las raíces folclóricas de la acción, es de suponer que la evocación de Olimpia y Vireno se remonte al romancero (cf. *Romancero general,* núms. 404–05, BAE, 10: 468), especialmente porque en *La niña de Gómez Arias* la desafortunada protagonista se llama «Olimpia» entonando los primeros versos del segundo romance citado. Pero hay que recordar que Vélez compuso uno de los poemas dedicatorios de la primera edición castellana del *Orlando furioso,* de modo que es posible que las leves evocaciones culteranas aquí provinieran de aquella fuente impresa.

2116–17. En *La niña de Gómez Arias* (vv. 1025–6) hay dos versos idénticos. Es frecuente en Vélez la comparación de la velocidad de los pensamientos con la de los caballos y los vientos. Cf. arriba, vv. 1015–17.

2139–50. Estos juramentos épicos proceden del romancero carolingio y son similares a los del marqués de Mantua, los cuales inspiraron la consabida parodia en el *Quijote,* I, 10. Cf. *Romancero general,* núm. 355, BAE 10: 212:

—Juro por Dios poderoso,
Por Santa María su Madre,
Y al santo Sacramento
Que aquí suelen celerare,
De nunca peinar mis canas,
Ni las mis barbas cortare;
De no vestir otras ropas,
Ni renovar mi calzare;
De no entrar en poblado,
Ni las armas me quitare,
Sino fuere una hora
Para mi cuerpo limpiare;
De no comer en manteles,
Ni mesa me asentare,
Hasta matar a Corloto
Por justicia o peleare,
O morir en la demanda
Manteniendo la verdade:
Y si justicia me niega
Sobre esta tan gran maldade
De con mi Estado y persona
Contra Francia guerreare,

Y manteniendo la guerra
Morir o vencer sin pare.
Y por este juramento
Prometo de no enterrare
El cuerpo de Valdovinos
Hasta su muerte vengare.

2158. *man:* apócope de mano.

2160–61. «En realidad los dos versos coinciden con distintas fórmulas paremiológicas. El primero es, tal cual, el segmento fijo de muchos refranes, por ejemplo, de 'Ni rrodeo sin deseo, ni ataxo sin trabaxo' (Correas 230a), y el segundo solamente reproduce el mensaje figurado de 'En kada sendero ai su atolladero' (ibíd., 131b). El núcleo léxico de ambos, *atajo* y *senda,* y su alusión a la dificultad, *trabajo* y *atolladero,* vuelven en la pieza con su significado recto, Mingo se desvió del ancho camino real, al par que con el figurado, y se acaba de meter en apuros» (Rossi 91).

2164–65. Véase vv. 1657–60 n.

2175. *rocín:* caballo de trabajo, a distinción del de regalo.

2180. *muermo:* inflamación y ulceración de la mucosa nasal, con supuración, contagiosa. *Torzón:* aquí y más adelante (v. 2322), torozón, enteritis de las caballerías, acompañada de dolores cólicos y movimientos violentos de los miembros.

2189. *ell:* véase v. 752 n.

2190–91. Cf. el refrán «La esperanza es ancha y larga» (Rodríguez Marín 22.795).

2199. *tien:* apócope de tiene.

2201. *nunca más rocín prestado:* Rodríguez Cepeda anota este verso como alusión a dicho o refrán. Cf. «Aunque por su estructura elíptica el verso parece serlo no pude documentarlo como tal. Vélez sintetiza en él dos conceptos paremiológicos: la inutilidad de tener un *rocín* ('Mulo o mula, burro o burra, rrozín, nunca' [Correas 562]), y la de conseguir algo prestado ('Quien en prestado se vistió, en medio de la calle se lo quitó' [O'Kane 230a])» (Rossi 96). En cambio, «no creo que hace más que representar la fórmula 'no más' o 'nunca más', aplicable a múltiples ocasiones. Se utiliza ya independientemente, ya como apódosis de la prótasis [...] Como apódosis, sirva de ejemplo el refrán [...] 'Si de esta escapo y no muero, *nunca más* bodas al cielo' (Rodríguez Marín 36.449; Correas 282a); con valor independiente, aparece en *La serrana:* «'No más burlas con serranas' (v. 1904), y, con elipsis y cambio de orden por razones métricas, en v. 730: 'Con carreteros, no más'. Otro uso distinto de estos dos lo encontramos en Correas: «Esta, i nunka más» (150a, 630b)» (Requena Marco 513).

2202–23. «La acumulación de detalles y adornos en el retrato de la serrana ('botín argentado', 'basquiña de grana', 'cuerpo de palmilla', etc.) revela que nos encontramos aquí en presencia de un romance de fabricación tardía y probablemente debido a la pluma de Luis

Vélez de Guevara. [...] Desde 1580–1590, esta excesiva pormenorización de la descripción, hecha con elementos del todo rituales, se había hecho la regla en los romances seudo-rústicos que evocaban retratos de aldeanas» (Salomon 421–2, n. 73).

2206. *botín argentado:* véase acot. C n.

2208. *basquiña:* «Ropa o saya que traen las mujeres desde la cintura al suelo, con sus pliegues [...] y mucho vuelo» (*Aut*). Véase Bernis 91–92. *Grana:* paño muy fino de color purpúreo.

2210. *palmilla:* paño que se vestían las labradoras, «Una suerte de paño que particularmente se labra en Cuenca; y la que es de color açul se estima en más; y pienso que se dixo palmilla, quasi palomilla, por tirar al color de la paloma; sin embargo de que ay palmillas verdes; o pudo ser que al principio se le pusiesse en la orilla texida una palma por señal» (Cov).

VV. «Es preciso insistir en el movimiento de presentación plástica que, para centrar las miradas de los espectadores en la actriz femenina, la hace desplazarse desde una parte alta del escenario hacia una parte baja. Parece que este fue un procedimiento técnico de escenificación bastante usado en la comedia nueva para darle relieve a un personaje femenino que lleva una vida salvaje en un ámbito serrano. Compárese con varias acotaciones escénicas de Lope. *El príncipe despeñado* (1602), [...] 'Va bajando por la sierra la Reyna doña Elvira en hábito de salvaje con una piel y parece en medio de la sierra y prosigue'. *El Cardenal de Belén* (1610), [...] 'Elisa, el cabello tendido con un vestido de palma ceñido de hojas, vaya bajando de un monte con una cestica'» (Salomon 421, n. 72).

2215. *crencha:* véase v. 211 n.

2219. *frasco:* véase v. 1878 n.

2227. *conseja:* habladuría, leyenda. Cf. v. 2699.

2234. *cantas mal y porfías:* «Como refrán está documentado a partir de Santillana (O'Kane 73b). Aquí se emplea en el significado recto de sus lexemas: Gila se dirige con él al caminante que viene cantando, pero que no es ningún impertinente o presumido, como indica el sentido figurado del refrán. 'Canta mal' porque canta la historia de Gila» (Rossi 90).

2266. *garlito:* aquí, celada, trampa.

2270. *hombre humano:* aquí y más adelante (v. 3131), el epíteto vale más o menos, hombre nacido, o sea, absolutamente nadie. Cf. *Don Quijote*, I, 28: «que no la de ningún *hombre humano*, pues no hay ninguno en la tierra de quien se pueda esperar consejo en las dudas, alivio en las quejas, ni remedio en los males!» (*DQ* 317–8); *Si el caballo vos han muerto*, vv. 544–51:

MELENDO.   Diagote, Melendo soy,
                  fijo de Jimén Velázquez,
                  de cuya alcurnia y valor,

en toda esta tierra, finca
tanta fama y opinión,
e de *home humano* en el mundo
baldones sofrir llevó
su sangre.

Vélez emplea el epíteto *humano* en no menos de once ocasiones en *Los novios de Horna-chuelos*.

2272. *dar en sus trece:* frase proverbial, persistir con obstinación en un propósito. Véase Requena Marco 512.

2280–81. «La pareja léxica *ensillar* y *enfrenar* como doblete sinonímico expresa el sentido figurado de 'refrenar' (*Aut*, s. v. 'enfrenar' y 'refrenar'). Sin embargo, aquí, al par que *ad* vv. 2326–28 y, con los correspondientes lexemas nominales, *ad* 'me ofrece el freno y la silla' (v. 2286), Mingo la emplea en su sentido primario, ya que efectivamente va disfrazado de rocín. A este mismo propósito del raro disfraz, Vélez vuelve a citar felizmente la pareja con los versos de un cantarcillo popular, que Gila aprovecha para llevarle la corriente a Mingo: 'quién te enfrena, quién te ensilla' (v. 2304)» (Rossi 92).

2282–83. *quien merece albarda, no es mucho que silla tenga:* «Del refrán estos versos tienen la estructura (el exordio con el pronombre absoluto de relativo, que funciona como dúplice sujeto) y el léxico ('Kien tiempo tiene i tiempo aguarda, pues no mereze silla, échenle albarda' [Correas 413 b]). Si repite también su contraposición conceptual de 'bestia de silla' y 'bestia de albarda', ¿habrá que suprimir la conjunción negativa que impide la autocrítica de Mingo, el cual, de verdad, acaba en ensillarse?» (Rossi 96). Requena Marco responde a esta última: «creo que no se puede suprimir la negación. En esta frase hay una expresión normal, 'no es mucho que', que aparece también en los vv. 1860–62: 'Quien paga / tan francamente no es mucho / que lo diga'. Quien merece una cosa más pesada (la albarda), no es de maravillarse que lleve otra más ligera y menos baja (la silla). La relación sería semejante a esta del *Libro de Buen Amor* (710d): 'non ay mula d'alvarda que la siella non consienta'. Interpretado así, no habría contradicción con 'pues no meresce silla, échenle alvarda' de la canción (cf. Harold G. Jones, III, 'El Cancionero Español (*Cod. Reg. Lat.* 1635) de la Biblioteca Vaticana', *NRFH* 21 (1972): 385)» (Requena Marco 513–14).

2297. *¡Ciégala, Santa Guiteria!* «La fórmula reproduce el giro con que se dirige uno a las bestias invocando, corrientemente, al santo protector de los animales domésticos: '¡Ziégale, Santantón!' (Correas 300b). En cuanto al nombre de la santa, ¿habrá de enmendarse en *Quiteria*, que con 'floreo verbal' (< *quitar*) emplea Juan Ruiz (*Libro de Buen Amor*, 1312b), y con una letanía, Lope de Vega, en *La juventud de San Isidro* (BAE, 178: 374b)? Queda por señalar el significado primario que tiene el verbo *cegar* en el verso, ya que Mingo no quisiera ser reconocido. [...] Es el mismo que tiene la invocación de Lazarillo [de Tormes] '¡Sant Juan, y ciégale!' dirigida al patrón de los criados, para que el clérigo no viera la falta de los bodigos» (Rossi 92–92). Conviene añadir que el mismo Correas comenta la frase *«¡Ziégale, San Antón!»: «En burlas maldize i llama bestia»* (300b). A propósito de la corrección que Rossi propone, Requena Marco cree que no es necesaria: «El nombre de esta Santa me parece que aparece en *La serrana*, por causa de la rima, y aun creo que en el *Libro de Buen Amor* no es otra la razón. Hay que tener en cuenta que era una santa muy conocida del pueblo; adviértase el refrán: 'Si hiela en Santa Quiteria [22 de mayo], mal año espera (Rodríguez Marín 29.920), y J. M. Iribarren, en su *Vocabulario navarro,* trae: 'Santa Quiteria—parió por el dedo podrá ser verdad—pero yo no lo creo' (589). También trae 'Santa Quiteria pasó por aquí; que el perro rabioso se aparte de mí (conjuro infantil)' (612), donde es clara la relación entre *Quiteria* y *apartarse (quitarse)*» (Requena Marco 513).

2299.   *jerga:* tela gruesa y tosca. Aquí se referirá a la textura y el color del pelo de las piernas como rasgos de encarecimiento.

2310–3.   Cf. los refranes «La mona, aunque la vistan de seda, mona se queda» (Martínez Kleiser 5.661); «Todos somos hijos de Adán y Eva, mas diferéncianos la seda» (ibíd., 10.835); «Seda y raso no dan estado» (ibíd., 5.619). Otra vez, la alusión al refrán es conceptual, no formal. Véase vv. 31–35 n.

2319.   *albéitar:* aquí y más adelante (v. 2359), veterinario.

2324–25.   *se quedó como espada, aunque fue espada sin vuelta:* véase vv. 1331–32 n.

2331.   *Nadie es dichoso con bestias:* «Aseveración que, encabezada por el pronombre indefinido absoluto, suena a sentencia y que, a pesar de emplearse en sentido recto (va dirigida a Mingo que acaba de tener una desaventura con su rocín), nos recuerda el refrán 'Apartarse de los pies de las bestias, ansí de las mansas komo de las traviesas' (Correas 71b), alusivo las malas ocasiones o a las personas rústicas e ignorantes. [...] El capitán don Lucas, el protagonista noble, repite el mismo concepto con otra formulación: 'pero quien sigue animales / merece este galardón' (vv. 2896–97), que no es del contexto paremiológico» (Rossi 94).

2332 ss.   El tópico «¿Qué hay de nuevo en el lugar? — Mil cosas hay nuevas» fue aprovechado por casi todos los poetas de la Comedia Nueva. En Vélez de Guevara el motivo abarca la gama entera de sensibilidades, desde la gravedad doctrinal (*El espejo del mundo,* vv. 2158–2381) hasta la más disparatada parodia, en la que se invierten por completo tanto el código de valores como las convenciones retóricas del tópico (*Disparates del Rey don Alfonso, el de la mano horadada,* vv. 132–43).

2337–38.   *San Dimas le sea con Dios abogado:* «No encuentro esta fórmula de súplica admirativa—como tal la puntuaría—entre las invocaciones de santos registrados en los refraneros. Creo que Vélez, refiriéndola al alma del sastre, alude a la literatura paremiológica del alfayate-ladrón—cf., por ejemplo, «Zien sastres, i zien molineros, i zien texedores, son trezientos ladrones' (Correas 300a)—y no a la condición de cristianos nuevos, que sería de los de este oficio, según Rodríguez Cepeda anotando el v. 1305» (Rossi 95).

2340–41.   *cortar de vestir:* «La frase proverbial 'cortar de vestir' en su sentido figurado de 'murmurar', que corresponde, por ejemplo, a la italiana 'tagliare i panni addosso', se combina aquí oportunamente con el refrán 'La lengua no es de fierro, mas corta más que espada' (O'Kane 141b)» (Rossi 93).

2342-44. Tópico favorito de los poetas áureos. El mismo Vélez repite la sátira con frecuencia. Véase Herrero García, *Oficios populares en la sociedad de Lope de Vega,* 233-58, donde se recogen varios testimonios literarios que exageran festivamente los hechos.

2347. *No las hagas, no las temas:* «El refrán 'El ke la á hecho, la teme' (Correas 101b) es conocido. Aquí importa su empleo concreto, ya que el pronombre *las,* lejos de emplearse como plural genérico, alude anafóricamente a las malas comedias que escribe el sacristán» (Rossi 91).

2351. *arancel:* aquí, ejemplar, norma, regla, modelo, dechado.

2355. *igreja:* aquí y más adelante (vv. 2709, 3045), rusticismo, iglesia

2356. *tabardillos:* aquí, figuradamente, naipes, juego de cartas.

2358. *ir horros:* «Ahorrarse: Entre dos ke xuegan: no llevarse nada: de akí: 'ir horros'» (Correas 614b).

2362-63. *No hay albarda que no mate y muchas con mayor fuerza:* según Rodríguez Cepeda, se trata de un dicho. Rossi, en cambio no encuentra «ningún dicho ni refrán que atribuya esta consecuencia a la albarda, y sin embargo, Vélez repite el mismo concepto *ad* v. 1303 —(No creo que *albarda* pueda ser aquí metonimia de la condena a ser azotado, en cuanto se llevaba al reo en 'bestia de albarda')—. Desde luego la estructura de los versos es paremiológica con las dos oraciones negativas concomitantes, la correlación cuantitativa y la elipsis» (95).

2383. *Hermandad:* ver nuestra nota referida a ** en las *personae dramatis.*

2390-93. Aquí y más adelante (vv. 3257-58), se trata de un dicho o refrán, según Rodríguez Cepeda. Cf. Rossi (90): «La referencia al refrán 'Eskarmentar en kabeza axena, dotrina buena' (Correas 148a), o a una de sus variantes, es inmediata en los últimos versos [...] Su génesis es bíblica (cf. 'pestilente flagellato, stultus sapientior erit' Prov. 15: 25; 'Feriendo al loco, castigar s'á el otro loco', en el romanceamiento inédito del siglo XIII, MS. Esc.I–1–6), como se puede comprobar por la reminiscencia de 'Bien aventurado es el que se escarmienta en los peligros ajenos' (O'Kane 110b). *Ajeno* es el único término común a las distintas variantes, cuya acción verbal puede introducirse indiferentemente por *castigar y escarmentar,* al par que el motivo de la lección además de por *cabeza* y sus sinónimos, puede indicarse por *mal* y *peligro*». Entre los versos citados aquí y los de abajo, si se trata de la misma referencia paremiológica, es distinto su empleo. En aquellos aparece el mensaje figurado del refrán y de la frase proverbial *escarmentar en cabeza ajena;* sobresale el significado concreto y circunstancia de *cabeza,* ya que, como dice Mingo en los vv. 2390-91, sobre la de Gila hay un tallón.

2395-96. Rodríguez Cepeda anota estos versos como dicho, desde luego feo, o parte de refrán.

2405. Posible alusión a dicho o refrán, según Rodríguez Cepeda.

2417-18. «Los versos encierran la frase proverbial 'paño de que cortar', que indica la materia de que se puede disponer. Cf. 'Kortad paso, ke ai poco paño'; 'Tuvo paño en que kortar' (Correas 421b, 737b)» (Rossi 92).

2427-28. *contraria estrella:* mala suerte. El motivo de *errar el camino,* reiterado más adelante (vv. 2609-10, 2782-83, 2803-04, 2864-73), es un tópico que se remonta a un arraigado origen popular del que descienden la pastorela provenzal y las serranas de Juan Ruiz, de Santillana y otros poetas cortesanos. Cf. Ramón Menéndez Pidal, *«Serranilla de la Zarzuela»,* en *Poesía árabe y poesía europea,* 119-35.

2442. *espacio:* véase v. 25 n.

2452. Según Rodríguez Cepeda, dicho popular o frase hecha.

2474-76. «Tenemos acumulados dos dichos o sentencias, que no desdicen de la persona real. La primera es de la caza, ejercicio, y la segunda, la del sueño, viene a reforzar la primera» (Requena Marco 517). El investigador subraya la relación entre dichas sentencias y diversas fuentes populares. Por nuestra parte, nos parece suficiente decir que se trata de dos tópicos, igualmente desarrollados en los géneros populares y cultos. En Vélez, la primera se expresa en moderados términos cortesanos. Cf. por ejemplo, *La jornada del Rey don Sebastián* (vv. 945-48), donde el malhado rey portugués con su característica intrepidez describe su propio temperamento:

> A armas mi estrella me incita;
> cuanto es flema lo aborrezco,
> y *si la caza apetezco*
> *es porque la guerra imita.*

Y en *El Águila del Agua* (vv. 1187-95), los miembros del conjunto musical del Real Alcázar describen al joven héroe de Lepanto:

> MÚSICO 1.º ¡Buen tono para el señor
> don Juan! ¿Si está levantado?
> MÚSICO 2.º Pienso que está en ese estado,
> que *es grande madrugador,*
> *porque a la caza se inclina,*
> y a la música después.
> MÚSICO 1.º *Una de la guerra es*
> *imagen,* y otra divina
> prenda del cielo, si es buena.

En cambio, el tópico del sueño como imagen de la muerte es un motivo que en Vélez sin excepción tiene claros tintes culteranos. En *El Conde don Pero Velez y don Sancho el Deseado* (vv. 1279-86), el protagonista pronuncia la idea como un concepto filosófico:

> Mal en la verdad advierte,
> con el ejemplo que enseño,
> el filósofo que al sueño
> llamó imagen de la muerte,
> que esta imagen celestial,
> que la Fortuna a los pies

tiene por despojos, es
de la vida original,

O bien, el héroe de *El Alba y el Sol,* Pelayo, expresa la misma idea en silvas pareadas (vv. 63–76), metro culto por excelencia, y con un suntuoso metaforismo que es una evocación directa del *locus amoenus* gongorino:

quiere que restituya
lo que a la noche hurtó por deuda suya
y tregua de la vida.
Con su sombra *este sauce me convida,*
cuyo verde sombrío,
pabellón a las sañas del estío
y del invierno al ceño
cama de campo ofrece para el sueño,
y junto con el brazo
sírvame de almohada este ribazo.
¡Oh, imagen de la muerte,
mis ansias calma, y tu furor divierte!
El sueño todavía
vencerme intenta, y a pesar del día.

Y en *Más pesa el Rey que la sangre* (vv. 1681–88), el defensor de Tarifa, don Alonso de Guzmán, interpeta el tópico en una secuencia cuya enrevesada sintaxis culterana presenta un desafío al lector más atento:

El pescador alarbe que, despierto,
otros remeros vio volando el pino,
que soñaba pensando, y lo más cierto
que, loco, imaginaba un desatino,
probó a dar voces al vecino puerto,
y hallólo todo campo cristalino,
porque *si el sueño es muerte,* el trueco alabo
de estar con vida o esperarse esclavo.

2478–80. Recuérdese el conocido caso del *Lazarillo de Tormes:* «llegóse acaso a mi puerta un calderero, el cual fue ángel enviado a mí por la mano de Dios en aquel hábito». Cf. también Cervantes, *El gallardo español:* «un ángel es que anuncia la victoria, / que el Cielo, donde él vive, te lo envía».

2487–89. *si escapo de esta, a la imagen más devota prometo un Mingo de cera:* «En la prótasis Mingo reproduce, en el significante y el significado, la parte invariable de muchas fórmulas paremiológicas. Copio la que se remonta al apólogo de la zorra y el águila: 'Si desta eskapo i no muero, nunka más bodas al zielo' (Correas 282a), expresando en la apódosis un voto, que atestigua una costumbre tan antigua como la humanidad» (Rossi 91). Requena Marco, en cambio, no cree que se trate de un refrán, sino de un modismo en la prótasis. «La apódosis es libre. Es muy conocido el proverbial 'Si de esta eskapo y no muero, nunka más bodas al zielo' (Correas 282a, Rodríguez Marín 36.449), que ha sido modelo de otros, como 'Buen Migel, si desta te eskapas, enmendarás la tu vida' (Correas 362a)» (514). Sigue a aducir otros ejemplos tomados de Tirso de Molina: *El burlador de Sevilla,* ed. James A. Parr, vv. 531–32:

Si del agua que he bebido
escapo yo, no más agua.

Ibíd., vv. 534–35:

Si escapo de aquesta,
no más burlas, no más fiesta.

El vergonzoso en palacio, ed. Américo Castro, I, vv. 1092–93:

Bragas, si una vez os dejo,
nunca más transformación

Ibíd., I, vv. 499–503:

y, si hay algún santo devoto de lacayos,
sáqueme de aqueste aprieto, y yo le juro
de colgalle mis calzas a la puerta
de su templo, en lavándolas diez veces
y limpiando la cera de sus barrios.

En este último Requena Marco encuentra alguna semejanza con el presente caso de *La Serrana,* no en cuanto a la forma, pero sí en el hecho de que expresa una misma situación que no se puede relacionar con el refrán.

La expresión *prometer un moro de cera* que Vélez utiliza aquí en la apódosis es una de sus figuras predilectas. La derivó de la expresión *pesar a uno a cera,* cumplir la promesa piadosa de dar tanta cera para el culto de una iglesia, capilla o imagen como pesa la persona que hizo o por quien se hizo tal voto. Cf. *Don Pedro Miago,* vv. 2357–71:

[GALVÁN.]	Tu casa pienso que es esta.	
	Éntrate, y Alá te guarde.	
PEDRO.	Acompañaros quisiera.	
BERRUECO.	Caras me salen las casas	
	si damos con él la vuelta,	
	que es la noche muy obscura.	
GALVÁN.	Seguro voy, que me esperan	
	con mi yegua cuatro moros,	
	y esos tres perros me tiemblan.	*Vase.*
PEDRO.	Dios os guarde. Bien me acuerdo	
	que en ocasiones como esta	
	el bien que hice hallé.	*Vase.*
BERRUECO.	*Yo,* porque acordarme pueda,	
	al Crucifijo de Burgos	
	prometo un moro de cera.	*Vase.*

Cf. también «Luis Vélez de Guevara al conde de Olivares», en Adolfo Bonilla y San Martín «Algunas poesías inéditas de Luis Vélez de Guevara sacadas de varios manuscritos», *Revista de Aragón* 3 (1902): 575b; y Francisco Rodríguez Marín, «Cinco poesías autobiográficas», *RABM* 19 (1908): 77b:

sed todos en mi fabor,
no faltandome en el trance
de tan justa pretension;
que *yo os prometo vn Luis Velez*
de cera v de Diaquilón,
que os ablande las entrañas
quando no vastare yo,

2509–10. Rodríguez Cepeda anota estos versos como una posible referencia a un dicho popular o parte de refrán. *Tabrero:* rotacismo, tablero.

2565. Se expresa aquí uno de los principales argumentos de las teorías de estado que prevalecían en el siglo XVII. Dichos planteamientos están expuestos y analizados con gran economía por Cynthia Leone Halpern, en *The Political Theater of Early Seventeenth-Century Spain,* 1–13. Cf. *Los novios de Hornachuelos,* vv. 81–100:

> en el principio del mundo
> el que tuvo más valor
> de esotros se hizo señor.

MENDO.   Ese fue medio segundo
> que después los hombres dieron
> para conservarse en paz
> y en justicia.

LOPE.   ¡Pertinaz
> tus disparates te hicieron!

MENDO.   Hízose herencia depués
> por escusar disensiones
> en las nuevas eleciones,
> *y fue común interés*
> *de los pueblos,* para dar
> amparo y fuerza a las leyes,
> *el homenaje a los reyes*
> *que los han de gobernar,*
> *en quien tal deidad se encierra,*
> *que los teme y los aclama*
> *el común, y Dios los llama*
> *vicedioses en la tierra.*

Ibíd., vv. 1095–1102:

> En un librillo leí,
> Ruy López amigo, que
> *el hacer Dios reyes fue*
> *copiarse en hombres,* y así,
> rey que, siendo a Dios ingrato
> y a sus leyes desleal,
> desdice el original,
> no quiere ser su retrato.

El rey en su imaginación, vv. 1910–26:

CARLOS.   No más, Albano, no más;
> que a los padres que no son
> reyes impiden las leyes
> que a los hijos que son reyes
> pierdan la veneración.
> Respetarme es justa ley
> y obligación vuestra y mía,
> que es mayor soberanía
> que la de padre el ser rey.

> Por padre, me manda Dios
> que os respete, y vos a mí
> por rey, que soy más aquí,
> pues sois mi vasallo vos.
> Mayor dignidad encierra
> mi nombre en la humana ley,
> que vos sois hombre, y el rey
> es vicediós en la tierra.

2571. *hidrópica:* cf. «el hidrópico, por mucho que beba nunca apaga la sed» (Cov).

2573. Enmendamos la lectura de los Pidal y Rodríguez Cepeda, que transcriben fielmente los vv. 2568–74 de *A,* puntuándolos así:

> [*Gila.*]   Y pues no eres onbre, voy
> a vuscar onbres que puedan
> hartar la sed de mi agrabio
> que es hidrópica me afrenta;
> y al que mugeres agrabia,
> castigad.

Como en este parlamento Gila le explica al rey Fernando el motivo de su campaña contra el género masculino, nos parece inverosímil que termine con un mandato al que acaba de reconocer como Vicediós en la Tierra. A nuestro parecer, el verbo con el que Gila concluye el discurso puede entenderse como el segundo elemento de un predicado coordinado: 'Y pues no eres hombre, voy a buscar a hombres que puedan hartar la sed de mi agravio […] y castigar al que agravia a mujeres'.

2599. Sobre la falta de *a* personal, véase Keniston §25.251.

2602–03. Alusión a la leyenda del antecesor de los Girones, don Rodrigo González de Cisneros, quien en una batalla cedió su caballo al rey Alfonso VI, cuyo caballo habían matado los moros. Adviértase que el episodio, no obstante la unanimidad de los genealogistas, desde el siglo XIV, aduladores todos, no tiene la menor pista de veracidad histórica; era puramente una invención con que la familia afirmaba sus raíces y nobleza. La actitud de Vélez es simplemente una proyección de la leyenda. Téngase presente que dicho episodio no es el mismo que otro igual, pero histórico, ocurrido en la batalla de Aljubarrota en el año 1385. En este don Pedro González de Mendoza, camarero mayor de don Juan I y abuelo del Marqués de Santillana, dio, en lo más recio de la pelea, su propio caballo al rey para que se salvase y él se quedó en pie, donde pronto fue muerto a manos de los soldados portugueses. El heroico acto fue celebrado en el conocido romance que principia «Si el caballo vos han muerto, / subid, Rey, en mi caballo» (*Romancero general,* núm. 981, BAE, 16: 45), el cual a su vez inspiró la comedia de nuestro autor, *Si el caballo vos han muerto, y Blasón de los Mendozas.* Véase Emilio Cotarelo, «Las armas de los Girones», *RABM* 7, 1 (1903): 13–21.

oo. *de camino:* véase v. 340 n.

2613. *Mientras hay bota, puede haber paciencia:* «El aserto escueto repite la estructura de un dicho con la oración temporal al comienzo—cf., por ejemplo, el italiano 'Fin che c'è vita, c'è speranza'—y con su verbo reiterado como semantema en la principal. Por lo demás, la importancia de la bota, y de su contenido, para el caminante es proverbial: 'No vaias sin bota camino, i kuando fueres no la lleves sin vino' (Correas 260b)» (Rossi 95–96).

2618. *juncia:* hierba que crece a la orilla de los ríos.

2626. *frezada:* «FRAZADA. La manta texida de lana y peluda que se echa sobre la cama» (Cov). Véase Américo Castro y A. Steiger, «Frazada, frezada», *RFE* 7 (1920): 371–72.

2636. Véase v. 788 n.

2640. *Gileta:* nombre afectivo de Gila.

2642. *boquimuelle:* figuradamente, hombre dócil y cándido.

2646. *Rucia:* nombre de la bestia, que se debería a su color sucio. *Jerolisto:* eufemismo por Jesucristo.

2648. *aciones:* acciones, correas de donde cuelga el estribo. Aquí, correas de los frenos.

2653–54. Refrán o dicho, según Rodríguez Cepeda.

2656–69. Conocido romance de la tradición oral, según Menéndez Pidal y Goyri, cuyo estribillo, *Salteóme la Serrana juntico al pie de la cabaña,* de origen antiguo, pasó a ser glosado por dos tradiciones, una popular, que le sirvió de fuente a Vélez, y otra erudita, de la que se sirvieron a su vez Lope de Vega y José de Valdivieso. Véanse Menéndez Pidal y Goyri 152–57; Caro Baroja 290; Margit Frenk, *Corpus de la antigua lírica popular hispánica,* núms. 994A, 994B.

2659. *bellido:* arcaísmo, bello.

2673. *si:* concesivo, aunque. Véase Keniston §31.861.

2685. *Tirte:* síncopa de tírate, quítate. *Huera:* con la *h* aspirada, fuera.

2688. *soldemente:* «Lo mismo que solamente. Es voz bárbara, que suele usarse en estilo baxo» (*Aut*).

2692. Rodríguez Cepeda anota este verso como dicho o refrán. Cf. «Creo que de la fórmula paremiológica sólo se repite la estructura (el exordio, una vez más, con un pronombre de relativo y este con doble función sintáctica), ya que la misoginia del mensaje necesita explayarse en los versos siguientes, en los que la niña compara a la mujer con una mula, al par que en la comparación de los vv. 2653–55» (Rossi 96). Trátase de un tópico común, que tuvo su expresión máxima en el episodio de la mujer y el ganadero rico que se presentan ante Sancho Panza en el *Quijote,* II, 45. Ramón Rozzell observa que «[n]o son pocas las damas que en las comedias de Vélez se ven 'gozadas y burladas', pero sólo una mujer (doña Sol en *La romera de Santiago*) es realmente 'forzada'» (*La niña de Gómez*

Arias, 273, n. 1429). A través de un personaje de *El vergonzoso en palacio* (ed. Américo Castro, I, vv. 455–56), Tirso de Molina pregunta, «¿piensas de veras / que en el mundo ha habido / mujer forzada?», a lo que responde el mismo Tirso en *La villana de Vallecas,* ed. Blanca de los Ríos, 2: 806b: «Ríome yo de que digan / que ha habido mujer forzada / desde Helena, la robada». Y en Vélez los personajes femeninos, con dicha excepción, unánimemente niegan que se pueda forzar a una mujer. Cf. *Los novios de Hornachuelos,* vv. 562–70; *El amor en vizcaíno,* vv. 315–64; *El Alba y el Sol,* v. 1726 ss.; *Amor es naturaleza,* vv. 1748–61. Véase Rodríguez Cepeda, «Sentido de los personajes», 179–80: ídem, «Temática y pueblo en *La serrana de la Vera*», *ExTL* 4, 2 (1975–76): 171.

2697–2705. Cf. *El Alba y el Sol,* vv. 2734–73:

[ALBA.]	¡Pruguiera a las cinco pragas
	de Dios enantes que dientro
	del vientre de vuesa madre,
	sin catar la luz del cielo,
	Locifer vos afogara!
	¿Cómo de vergüenza el gesto
	no se vos cae, dueña falsa,
	Cava, que acabó el imperio
	español? ¿qué vos fecimos
	tantas gentes que sin duelo
	nos habedes mancillado?
	Los santos, ¿qué vos han fiecho
	que los habedes tollido
	de sus altares e tempros
	por poner el zancarrón
	de Mahoma el arrïero?
FLORINDA.	¡Los cielos viven, que en blancas
	cenizas esparza al viento
	de suerte que te resuelva,
	villana, al nada primero
	con el aire de la boca,
	porque respiro elementos
	y porque rayos espumo!
ALBA.	Pues viven, Cava, los miesmos,
	si mi furia vos agarra
	con las manos, con un dedo,
	que vos arroje tan alta
	que desde ese miesmo puesto
	donde fincades vos crave
	en una estriella del cielo,
	e, porque sé craramente
	que allá non ha de cogeros
	otra vegada, vos torne
	a arrancar e dé en el suelo
	con vos tan gran batacazo,
	que con el golpe o el peso

al vueso pesar fagades
tal furazo, tal barreno
en la tierra, que por él
vos colés a los enfernos.

2698. *saltabardales:* «Apodo a muxerota inkieta. [...] Marimacho» (Correas 666a); «Salta *bardales*. Apodo que se da a los muchachos y gente moza, para denotar que son vivos y alocados, que no tienen assiento en parte alguna, andando en todas con indiscreción y desenvoltura» (*Aut, s. v.* «bardal»).

2699. *conseja:* aquí, «maraña o cuento fingido que se endereça a sacar della algún buen consejo» (Cov). Cf. arriba, v. 2227.

2707–09. Alusión a la costumbre de que cuando en el verano se veían amagos de tempestad que podía amenazar las cosechas, se tocaba a nublo. La gente que podía iba a la iglesia, se exponía el Santísimo, que permanecía expuesto mientras duraba el peligro o la tempestad, se rezaban las letanías de los santos y se oraba; todo esto para conjurar la tempestad, que, en una sociedad eminentemente campesina, representaba un gran peligro. Así, la niña Pascuala dice que le tratan a Gila como a una tormenta peligrosa de las que se forman precisamente en la cercana sierra. Véase Caro Baroja 290–91.

2710–13. Cf. *a mata candelas,* modismo adverbial con que se explica la última lectura de la excomunión, tomado de que en ella se apagan las candelas con agua.

2714–17. *en haz ven paz de toda esta serranía:* «Genéticamente el núcleo inicial de la frase proverbial que nos interesa aquí parece ser *en paz*—'Más quiero cardos en paz, que no salsa de agraz' (O'Kane 185a)—que por un juego de rima se amplía con el polisémico *haz*— 'siembra en haz, i koxerás en paz'; 'Poco i en paz, mucho se me haz' (Correas 290 y 483a)— completándose por la especificación en la frase proverbial 'En haz i en paz de la Santa Madre Iglesia' (ibíd., 136b). Es esta la que Vélez parafrasea en la amonestación de la niña Pascuala, que remata con una comparación proverbialmente simbólica: *racimo* 'ahorcado', *en agraz* 'fuera de sazón' (¿por la edad de Gila, o sólo por el paralelismo del léxico paremiológico?)» (Rossi 94).

2753. Aquí, te están persiguiendo. Cf. v. 1229 n.

2764–65. *aquí regañarás con sal y vinagre:* «Menéndez Pidal y Goyri citan la frase proverbial 'Aquí regañarás'; 'diciendo esto hacen cocos los muchachos a otros' (Correas 516a), sin aludir al complemento 'con sal e vinagre', en sí transparente, pero que no consigo documentar» (Rossi 93).

2792. *escorrozo:* «Lo mismo que regodeo. Es voz vulgar y picaresca» (*Aut*).

2793–94. Aquí y más adelante (vv. 2954–57), posible alusión a un refrán, según Requena Marco (511, 519).

2796–98. *estrella de Venus . . . sale:* alusión al famoso romance de Gazul, que empieza: «Sale la estrella de Venus / al tiempo que el sol se pone» (*Romancero general,* núm. 33, BAE, 10: 14b).

2801. *potras:* dicho así para efectos cómicos, ampollas, pero, claro está, jugando sobre las resonancias físicas y sexuales del término. Cf. «POTRA. *Quasi* putrida, es cierta enfermedad que se cría en los testículos y en la bolsa dellos. Cerca de los médicos tiene diferentes nombres, por la diversidad de especies desta enfermedad, como es hernia y cirro, etc.» (Cov).

2802. *ell:* véase v. 752 n.

2804–06. *Mirad con quién y sin quién:* «Menéndez Pidal y Goyri anotan esta frase proverbial en una letrilla glosada de la época, donde se parafrasea 'con amor y sin dinero'. Aquí alude a la inseguridad de encontrarse en el camino con poco vino y sin mula (véase el refrán citado para el v. 2613)» (Rossi 96). Lope de Vega usa la misma frase en *El castigo sin venganza,* vv. 1968–70: «yo tengo amor, vos desdén / tanto, que puedo decir: / mirad con quién y sin quién», glosando el conocido mote «Con vos, conmigo, con Dios».

2813. *cuando:* aquí, concesivo.

2819. *fuerdes:* fuéredes.

2821–22. *poner a la rueda de la Fortuna mil clavos:* «es assegurar que no buelba atrás; esto haze el hombre cuerdo quando, reconociendo su bolubilidad, asegura lo mejor que puede el estado en que se ve colocado» (Cov).

2831. *Sol fa mi re:* alusión a las notas musicales.

2848–51. Anacoluto, que pasa de la primera persona a la segunda. Ver Keniston §44.7.

2854–63. «[P]arece reflejarse aquí un refrán, de una manera libre, aunque no he hallado alguno que relacione la noche con el amado y el ladrón. Las palabras *ocasión* y *ladrón* podrían hacer pensar en el conocido 'La ocasión hace al ladrón', pero no parece probable. A *engaño* y *ocasión* parecen corresponder *amante* y *ladrón*, pero con quiasmo; a *engaño* correspondería *ladrón* y a *ocasión, amante* (así nos lo pueden hacer pensar estas palabras, en boca de Mingo: 'en cuantas mujeres ves / que casi imposibles son, / alcanza más la ocasión / que el amor ni el interés' (vv. 1135–8). Partiendo de refranes como La capa todo lo tapa' (*Quijote,* II, 8) y 'La buena capa encubre al ladrón' (Rodríguez Marín 9.307), se ha llegado a refranes como 'Más maldades cubre una mala amiga que la capa de la noche' (Cervantes, *El viejo celoso*), 'La noche es capa de pecadores' (Rodríguez Marín 45.692). Partiendo de uno de estos, o de los que hacen referencia a los ladrones 'La noche es amiga de los ladrones' (ibíd., 45.693), 'La noche, para los lobos y los ladrones' (ibíd., 45.694), se han relacionado aquí los dos conceptos de *engaño* y *ocasión*, atendiendo a la situación dramática» (Requena Marco 518–19). Además, aquí y más adelante (vv. 3046–65), cf. *Don Pedro Miago,* acot. H–v. 331:

Sale JIMÉN *por la boca de la cueva.*

JIMÉN.   ¡Luceros del cielo hermosos,
                         gracias a Dios que os diviso!
                         Sale DON GARCÍA.

GARCÍA.   ¡Gracias a Dios, estrellado
                    manto que os miro, y que al prado
                    los verdes recamos piso!

2949. Según Rodríguez Cepeda, dicho o alusión al juego de palabras de la lírica ascé-
tico-mística.

2954–57. Véase vv. 2793–94 n.

2958–59. Posible alusión a algún refrán según Requena Marco (519).

2961. *acuchillado:* aquí, herido con lo que se dice.

2974. *tomar estado:* «Passar de un género de vida a otro; como de soltero a casado»
(Aut, s. v. «estado»).

2978. *A buen puerto habéis llegado:* este verso, que Rodríguez Cepeda anota como
dicho o parte de refrán, «Es más bien una frase proverbial cuyo núcleo aparece con sentido
negativo *ad* 'Al mal astrugo yxióle a mal puerto' (O'Kane 197a). El uso metafórico del
sentido recto 'arribar a tierra firme' estaba tan afincado que aquí y *ad* '¡A gentil puerto he
venido' (v. 3020) puede emplearse con antífrasis» (Rossi 94).

2985. *pues:* en sentido causal.

3001. *de que:* en sentido causal o temporal.

3009. *fementido:* falto de fe, falso.

3020. *A gentil puerto ha venido:* variante de la frase en el v. 2978.

3024–35. Décima aumentada, de doce versos. Ver nuestro estudio introductorio, p.
50, n. 19.

3044–45. Según Rodríguez Cepeda, dicho o refrán referido a la iglesia como recinto
de inmunidad y defensa temporal.

3051. *mentirosa capa:* aquí, noche. Cf. «La noche dizen ser capa de pecadores, porque encubre muchos excessos e insultos de los que de día parecen santos» (Cov, s. v.
«capa»).

3054. *capear:* «quitar por fuerza la capa al que topan de noche en escampado. Esto
se haze dentro de los lugares y de noche, y si les dan lugar, quitan con las capas los sayos,
y siempre las bolsas sin traen algo en ellas» (Cov, s. v. «capa»).

3056–57. *quitar la capa a la noche:* esto es, figuradamente, descubrir la venganza.

3062–63. *estrellada fábrica:* cielo.

3074. *quien tal hace, que tal pague:* «Vélez reproduce la primera parte del pregón de los azotados 'Kien tal haze, ke tal pague; alza la mano i dale' (Correas 410a), o sea, la que ha pasado a la literatura paremiológica» (Rossi 90).

3078. *cuando:* aquí con valor condicional o concesivo.

3085. *que:* en sentido causal.

3086-97. Otra décima aumentada. Véase vv. 3024-35 n.

3107. *rendir las manos del cordel:* rendirse a la justicia.

3122. Verso irregular de nueve sílabas.

3131. *mujer humana:* véase v. 2270 n.

3133-35. Cf. los refranes «Lo de todos los días, cansa y hastía» (Rodríguez Marín 29.827); «Gloria cada día, al cabo hartaría» (ibíd., 29.826). También constata lo mismo, referido a los manjares: «Un manxar de kontino kita el apetito. Un manxar sienpre enfada» (Correas 178a); «Un buen manjar continuado, enfada al cabo» (Rodríguez Marín 29.822). Uno de los más exquisitos manjares, como repetidamente lo muestra el refranero, era el faisán: «El olor de los olores, el del pan; el sabor de los sabores, el del faisán» (ibíd., 48.671); «Más quiero en mi casa pan que en la ajena faisán» (ibíd., 30.910); «Más quiero en mi casa pan y rábanos que faisanes y torta real en palacio» (ibíd., 30.916). Comenta Requena Marco (516): «Creo que la alusión al refrán es evidente. Sin embargo, nótese que no se lo cita literalmente, sino que sufre una acomodación. Adviértase también que los versos que recogen las intervenciones de la ilustre reina no son los humildes octosílabos, sino los más nobles y elevados endecasílabos». El investigador observa a continuación que el uso del refrán por la Reina Católica aquí y más adelante (v. 3179) no es literal, «quizás por no considerando digno de los labios de la augusta persona ni del verso endecasílabo en los pocos momentos, solemnes, en que aparece en la comedia. Por lo demás, no nos debemos de extrañar de que no obstante esto, el refrán no esté ausente en ella en los pocos versos en que se le hace hablar. Dichos de la reina Isabel debían de correr entonces de boca en boca hasta convertirse en proverbiales». Sigue a citar al menos seis de aquellos dichos, documentados por Correas, Rodríguez Marín y Martínez Kleiser.

3179. Cf. los refranes «Donde ai zelos, ai amor; donde ai viexos ai dolor» (Correas 333b); «No hay amor sin celos» (Rodríguez Marín 10.518). Cf. *El Conde don Pero Vélez*, vv. 1245-50:

> BLANCA. No hay cosa en que amor no halle
> algún suceso molesto.
> Quise, Elvira, averiguar
> unos confusos recelos,
> y en el fuego de los celos
> me quiso el alma abrasar,

Amor es naturaleza, vv. 1046-61:

> CARLOS. [...] ¿Qué novedad
> destempla tu voluntad?

ALFREDA.   Un riguroso acidente
                           que sin duda celos son,
                           pues son envidias del bien
                           ajeno, y de amor también
                           muerte.
CARLOS.   Esa injusta pasión
                           ¿Cómo puede entrar en ti,
                           Alfreda, amándote yo?
                           ¿Qué bien ajeno dio
                           vanas envidias de mí?
                           Hijos de amor son los celos,
                           pero matan cuando nacen
                           al padre, porque deshacen
                           el mayor bien que los cielos
                           han dado, que es el amor.

Cf. Agustín G. de Amezúa y Mayo, *Lope de Vega en sus cartas*, p. 632 ss., que resume la preceptiva de los celos en Lope y en la Comedia Nueva en general.

3219. «Es la cita de un refrán con la sustitución de la palabra corazón por alma, a causa de la rima» (Requena Marco 519).

3249. Sobre el motivo de los mordiscos a oreja o a nariz, véanse la citada reseña de Buchanan 425; Profeti «Note critiche», 73; Rodríguez Cepeda, «Sentido de los personajes», 189–92; ídem, «Temática y pueblo», 173; y en plano más general, Caro Baroja 293–95.

3266–69. *garrote:* aro de hierro sujeto a un palo con que se estrangula o ahoga. De ahí la mención a continuación del «palo» (v. 3274). Adviértase que hay en estos versos un anacronismo. El drama se despliega en el tiempo de los Reyes Católicos, pero el procedimiento de la pena capital es el prescrito a partir de las Cortes de 1500. Cf. «El severo y riguroso tribunal de la Santa Hermandad, que castiga los delitos hechos en el campo, solía asaetar los delinqüentes vivos, hasta que el emperador don Carlos, en unas Cortes que tuvo en Burgos, mandó que los diessen garrote antes de tirarles las saetas» (Cov, s. v. «saeta»).

3271. *estrella:* aquí, «Figuradamente se toma por inclinación, genio, suerte, destino» (*Aut*).

3278. *A San Sebastián parece:* como observa Cepeda, la cita del mártir San Sebastián aparece varias veces en otras obras de la época (e. g., *El esclavo del demonio* de Mira de Amescua, o *La devoción de la Cruz* de Calderón). La teatralización de la ejecución espectacular es un motivo que Vélez usaba con frecuencia para cerrar sus comedias en una nota de *admiratio*, que puede considerarse como un tópico distintivo del poeta. Valgan como ejemplos: *La nueva ira de Dios y gran Tamorlán de Persia*, que termina con un suicidio seguido de una muerte envenenada; *El alcalde de Zalamea*, con una doble horca; *Atila, azote de Dios*, con una doble crucifixión; *La jornada del Rey don Sebastián* en donde Vélez multiplica una vez más el sentido de *admiratio* final cuando «*Descubren a* SEBASTIÁN, *herido, lleno de saetas, en una silla, y junto con él,* DON ANTONIO *y el* DUQUE DE BARCELOS» (acot. Ff), quienes encabezan, respectivamente, la monarquía, la clerecía y la nobleza portuguesas; en su obra maestra, *Reinar*

después de morir, «Descubren a DOÑA INÉS, *muerta, sobre unas almohadas»* (acot. BB),
espléndidamente vestida, y el Príncipe, ahora Rey, don Pedro la corona diciendo:

> Todos los que estáis aquí
> besad la difunta mano
> de mi muerta serafín.
> [...]
> Esta es la Inés laureada,
> esta la reina infeliz
> que mereció en Portugal
> reinar después de morir.   (vv. 2455-57, 2460-63)

Y para colmar este elenco, valga el caso de *El capitán prodigioso,* donde en el primer acto
«suena dentro ruido de cadena y fuego, y córrese una cortina y aparece OTOMÁN, *con una
túnica y máscara y caballera negra, el medio cuerpo en una tumba, y dos hachas encendidas a
los lados, y por sus gradas* TODOS LOS HERMANOS DEL TURCO *que se pudieren poner* —[hay
catorce]—, *cada uno con el género de muerte que le fue dada por mandado de* MAHOMETO, *el
Gran Turco»* (acot. W). Luego, al final, *«Córrese una cortina, y parece el* PRÍNCIPE *en su
trono real, en una mano una espada desnuda, y en la otra un Cristo, y encima de la cabeza,
medio arco de catorce cabezas»* (acot. oO), que son las mismas que aparecieron anteriormente.

3280-84. La noción implícita en las palabras de Madalena y Pascuala queda clara en
la escena final de *La niña de Gómez Arias,* vv. 2534-53:

> ARIAS GÓMEZ.   [...] pues a los justiciados
> es ley que cuando los vean
> los Reyes, den libertad,
> guárdese esta preeminencia
> hoy, que cuando entras triunfando,
> pues no vale mi nobleza,
> justician dos hijos míos,
> de mi noble sangre afrenta.
> Pero la piedad de padre,
> olvidando las ofensas,
> como les ha dado vida,
> que se la quiten le pesa.
> Alzad los ojos, señora,
> que ya imagino que llegan
> a los palos del suplicio.
> ¡Misericordia, clemencia!
> ISABEL.   Conde de Palma, mandad
> que cese el castigo.
> CONDE.   ¡Afuera!
> ¡Suspensad la ejecución,
> porque lo manda Su Alteza!

En cambio, el uso de *Adrede llegan,* comenta Rodríguez Cepeda, «indica que el pueblo no
admite el sacrificio. Se contradice la idea de justicia poética y de *vox populi* = *vox Dei».*
Efectivamente, en la *Crónica de los Reyes Católicos* Hernando del Pulgar escribe que la
reina Isabel «Era muy inclinada a fazer justicia, tanto que le era imputado seguir más la

vía de rigor que de la piedad; y esto facía por remediar a la gran corrupción de crímenes que falló en el Reino» (ed. Cayetano Rosell, BAE, 70: 257a).

3295. A los que morían fuera de la ley se les enterraba en las afueras del pueblo, no en el cementerio, para que sirviera de escarmiento, o como dice a continuación, «quedando allí una memoria / que de ejemplo sirva a España». Cf. v. 425 n.

3298. *franco:* aquí, «libre, exento, y privilegiado» (*Aut*). Es decir, el Rey no solo le otorga «la vara perpetua» (vv. 3291-2), esto es, la jurisdicción del pueblo, sino que le concede también la hidalguía, con las correspondientes exenciones, preeminencia y nobleza. Vélez recurre a una solución parecida al final de *Los novios de Hornachuelos.*

ÍNDICE DE VOCES COMENTADAS